Christina Reichenbach / Christina Lücking

Diagnostik im Schuleingangsbereich

DiSb

Diagnostikmöglichkeiten für institutions-
übergreifendes Arbeiten

BORGMANN
MEDIA

Unser Buchprogramm im Internet
www.verlag-modernes-lernen.de

> Kopiervorlagen bitte auf DIN A4 vergrößern.

© 2007 by SolArgent Media AG, Basel
Veröffentlicht in der Edition:
BORGMANN MEDIA **· Schleefstr. 14 · D-44287 Dortmund**

Illustrationen und Titelbild: Daniela Krause, Fröndenberg

2. Auflage 2009
Gesamtherstellung: Löer Druck GmbH, Dortmund

Bestell-Nr. 9376   ISBN 978-3-938187-36-4

Urheberrecht beachten!
Alle Rechte der Wiedergabe dieses Fachbuches zur beruflichen Weiterbildung, auch auszugsweise und in jeder Form, liegen beim Verlag. Mit der Zahlung des Kaufpreises verpflichtet sich der Eigentümer des Werkes, unter Ausschluss der § 52a und § 53 UrhG., keine Vervielfältigungen, Fotokopien, Übersetzungen, Mikroverfilmungen und keine elektronische, optische Speicherung und Verarbeitung (z.B. Intranet), auch für den privaten Gebrauch oder Zwecke der Unterrichtsgestaltung, ohne schriftliche Genehmigung durch den Verlag anzufertigen. Er hat auch dafür Sorge zu tragen, dass dies nicht durch Dritte geschieht. Der gewerbliche Handel mit gebrauchten Büchern ist verboten.

Zuwiderhandlungen werden strafrechtlich verfolgt und berechtigen den Verlag zu Schadenersatzforderungen. (Die Kopiervorlagen auf den Seiten 98, 99, 100, 101, 102, 109, 124, 127, 128, 131, 132, 136, 137, 138, 139, 144, 146, 151, 160, 162, 190, 193, 209, 213, 226, 230, 231, 232, 234, 235, 236, 238, 239, 241, 245, 260 stehen dem Käufer dieses Buches für den *nichtgewerblichen* Gebrauch zur Verfügung.)

Inhalt

Vorwort	**7**
1. Einleitung	**9**
1.1 Schulfähigkeit	9
1.2 Bedürfnisse von Praktikern an eine Schuleingangsdiagnostik	11
1.2.1 Welche Verfahren und Materialien werden in der diagnostischen Praxis angewendet?	12
1.2.2 Welche Vorteile dieser diagnostischen Verfahren werden gesehen?	12
1.2.3 Was sind Wünsche an diagnostische Verfahren?	13
1.2.4 Welche Entwicklungsbereiche sind relevant?	14
1.2.5 Welche Aufgaben sind besonders geeignet, um diese Entwicklungsbereiche zu erfassen?	15
2. Bildungsvereinbarungen	**17**
2.1 Bildungsziele, Bildungsprozesse, Bildungsbereiche	17
2.2 Schulfähigkeitsprofil als Brücke zwischen Kindergarten und Grundschule	20
2.3 Umsetzung der Bildungsvereinbarungen in der Praxis	20
3. Verständnis von Entwicklung und Entwicklungsbereichen	**23**
3.1 Entwicklung	23
3.2 Bewegung	28
3.2.1 Modell von Bewegung	30
3.2.2 Definitionen von Bewegungsdimensionen	30
3.3 Intelligenz und kognitive Fähigkeiten *(Jungmann/Lücking/Reichenbach)*	33
3.3.1 Modell kognitiver Fähigkeiten	35
3.3.2 Definitionen von kognitiven Fähigkeiten	36
3.4 Sozial-emotionaler Entwicklungsbereich	39
3.4.1 Modell zum sozial-emotionalen Entwicklungsbereich	41
3.4.2 Definitionen von sozial-emotionalen Dimensionen	42
3.5 Sprache und Kommunikation *(Jungmann)*	44
3.5.1 Modell von Sprache und Kommunikation	46
3.5.2 Definitionen von sprachlichen und kommunikativen Dimensionen	50

3.6 Wahrnehmung — 54
   3.6.1 Modell von Wahrnehmung — 57
   3.6.2 Definitionen von Wahrnehmungsbereichen und -dimensionen — 58

3.7 Bedeutung für den Schuleintritt — 61

3.8 Lerntypen — 67

4. Diagnostik und Förderung — 71

4.1 Verständnis Diagnostik — 71

4.2 Diagnostische Methoden — 71

4.3 Verständnis Förderung — 72

4.4 Verständnis von Diagnostik und Förderung als Einheit — 72

4.5 Begründung einer individuellen statt altersnormierten Diagnostik — 75

5. „Bedienungsanleitung" für den Umgang mit DiSb — 83

Beschreibung und Erklärung des Aufgabenbogens — 83

6. Praxisteil — 87

Aufgabenübersicht — 88

Aufgaben für den Bereich Bewegung — 91

Aufgaben für den Bereich Kognition — 121

Aufgaben für den sozial-emotionalen Bereich — 150

Aufgaben für den Bereich Sprache und Kommunikation — 171

Aufgaben für den Bereich Wahrnehmung — 196

Diagnostische Menüs — 242

7. Literaturverzeichnis — 267

8. Anhang — 273

Auswahl von Verfahren zur Diagnostik im Schuleingangsbereich — 273

Vorwort

Mit dem vorliegenden Buch legen wir ein Verfahren zur Diagnostik im Schuleingangsbereich vor, in dem wir auf die aktuellen Entwicklungen hinsichtlich der Erfassung von Kompetenzen zur Schulfähigkeit in Praxis und Theorie reagieren.

Da wir selber die Erfahrung gemacht haben, dass eine kooperative Zusammenarbeit von Fachleuten sehr gewinnbringend ist, haben wir ein Verfahren entwickelt, welches sowohl eine Anwendung von verschiedenen Fachleuten als auch eine Kooperation dieser ermöglicht.

Unser Verständnis von Diagnostik und Förderung ist sehr durch unseren Mentor Prof. Dr. Dietrich Eggert geprägt. Er inspiriert uns stets in Form von Anregungen und Diskussionen und daher möchten wir ihm im Besonderen danken.

Spezielle Unterstützung haben wir bei Frau Prof. Dr. Tanja Jungmann erhalten, die das Kapitel zur „Sprache und Kommunikation" (3.5) verfasst hat und bei dem Kapitel „Kognitive Entwicklung" (3.3) mitgewirkt hat.

Um den Anwendern vielfältige Arbeitsmaterialien zu den Aufgaben bereitzustellen, wurden von Frau Daniela Krause zahlreiche Zeichnungen erstellt. Dafür danken wir ihr herzlich.

Während der Beschäftigung mit diesem Thema haben uns viele Menschen bestärkt. Insbesondere möchten wir uns bei denjenigen Praktikerinnen[1] bedanken, die unsere Rohfassungen inhaltlich und kritisch Korrektur gelesen haben. Weiterhin danken wir denjenigen Praktikerinnen und Institutionen, die an unserer Untersuchung teilgenommen und somit einen wesentlichen Beitrag geleistet haben.

Dortmund im Oktober 2006
Christina Reichenbach & Christina Lücking

---

[1] Im weiteren Text werden wir zur besseren Leserlichkeit und aufgrund der Annahme, dass das Buch vorwiegend Pädagoginnen lesen werden, stets die weibliche Form verwenden. Es sind natürlich stets beide angesprochen.

1. Einleitung

1.1 Schulfähigkeit

Es gibt zahlreiche diagnostische Verfahren und Materialien zur Diagnostik im Schuleingangsbereich. Diese Fülle an Verfahren zur Schuleingangsdiagnostik mit ihren jeweiligen ausgewählten Inhalten verwundert nicht, da die Komponenten, die Schulfähigkeit ausmachen, nicht einheitlich festgelegt sind. In der Regel soll mit derartigen Verfahren geprüft werden, „ob ein schulpflichtiges Kind, den Anforderungen der Schule gewachsen ist" (Amelang/Zielinski 2002, 260).

Die Frage, die sich nun die eine oder andere Leserin stellen mag: „Warum dann ein weiteres Buch zu diesem Bereich?", ist daher durchaus berechtigt.

Bei einer genauen Durchsicht der Verfahren zur Schuleingangsdiagnostik und aufgrund unserer eigenen praktischen Erfahrungen haben wir allerdings festgestellt, dass die entsprechenden Verfahren zumeist sehr speziell für einen Entwicklungsbereich und/oder eine Anwendergruppe konzipiert sind. Zudem geben sie wenig bis keine Hinweise für eine Förderung.

Letztlich ist nach Amelang/Zielinski die sicherste Methode zur Schuleingangsdiagnostik die Einschulung aller Schüler mit der Möglichkeit, sich hinsichtlich der Anforderungen bewähren zu können (vgl. 2001, 260). Um individuellen Bedürfnissen von Kindern im Schulbetrieb entgegenzukommen, sind Schuleingangsuntersuchungen aus unserer Sicht durchaus nützlich, wenn sie frühzeitig beginnen. Nur wenn die Kinder langfristig bereits im vorschulischen Bereich individuell begleitet und hinsichtlich schulrelevanter Anforderungen gefördert werden, ist es gewährleistet, dass die Kinder die Kompetenzen die im schulischen Bereich gefordert werden, erfüllen können. Denn es macht keinen Sinn, wenn erst kurz vor Beginn der Schule festgestellt wird, dass ein Kind entsprechende Anforderungen der Schule nicht erfüllt.

> Mit diesem Buch wollen wir ein Verfahren vorlegen, das die oben genannten Lücken füllt und, das
>
> - sowohl Grundschullehrerinnen, Erzieherinnen, Ärztinnen und/oder Pädagoginnen/Therapeutinnen, die mit Kindern im Schuleingangsbereich arbeiten, nutzen können
> - es ermöglicht, sowohl einzelne Entwicklungsbereiche in den Blick zu nehmen als auch einen Gesamtüberblick von Entwicklung zu erhalten
> - eine Einschätzung der individuellen Entwicklung möglich ist
> - alltagsnahe Förderhinweise zur Entwicklungsanregung bietet

Dadurch, dass das vorliegende Instrumentarium „DiSb" die genannten Aspekte erfüllt, ist die Möglichkeit zur fortlaufenden Einschätzung von Kompetenzen eines Kindes, von der Zeit des Kindergartens bis in den Grundschulbereich, und damit einer Prozessdiagnostik gegeben.

Diese fortlaufende Einsetzbarkeit des Instrumentariums kommt dem Gedanken entgegen, dass Schulfähigkeit unter anderem als ein Resultat der vorschulischen Lerngeschichte verstanden wird. Schulfähigkeit hängt nicht allein vom Entwicklungsstand des Kindes ab, sondern von der Qualität der Angebote im vorschulischen Bereich und des Anfangsunterrichts. Damit ist eine Zusammenarbeit von Kindergarten und Schule unabdingbar. Nur so kann verstanden werden, warum sich ein Kind wie entwickelt und welche Anregungsbedingungen in der Umwelt wesentlich für den individuellen Lernerfolg eines Schülers sind bzw. sein können (vgl. Teint in Rost 2001, 607).

Insbesondere muss Schulfähigkeit immer im Zusammenhang mit den Anforderungen und Bedingungen der jeweiligen Institution (z.B. Schule) gesehen werden (vgl. Teint in Rost 2001).

Dementsprechend ist es natürlich neben dieser beobachtenden und beschreibenden Entwicklungsdiagnostik erforderlich, die Eltern/Bezugspersonen des Kindes einzubeziehen, um weitere Informationen zu erhalten, die dann gegebenenfalls eine deutlichere Erklärung des Entwicklungsverlaufs ermöglichen.

Darüber hinaus sind Überlegungen zu Ursachen und/oder anderen erklärenden Bedingungen des individuellen Entwicklungsverlaufs abzuklären.

Das Verfahren „DiSb" stellt das Kind in seiner individuellen Entwicklung in den Vordergrund der Betrachtung, wobei pädagogischen Fachkräften durch die umfangreiche Aufgabensammlung Anregungen für eine individuelle Förderung des Kindes gegeben werden.

Wer mit der „DiSb" arbeitet, erhält die Möglichkeit, das Verhalten eines Kindes individuell zu beschreiben und anhand von einzelnen Entwicklungskomponenten deren Bedeutung für die Anforderungen in der Schule zu erkennen.

Wenn die Anwenderin dieses Verfahrens zu dem Schluss kommt, dass die gemachten Beobachtungen allein nicht ausreichen, kann es erforderlich sein,
- eine Fachärztin (z.B. bei Sehbeeinträchtigungen)
- eine Psychologin (z.B. bei scheinbar tiefenpsychologisch begründeter Problematik) und/oder
- eine weitere pädagogische/therapeutische Fachkraft

hinzuziehen.

Zur (Er-)Klärung und besseren Anwendbarkeit umreißen wir zunächst unser Verständnis von Entwicklung im Allgemeinen und definieren die einzelnen Entwicklungskomponenten im Speziellen (vgl. Kap. 3).

1.2 Bedürfnisse von Praktikern an eine Schuleingangsdiagnostik

Ziel dieses Buches war es nicht, etwas Neues zu erfinden, sondern unser Augenmerk auf die Bedürfnisse der Praktiker zu richten.

Unser Hauptanliegen war nicht allein auf unseren Erfahrungen beruhend, ein diagnostisches Instrumentarium für den Schuleingangsbereich zusammenzustellen, sondern möglichst viele Erfahrungen, Anliegen und Bedürfnisse von Praktikern zu berücksichtigen.

Aus diesem Grund haben wir eine umfangreiche Bedarfsanalyse mittels Fragebogen bei Praktikern im Schuleingangsbereich durchgeführt, an der insgesamt 105 Fachkräfte (Lehrerinnen, Erzieherinnen, Heilpädagoginnen, Motopädinnen) teilgenommen haben. Von den befragten Personen waren einige in mehreren Arbeitsfeldern tätig.

Institution	Häufigkeit
Kindergarten	35
Grundschule	34
Kindertagesstätte	22
Verein, Ambulanz, Praxis	7
Frühförderstelle	4
Kinder(wohn)heim	3
Förderschule	2

Dabei war es uns wichtig, folgenden Fragen nachzugehen:
1. Welche Verfahren und Materialien werden in der diagnostischen Praxis angewendet?
2. Welche Vorteile dieser diagnostischen Verfahren werden gesehen?
3. Was sind Wünsche an diagnostische Verfahren?
4. Welche Entwicklungsbereiche sind relevant?
5. Welche Aufgaben sind besonders geeignet, um diese Entwicklungsbereiche zu erfassen?

Im Folgenden werden wir hier zunächst die Ergebnisse zu den ersten vier Fragestellungen skizzieren. Die Antworten der fünften Frage haben wir in der Zusammenstellung der Aufgaben berücksichtigt.

1.2.1 Welche Verfahren und Materialien werden in der diagnostischen Praxis angewendet?

Es zeigte sich, dass ca. die Hälfte der befragten Praktikerinnen selbständig entwickelte Beobachtungsbogen und/oder selbst entwickelte Screenings für die **Beobachtung** von Kindern nutzen.

Ein Großteil der Praktikerinnen bevorzugt bei der Schuleingangsdiagnostik neben der eigenen Beobachtung die Anwendung von standardisierten Tests und/oder Screenings. Dabei gab es keinen Unterschied der Aussagen zur Anwendung in Abhängigkeit von der Institution, das heißt, dass beispielsweise sowohl Lehrerinnen als auch Erzieherinnen die genannten Einschätzungsmethoden nutzen.

Die am häufigsten genannten **Tests** waren (vgl. Übersicht S. 273 ff.):

- Bielefelder Screening (BISC)
- Kieler Einschulungsverfahren (KEV)
- Körperkoordinationstest für Kinder (KTK)
- Motoriktest für 4-6 Jährige (MOT 4-6)

Die Vielfalt der Screenings war größer und bezog sich neben grundlegenden Schuleingangsfähigkeiten auch bereits auf konkrete Schulfächer (z. B. Mathe oder Deutsch).

Die am häufigsten genannten **Screenings** waren (vgl. Übersicht S. 273 ff.):

- Diagnosebox (Schroedel-Verlag) – Zahlenwerkstatt
- Diagnostische Einschätzungsskalen (DES)
- Diagnostisches Inventar motorischer Basiskompetenzen (DMB)
- Fit in Deutsch – Material zur Sprachfeststellung im vorschulischen Bereich
- Gelsenkirchener Entwicklungsbegleiter
- Leuvener Engagiertheitsskalen (LES)

Ein Überblick über Verfahren im Bereich der Schuleingangsdiagnostik findet sich im Anhang dieses Buches. Dort wird eine Übersicht hinsichtlich der Art des Verfahrens (Test, Screening, Inventar) und den darin angesprochenen Entwicklungsbereichen (z.B. Motorik, Wahrnehmung, Sprache) gegeben.

1.2.2 Welche Vorteile dieser diagnostischen Verfahren werden gesehen?

Im Folgenden werden die von den Praktikern als wesentlich genannten Vorteile, ungeachtet der speziellen Aussagen zu einzelnen Verfahren, zusammenfassend dargestellt.

Ziele des Verfahrens
- Erfassung vieler Entwicklungsbereiche
- Erkennen von Stärken und Förderbedürfnissen

Durchführung
- Übersichtlichkeit und klare Struktur des Verfahrens
- Möglichkeit, dass zwei Fachkräfte ein Kind über einen längeren Zeitraum beobachten können
- Gut erklärte Aufgaben
- Spielerische Elemente, welche der Freude der Kinder entgegen kommen
- Einfache Handhabung
- Aufgaben, die keinen erhöhten Materialbedarf erfordern

Auswertung/Interpretation
- Klare Ergebnisse
- Möglichkeit der Nutzung der Ergebnisse für Gespräche mit Bezugspersonen (v.a. Eltern)
- Konkrete Formulierung von altersentsprechenden Kompetenzen

1.2.3 Was sind Wünsche an diagnostische Verfahren?

Einführend sei gesagt, dass ca. 1/3 der befragten Praktikerinnen keine Angaben zu Wünschen an diagnostische Verfahren vermerkten, auch wenn explizit Unzufriedenheit mit dem genutzten Instrumentarien genannt wurde. Die übrigen 2/3 der befragten Praktikerinnen nannten Wünsche, die einen hohen Überschneidungsbereich mit den angegebenen Vorteilen diagnostischer Verfahren aufweisen.

Ziele des Verfahrens
- Einblick in verschiedene Entwicklungsbereiche
- Ermöglichung von Förderempfehlungen und praktische Aufgaben zur Förderung

Durchführung
- Geringer Zeitaufwand
- Leichte Handhabbarkeit, Praktikabilität
- Wenig materieller Aufwand

Auswertung/Interpretation
- Genaue, umfangreiche Formulierungen
- Genaue Anhaltspunkte, was ein Kind können muss (Richtlinien)

Zum Teil zeigte sich eine aus unserer Sicht paradoxe Zusammenstellung von Wünschen. Zum Beispiel wurden zugleich eine hohe Ökonomie in Form einer kurzen Durchführungsdauer und eine ganzheitliche Einschätzung der Entwicklung des Kindes gewünscht. Warum dies paradoxe Züge aufweist, wird in Kapitel 4 deutlich, in dem wir unser Verständnis von einer förderungsorientierten Diagnostik aufzeigen.
Außerdem wünschte sich ein Großteil der Praktikerinnen mehr Zeit für eine diagnostische Untersuchung, was sicherlich verständlich, jedoch institutionell bedingt ist und somit von außen diesem Wunsch nicht direkt entgegen gekommen werden kann.

1.2.4 Welche Entwicklungsbereiche sind relevant?

Die Fragebogenerhebung ergab, dass ein Großteil der Praktikerinnen nicht direkt übergeordnete Entwicklungsbereiche genannt hat, sondern sofort speziell auf einzelne Dimensionen von Entwicklungsbereichen eingegangen ist.

Es folgt eine überblicksartige Darstellung der genannten Entwicklungsbereiche und der darin wesentlich enthaltenen Entwicklungsdimensionen. An anderer Stelle in diesem Buch (vgl. Kap. 3) wird unter Berücksichtigung dieser Nennungen eine Auswahl von wesentlichen Begriffen zusammengestellt und definiert. Sicherlich hat jede Einzelne bei der Benennung von Schlagworten ihr eigenes Verständnis im Kopf, jedoch wurde dies nicht erfasst. Daher werden wir für dieses Buch die wesentlichen Begriffe definieren, um eine gemeinsame Arbeitsgrundlage für die Anwendung zu schaffen.

Relevante Entwicklungsbereiche	Relevante Entwicklungsbereiche
1. Sprachentwicklung/Sprachkompetenz • Wortschatz • Aussprache • Verbaler Ausdruck • Zuhören • Begriffsbildung • Kommunikationsfähigkeit • Sprach-/Sprechfähigkeit • Grammatik • Anweisungsverständnis • Sprachverständnis • Artikulation • Lautbildung • Sprachgedächtnis • Phonologische Bewusstheit • Satzbildung	4. Kognitive Entwicklung • Ausdauer/Konzentration • Mathematische Kompetenz • Mengenverständnis • Arbeitsverhalten • Leistungsfähigkeit • Logisches Denken • Motivation • Kreativität • Merkfähigkeit • Aufgabenverständnis • Zahlenbegriff • Textverständnis
2. Motorische Entwicklung • Feinmotorik • Grobmotorik • Gesamtkörperkoordination • Gleichgewicht • Graphomotorik • Körperwahrnehmung • Handmotorik • Augen-Hand-Koordination • Lateralität • Rhythmus	5. Wahrnehmung • Visuelle Wahrnehmung • Auditive Wahrnehmung • Kinästhetische Wahrnehmung • Taktile Wahrnehmung • Vestibuläre Wahrnehmung • Raum-Zeit-Wahrnehmung
	6. Sozial-emotionale Entwicklung • Verantwortung • Beziehungsfähigkeit • Kontaktfähigkeit • Empathie • Emotionale Belastbarkeit

3. Soziale Kompetenz/Entwicklung • Personale Kompetenz • Interaktionsfähigkeit • Bedürfnisse Anderer akzeptieren • Eigene Bedürfnisse artikulieren können • Selbständigkeit • Gruppenfähigkeit • Regelverständnis • Frustrationstoleranz • Konflikt- und Kritikfähigkeit	7. Selbstkonzept • Selbstvertrauen • Selbstsicherheit • Eigenkompetenz • Selbstorganisation • Selbstwert • Selbstbewusstsein • Selbststeuerung • Anstrengungsbereitschaft • Selbstwertgefühl • Selbstkontrolle • Körperschema

1.2.5 Welche Aufgaben sind besonders geeignet, um diese Entwicklungsbereiche zu erfassen?

Der Einblick in die zahlreichen und differenzierten Vorstellungen der Praktikerinnen hinsichtlich wesentlicher Aufgaben zur Erfassung von Entwicklungskomponenten war sehr hilfreich. Eine Übersicht über alle genannten und beschriebenen Aufgaben an dieser Stelle würde den Rahmen sprengen. Jedoch haben wir die entsprechenden Aufgaben für die in diesem Buch vorliegende Material- und Aufgabensammlung genutzt und ergänzt. Die Ergänzung betrifft dabei nicht allein die Art der Aufgaben, sondern vor allem mögliche Differenzierungen bzw. Variationen von Aufgabeninhalten (vgl. Kap. 6).

Die von den Praktikerinnen zusammengestellten Aufgaben bildeten einen Grundstock für unsere Aufgabenauswahl zu einzelnen Entwicklungsbereichen. Neben den erwähnten Differenzierungen war es uns, im Sinne der Praktikerinnen, zudem ein Anliegen, für diese Aufgaben Beobachtungshinweise sowie Interpretationsmöglichkeiten anhand ausgewählter Entwicklungsdimensionen vorzuschlagen.

2. Bildungsvereinbarungen

Die Debatte über neue Bildungsvereinbarungen hinsichtlich des Übergangs vom Elementar- zum Primarbereich wurde bereits in den 70er Jahren vom Deutschen Bildungsrat gefordert. Die „Vereinbarung zu den Grundsätzen über die Bildungsarbeit der Tageseinrichtungen für Kinder – Bildungsvereinbarung NRW" trat beispielsweise im August 2003 in Kraft.

Ein zentraler Gedanke der Bildungsvereinbarung ist das Bildungsverständnis, welches von der Tätigkeit des Kindes selbst ausgeht. Laut Schäfer wird unter Selbstbildung „die Tätigkeit, die Kinder verrichten müssen, um das, was um sie herum geschieht, aufnehmen und zu einem inneren Bild ihrer Wirklichkeit verarbeiten zu können" verstanden (2004, 7).

2.1 Bildungsziele, Bildungsprozesse, Bildungsbereiche

Es können Bildungsziele, Bildungsprozesse und Bildungsbereiche voneinander unterschieden werden.

Als **Bildungsziele** werden von Schäfer als Leiter der „Arbeitsgruppe Bildungsvereinbarung" formuliert (2003):

- Entwicklung der Persönlichkeit
- Ausschöpfung der Entwicklungspotenziale der Kinder
- Vorbereitung auf künftige Lebenssituationen
  - Sachliche Zukunft (ordnender und verarbeitender Umgang mit der erfahrenen Wirklichkeit)
  - Soziale Zukunft (Teilhabe an der Gesellschaft)
- Ausgleich von Benachteiligung

Als **Bildungsprozesse** werden von Schäfer (2003) genannt:

- Ausgangspunkt ist die individuelle Denk- und Verarbeitungsfähigkeit des Kindes
- Voraussetzung ist eine hinreichende Komplexität von Aufgabenstellungen
- Einbettung in individuelle, sachliche und soziale Sinnzusammenhänge
- Notwendigkeit einer Resonanz innerhalb guter sozialer Beziehungen
- Ermöglichung einer Vielfalt und differenzierter Qualität der subjektiven inneren Verarbeitungsmuster
- Vermehrung des Wissens über sich und die Welt sowie die Veränderung der Prozesse der inneren Verarbeitung selbst

Vier **Bildungsbereiche** werden von Schäfer (2003) genannt, die für die elementare Bildung als wesentlich angesehen werden:

- Bewegung
- Spielen und Gestalten, Medien
- Sprache(n)
- Natur- und kulturelle Umwelt(en)

Nach Durchsicht der Bildungsvereinbarungen der einzelnen 16 Bundesländer (ausgenommen Hamburg) zeigt sich, dass:
- die Anzahl der genannten Bildungsbereiche und/oder Unterbereiche pro Bundesland stark variiert,
- sehr unterschiedliche (Unter-)Bereiche pro Bundesland genannt werden,
- jedes Bundesland verschiedenartige Schwerpunkte herausstellt,
- verschiedene Begrifflichkeiten für Unterbereiche genutzt werden und
- es keine einheitlichen übergeordneten Bildungsbereiche gibt.

Wir haben im Folgenden die genannten Bildungsbereiche einzelnen übergeordneten Kategorien zugeordnet (grau unterlegt).

Im Überblick stellen sich demnach folgende Bildungsbereiche[2] heraus (Stand August 2005):

Bildungsbereich	N	Bildungsbereich	N
Sprache(n)	14	Bewegung	12
Kommunikation	8	Tanz	2
Schriftkultur	5	Sport	1
Literacy	2	Rhythmik	1
Nonverbale Kommunikation	1	Körper/somatische Bildung	9
Zeichen	1	Gesundheit	7
Sprechen	1	Spielen	3
Wahrnehmung	2	Ästhetische Bildung	5
Mathematik	11	Medien	6
Naturwiss. Grundverständnis	10	kreativer Bereich	4
Technik	7	Musik	9
Umwelt	3	Musikal. Rhythmus	1
Informationstechnik	1	Bildnerisches Gestalten	5
Gefühl – sozial-emotionale Aspekte	1	Gestalten	4
Soziales Leben	1	Experimentieren	1
Mitgefühl	1	Darstellen	2
Gemeinschaft	1	Bauen	1

[2] N = Anzahl der Nennungen

Soziale Umwelt	2	Kunst	1
Emotionalität	3	Fantasie	1
Soziale Beziehungen	2	Natur(erfahrung)	5
Konflikte	1	Gesellschaft	3
Soziales Lernen	1	Kulturelle Umwelt/Kultur	8
Soziale Bildung	1	Religion	5
Verantwortung	1	Werte	4
Soziale Kompetenz	3	Ethik	2
Kognitive Fähigkeiten	1	Politik	2
Lernkompetenz	1	Demokratie	1
Denken	2	Wirtschaft	1
		Philosophie	1
		Interkulturelles Lernen	1
		Lebenswelt	1

Wie aus der Übersicht erkennbar ist, werden bundesweit folgende Bildungsbereiche genannt:

- Ästhetische Bildung
- Bewegung
- Gesellschaft
- Gesundheit
- Kognition
- Mathematik
- Naturwissenschaftliches Verständnis
- Sozial-emotionale Entwicklung
- Spielen
- Sprache/Kommunikation
- Wahrnehmung

In all diesen Bereichen, so ist es das Ziel der einzelnen Länder, sollen die Kompetenzen eines Kindes im Schuleingangsbereich unterstützt und herausgebildet werden.

Stehen ursprünglich oben genannte Ziele wie Entwicklung der Persönlichkeit und Vorbereitung auf das Leben im Vordergrund, so sieht es in der Praxis meist anders aus. Hier rückt die Überprüfung einzelner Funktionsbereiche in den Vordergrund (vgl. Schäfer 2004).

2.2 Schulfähigkeitsprofil als Brücke zwischen Kindergarten und Grundschule

Kindergarten und Schule, als zwei eigenständige Bildungseinrichtungen, sind dem Ziel verpflichtet, „jedes einzelne Kind seinen Möglichkeiten entsprechend zu fördern" (MfSJK NRW, 3).

Die Bildungsvereinbarung und damit verbunden das Schulfähigkeitsprofil sollen eine Orientierung bzw. Empfehlung für Eltern und Kindergärten sein, worauf die Bildungsarbeit in den Kindertageseinrichtungen und in den Grundschulen aufbauen.

Durch das Schaffen von angemessenen individuellen Lernsituationen und -angeboten, soll ein fließender Übergang zum Schuleintritt und zum Anfangsunterricht für das Kind ermöglicht werden.

> Schulfähigkeit ist somit „keine einseitige Vorleistung des Kindes, sondern gemeinsame Aufgabe aller an der Erziehung und Bildung des Kindes Beteiligten. Das sind Familie, Kindergarten, Schule, das Kind selbst und weitere Bildungsumwelten, die das Kind umgeben" (Speck-Hamdan 2005, 248).

Somit ist es erforderlich, dass eine Kooperation bzw. ein Erfahrungs- und Kompetenzaustausch zwischen den Bildungseinrichtungen und weiteren sozial bedeutenden Bezugspersonen und dem Kind selbst stattfindet. **Schulfähigkeit ist demnach als Brückenkonzept zu verstehen, in dem institutsübergreifendes Arbeiten stattfindet, in der die Individualität eines Kindes anerkannt wird.**

2.3 Umsetzung der Bildungsvereinbarungen in der Praxis

Das veränderte Verständnis von Schulfähigkeit schlägt sich ebenso in der Art der Diagnostik bzw. des diagnostischen Vorgehens im „DiSb" nieder. Sowohl für Erzieherinnen als auch für Grundschullehrerinnen sind diagnostische Prozesse unverzichtbarer Bestandteil der eigenen Arbeit im Hinblick auf die das Kind erwartenden schulischen Anforderungen.

> Diagnostik müsste demnach in der Praxis folgenden Anforderungen gerecht werden:
>
> - Erfassung der Lernausgangslage
> - Prozesshaftigkeit
> - Variable Aufgabenstellungen mit verschiedenen Komplexitäten
> - Anknüpfung an bereits bestehende individuelle Kompetenzen
> - Hinweise für Fördermaßnahmen in alltäglichen Situationen
> - Beobachtung in alltäglichen Situationen

- Möglichkeit der Selbsttätigkeit des Kindes
- Berücksichtigung von Heterogenität
- Berücksichtigung der Umfeldbedingungen des Kindes

Das Verfahren „DiSb" stellt eine Möglichkeit dar, institutionsübergreifend förderdiagnostisch zu arbeiten. Das heißt, dass die Materialien primär für pädagogische Fachkräfte in Kindergärten und Grundschulen entwickelt wurden.

Die Erfassung der **Lernausgangslage** ist einerseits dadurch gegeben, dass spezielle Aufgaben und Situationen einbezogen sind, die im Rahmen unserer Untersuchung von pädagogischen Fachkräften als geeignet angesehen wurden. Weiterhin haben wir diese um Aufgaben aus ausgewählten bestehenden Verfahren zur Schuleingangsdiagnostik ergänzt. Das heißt, dass in den vorliegenden Materialien solche Aufgaben und Situationen wieder zu finden sind, die eine Erfassung der individuellen Lernausgangslage ermöglichen.

Wie in Kapitel 4 näher beschrieben wird, gehen wir von einer Diagnostik aus, die **prozessorientiert** ist, das heißt, dass es nicht um eine einmalige Erfassung von Kompetenzen geht, sondern um eine fortlaufende Einschätzung kindlicher individueller Kompetenzen.

Die Grund-Aufgabenstellungen haben wir jeweils dahingehend differenziert, dass die Anwenderin unterschiedliche Schwierigkeitsgrade mit einer Aufgabe erfassen kann. Wenn die „Grund-Aufgaben" aus anderen Verfahren übernommen wurden, steht im Kopf des Aufgabenblattes der Ursprung der Aufgabe.
Da wir davon ausgehen, dass ein Kind durch verschiedene Anregungen und selbsttätiges Handeln in seiner Entwicklung voran schreitet, haben wir eine Vielzahl von Differenzierungen für jede Aufgabe entwickelt. Der Einsatz der Aufgaben kann insofern variabel erfolgen, dass der **Komplexitätsgrad** gefunden wird, in der das Kind die Aufgabe bewältigen kann. Diese Differenzierungen sind als Möglichkeit zu verstehen, um verschiedene Komplexitätsgrade zu erfassen. Sie sind jedoch individuell jederzeit durch das Kind und/oder die pädagogische Fachkraft erweiterbar.

Somit besteht die Möglichkeit, dass die **individuellen Kompetenzen** des Kindes erfasst und im Förderprozess genutzt bzw. an diesen angeknüpft werden können.

Da wir von einer förderungsorientierten Diagnostik ausgehen, ist es selbstverständlich, dass die vorliegenden Aufgaben sowohl zur Diagnostik als auch zur Förderung eines Kindes genutzt werden können. Wir sehen jede diagnostische Situation auch als **Fördersituation** an und jede Fördersituation dient einer Diagnostik. In unserem Sinne kann jede diagnostische Situation in den **Alltag** eingebunden werden und sollte individuell und variabel auf das Kind abgestimmt sein.

Wie bereits angedeutet, sind die förderdiagnostischen Situationen des Verfahrens sehr darauf ausgerichtet, dass das **Kind eigenaktiv** handeln und **selb-**

Bildungsvereinbarungen

ständig Ideen entwickeln kann. Es ist geradezu wünschenswert, dass die pädagogische Fachkraft dem Kind Raum und Möglichkeiten bietet, sich selbst kreativ einzubringen. Nur so kann ein erfolgreicher Wechsel zwischen Eigenaktivität und Umweltanregungen gelingen, die es ermögicht die Potenzi-ale des Kindes auszuschöpfen und dessen Selbständigkeit zu fördern.

Aus unserem Verständnis von Entwicklung, welches näher in Kapitel 3.1 beschrieben wird, geht hervor, dass der Einbezug der **Lebensumwelt(en)** eine wesentliche Rolle im Rahmen förderdiagnostischer Prozesse einnimmt. Die Familie als eines der wichtigsten Bezugspunkte des Kindes, trägt wesentlich zur Entwicklung des Kindes bei. Die Eltern bzw. die Familie, als die engsten Bezugspersonen, sind in der Regel als „Experten" ihres Kindes anzusehen. Abhängig von den Eltern sammelt das Kind tagtäglich Erfahrungen über sich, über die Familie, über räumliche und zeitliche Strukturen sowie mit der materiellen Umwelt.

Demzufolge ist es, auch im Sinne der Bildungsvereinbarungen, für ein förderungsorientiertes Lernen wichtig, die Eltern mit einzubeziehen und den Austausch mit ihnen zu suchen.

3. Verständnis von Entwicklung und Entwicklungsbereichen

Im folgenden Kapitel wird zunächst ein allgemeines Verständnis von Entwicklung und Entwicklungsbedingungen dargelegt.
Weiterhin werden verschiedene Entwicklungsbereiche (Bewegung, Kognition, sozial-emotionales Verhalten, Sprache und Wahrnehmung) definiert. Dabei beziehen wir uns nicht allein auf unsere eigenen Erfahrungen und eigenes Verständnis, sondern haben pädagogische Fachkräfte (Erzieherinnen und Lehrerinnen) einbezogen.

In unserer bereits in Kapitel 1.2 beschriebenen Bedarfsanalyse, haben wir pädagogische Fachkräfte gefragt, welche Entwicklungsbereiche für sie einen hohen Stellenwert in ihrer praktischen Arbeit in Bezug auf Schuleingangsdiagnostik haben. Dabei stand vor allem die Frage im Vordergrund: „Welche Entwicklungsbereiche sind entscheidend für den Eintritt in die Schule?".
Die Auswertung der 105 Fragebogen ergab die Nennung verschiedener Entwicklungsdimensionen, die den oben genannten Entwicklungsbereichen zugeordnet werden konnten.

Zudem passen die genannten Entwicklungsbereiche mit den empfohlenen, überwiegend übereinstimmenden Bildungsbereichen der Länder überein (vgl. Kapitel 2).

3.1 Entwicklung

Es gibt verschiedene Definitionen, wie Entwicklung verstanden werden kann. Diese Definitionen können grob in vier Richtungen unterschieden werden:

		Umwelt	
		Aktiv	Passiv
Person	Aktiv	interaktionistisch	strukturgenetisch
	Passiv	umweltdeterministisch	biogenetisch

a) Person passiv – Umwelt passiv (Biogenetische (organismische) Organisation)
b) Person aktiv – Umwelt passiv (Strukturgenetische (konstruktivistische und systemische) Konstruktionen)
c) Person passiv – Umwelt aktiv (Umweltdeterministische (exogenistische bzw. mechanistische) Konzeptionen)
d) Person aktiv – Umwelt aktiv (interaktionistische (handlungstheoretische bzw. ökologische Konzeptionen) (vgl. Baur 1994, 29f.; Reichenbach 2006, 96).

Entwicklung

Unser Verständnis von Entwicklung entspricht der interaktionistischen (handlungstheoretischen bzw. ökologischen) Konzeption. Dementsprechend werden wir im Folgenden nur auf diese Konzeption eingehen und diese näher beschreiben.

Gemeinsame Kernannahme **interaktionistischer Modelle** ist, dass der Mensch und seine Umwelt ein Gesamtsystem bilden und, dass Mensch und Umwelt aktiv und in Veränderung begriffen sind (vgl. Oerter/Montada 2002, 5).

Entwicklung wird dabei als eine über das Handeln der Person selbst konstituierte Lebensgeschichte verstanden.

Das Individuum produziert seine eigene Entwicklung, es wird am Handeln angesetzt und die Umweltkontexte werden eingebunden. Somit findet eine Person-Umwelt Interaktion und damit eine gegenseitige Beeinflussung statt.

Auf der Grundlage dieser Annahme gehen wir auch von einem lebenslangen Lernen aus, da jede Person lebenslang handelt und lebenslang in Interaktion mit der Umwelt steht (vgl. Baur 1994, 29).

Im Speziellen lehnen wir uns an die Definition von Bronfenbrenner an, der Entwicklung wie folgt definiert:

> „Entwicklung [ist] als dauerhafte Veränderung der Art und Weise, wie die Person die Umwelt wahrnimmt und sich mit ihr auseinandersetzt [zu verstehen]" (Bronfenbrenner 1993, 19).

In dem Entwicklungstheoretischen Modell von Bronfenbrenner werden Umweltkontexte unterschieden, näher erläutert und deren Interaktionen beschrieben. Person – Umwelt-Interaktionen finden in unterschiedlichen Systemen statt:
- Mikrosystem
- Mesosystem
- Exosystem
- Makrosystem
- Chronosystem

Entwicklung

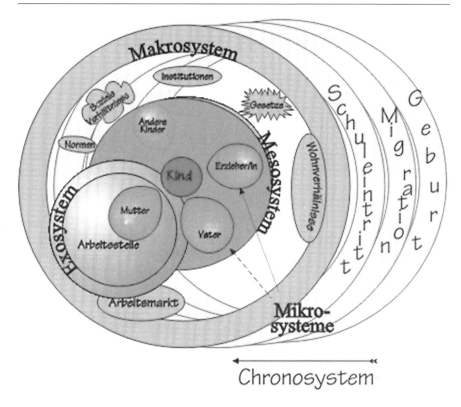

Abb.: Systeme der Person-Umwelt-Interaktion nach Bronfenbrenner
(vgl. http://de.wikipedia.org/wiki/Ökosystemischer_Ansatz_nach_Bronfenbrenner)

Das **Mikrosystem** „ist ein Muster von Tätigkeiten und Aktivitäten, Rollen und zwischenmenschlichen Beziehungen, die die in Entwicklung begriffene Person in einem gegebenen Lebensbereich in dem ihr eigentümlichen, physischen und materiellen Merkmalen erlebt" (1998, 38). Das heißt, bei dieser ersten Ebene handelt es sich um den unmittelbaren Lebensbereich, der die sich entwickelnde Person umgibt (z.B. Familie). In diesem Lebensbereich kann der Mensch leicht in Interaktionen mit anderen Menschen treten. Hierbei geht es vorwiegend darum, wie ein Mensch sich in seinem direkten, unmittelbaren Lebensbereich wahrnimmt.

Das **Mesosystem** „umfasst die Wechselbeziehungen zwischen den Lebensbereichen, an denen die sich entwickelnde Person aktiv beteiligt ist (für ein Kind etwa die Beziehung zwischen Elternhaus, Schule und Kameradengruppe in der Nachbarschaft; für einen Erwachsenen, die zwischen Familie, Arbeit und Bekanntenkreis)" (1989, 41).

Ein Mesosystem umfasst demnach eine Vielzahl von Mikrosystemen, welche miteinander verbunden sind, d.h. in einem Austausch stehen. Eine Erweiterung vom Mikrosystem zum Mesosystem findet statt, wenn die sich entwickelnde Person in einen neuen Lebensbereich eintritt und/oder mit Anderen in Beziehung tritt.

Unter dem **Exosystem** versteht Bronfenbrenner „einen Lebensbereich oder mehrere Lebensbereiche, an denen die sich entwickelnde Person nicht selbst beteiligt ist, in denen aber Ereignisse stattfinden, die beeinflussen, was in ihrem Lebensbereich geschieht oder die davon beeinflußt werden" (1989, 42).
Das Exosystem umfasst demnach einen Bereich, der außerhalb der Reichweite der Person liegt, von dem sie aber trotzdem beeinflusst wird (z.b. die Arbeitsbedingungen der Eltern, sie nehmen Einfluss auf den sozialen Status des Kindes, schulische Bedingungen, gesetzliche Regelungen für diesen Bereich usw.) (vgl. Eggert/Reichenbach/Lücking 2007).

Das **Makrosystem**: „bezieht sich auf die grundsätzliche, formale und inhaltliche Ähnlichkeit der Systeme niederer Ordnung (Mikro-, Meso- und Exo-), die in der Subkultur oder der ganzen Kultur bestehen, oder bestehen könnten, einschließlich der ihnen zugrunde liegende Weltanschauungen und Ideologien" (1989, 42).
Es ist demnach ein umfassender Lebensbereich, der allen drei Ebenen gemeinsam ist und auf allen drei Ebenen Einfluss auf den Menschen nehmen kann (z.b. gesellschaftliche und kulturelle Normen, politische Ausrichtungen, ethnischer Hintergrund u.a.).

Das **Chronosystem** meint „markante biographische Übergänge, z.B. Schulentlassung oder Menarche" (Flammer 2004, 212). Ökologische Übergänge kommen lebenslang vor und finden zum Beispiel statt, „wenn eine Person ihre Position in der ökologisch verstandenen Umwelt durch einen Wechsel ihrer Rolle, ihres Lebensbereichs oder beider verändert" (1989, 43). Solche Übergänge stellen Entwicklung dar und haben Einfluss auf die weiteren Entwicklungsschritte. Sie können normativ oder nicht-normativ erfolgen, wobei mit nicht-normativen Übergängen solche gemeint sind, die zu früh oder zu spät eintreten (z.B. verfrühte Einschulung mit fünf Jahren).

Von allen fünf Ebenen können sowohl entwicklungsfördernde als auch entwicklungshemmende Einflüsse ausgehen. Der Mensch selbst kann versuchen innerhalb dieser Ebenen einzuwirken, was jedoch immer abhängig ist von der Mitarbeit Anderer.

Da sich ein Kind in Interaktion mit seiner Umwelt individuell entwickelt, ist dieses Konzept für eine Beschreibung der individuellen Ziele und des pädagogischen Handelns sehr nützlich. Hierbei wäre es wichtig, dass Eltern, Schule, Lehrer und andere bedeutende Bezugspersonen gemeinsam für die Entwicklung des Kindes arbeiten.

> Insgesamt kann gesagt werden, dass Entwicklung unterschiedlichen Einflüssen ausgesetzt ist. Diese Einflüsse betreffen sowohl Reifungsprozesse, Entwicklungsaufgaben (Rollen, Identität, Lebensziele), kritische Lebensereignisse bzw. ökologische Übergänge (z.b. Übergang von Kindergarten zur Schule), epochal bedingte Einflüsse (z.b. Arbeitslosigkeit, Normen) sowie unkalkulierbare Einflüsse (z.b. Zufallsbegegnungen mit biographischer Tragweite, Unfälle, Erkrankungen) (vgl. Singer/Bös 1994, 21ff).

Diese Ausführungen verdeutlichen die hohe Relevanz von Interaktionsprozessen zwischen Kind und seinen Bezugssystemen (insbesondere zwischen Familie, Kindergarten, Schule).

In dem vorliegenden Buch haben wir versucht, Anregungen für Diagnostik und Förderung zusammenzustellen, die sowohl von Erzieherinnen als auch von Lehrerinnen angewandt werden können. Der Entwicklung und den Entwicklungsbedingungen eines Kindes kann näher gekommen bzw. kann differenzierter betrachtet werden, je intensiver der Austausch der Bezugssysteme (Erzieherinnen, Lehrerinnen, Eltern) des Kindes untereinander ist.

Weiterhin bietet die Arbeit mit diesem Buch eine gemeinsame Grundlage für die Erfassung, Beschreibung und Einschätzung von Entwicklungsdimensionen. Auch wenn nicht die Möglichkeit zu einem direkten Austausch von Informationen zu einem Kind zwischen Erzieherinnen und Lehrerinnen gegeben ist, so kann, wenn beide mit diesem Buch arbeiten, ein gemeinsames Verständnis von Entwicklung und deren Entwicklungsbereiche geschaffen werden. Dies ermöglicht Transparenz hinsichtlich Beobachtungen, Beschreibungen und Fördervorschlägen.

Sicherlich ist die eine oder andere Aufgabe auch dazu geeignet durch die pädagogischen Fachkräfte an die Eltern weiter vermittelt zu werden, um die Entwicklung des Kindes in seinem nahen Umfeld gezielt anzuregen.

Nachdem unser allgemeines Verständnis von Entwicklung dargelegt wurde, werden wir im Folgenden auf einzelne Entwicklungsbereiche eingehen. Das vorliegende Buch befasst sich mit diagnostischen und förderungsorientierten Situationen zu den Entwicklungsbereichen:
- Bewegung (Kap. 3.2)
- Kognition (Kap. 3.3)
- Sozial-emotionale Entwicklung (Kap. 3.4)
- Sprache und Kommunikation (Kap. 3.5) sowie
- Wahrnehmung (Kap. 3.6).

Da es auch hier keine einheitlichen Vorstellungen hinsichtlich des Verständnisses und der Definitionen einzelner Entwicklungsdimensionen dieser Entwicklungsbereiche gibt, möchten wir nachfolgend unser Verständnis diesbezüglich darlegen. Somit wird der oben genannte Anspruch auf Transparenz im Hinblick auf das zugrunde liegende Modell sowie die Bezugspunkte ermöglicht.

Sollte die Anwenderin ein anderes Verständnis von Entwicklung sowie einzelner Entwicklungsbereiche haben, was aufgrund einer anderen theoretischen Fundierung durchaus vorkommen kann, so sind die Aufgaben in diesem Buch sicherlich auch anwendbar. Die Interpretation der Beobachtung obliegt dann jedoch ausschließlich der Anwenderin. In jedem Fall sollte sie dann ihr vorhandenes theoretisches Verständnis und ihre Bezugsquellen begründen und deutlich herausstellen, so dass auch in diesem Fall die erforderliche Transparenz gegeben ist.

3.2 Bewegung

Häufig werden die Begriffe „Motorik" und „Bewegung" in der Literatur und auch im Praxisalltag synonym verwendet. Es gibt vielfältige Begriffsdefinitionen, wobei die einzelnen Begriffe nicht einheitlich verwendet werden (vgl. Singer/Bös 1994, 17).

Den Begriff Motorik haben wir in diesem Zusammenhang nicht gewählt, da er „alle an der Steuerung und Kontrolle von Haltung und Bewegung beteiligten Prozesse und damit auch sensorische, perzeptive, kognitive und motivationale Vorgänge" (Singer/Bös 1994, 17) umfasst.

Wir möchten hier zunächst allein auf die zu sehende Bewegung eingehen. Die an der Motorik beteiligten Bereiche, zum Beispiel Wahrnehmung und Kognition werden hier aus pragmatischen Gründen speziell betrachtet. Natürlich sind die Entwicklungsbereiche miteinander verknüpft. Das wird anhand unserer beispielhaft aufgeführten Hypothesen und Interpretationsvorschläge deutlich.

Wir bevorzugen in unserem Buch den Begriff „Bewegung" und lehnen uns dabei an Schnabel/Thieß (1993, 149) an:

Bewegung wird als eine zeitliche und räumliche sowie zielgerichtete „Ortsveränderung des Körpers als Folge regulierter Muskeltätigkeit" verstanden.

Dabei können einer Bewegung als äußere Kennzeichen bestimmte
- Bewegungsmerkmale (z.B. Rhythmus, Fluss, Präzision, Tempo),
- Bewegungsparameter (z.B. Schnelligkeit) oder
- Bewegungsfähigkeiten (z.B. Gleichgewicht, Kraft)

zugeordnet werden.

Wir werden in unseren Ausführungen die genannten Bewegungsmerkmale, Bewegungsparameter und Bewegungsfähigkeiten unter „Bewegungsdimensionen" zusammenfassen.

Genannte Bewegungsdimensionen der pädagogischen Fachkräfte werden im Folgenden mit der Anzahl der Nennungen aufgezeigt, wobei Mehrfachnennungen als auch keine Nennungen vorgekommen sind:

Dimensionen von Bewegung:	• 72
• Feinmotorik	• 38
• Grobmotorik	• 29
• Augen-Hand-Koordination	• 5
• Gesamtkörperkoordination	• 5
• Gleichgewicht	• 4
• Handmotorik	• 3
• Graphomotorik	• 2
• Rhythmus	• 1

Wie aus der Nennung deutlich wird, umfassen die genannten Bewegungsdimensionen vor allem Kompetenzen hinsichtlich schulischer Erfordernisse. So sind die genannten Bewegungsdimensionen beispielhaft für folgende Anforderungen in der Schule erforderlich: Umgang mit Arbeitsmaterialien, Sitzhaltung, Schreiben, Lesen.

Aus unserer Sicht sind die genannten Bewegungsdimensionen ebenso bedeutend, jedoch möchten wir diese um weitere ergänzen. Dabei beziehen wir uns grundlegend auf das Modell von Eggert/Ratschinski (1993), welches folgende Bewegungsdimensionen enthält:

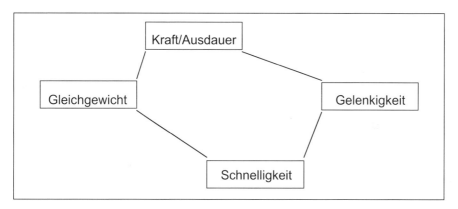

Die von Eggert/Ratschinski herausgestellten Bewegungsdimensionen können als DIE wesentlichen Dimensionen von Bewegung bezeichnet werden, da sie am häufigsten in der Literatur, aber auch insgesamt von Experten genannt werden (vgl. Reichenbach 2006).

Im Folgenden werden wir das zugrunde gelegte Modell von Eggert/Ratschinski (1993) um die genannten Bewegungsdimensionen der pädagogischen Fachkräfte aus unserer Untersuchung sowie aus individueller Sicht ergänzen.

3.2.1 Modell von Bewegung

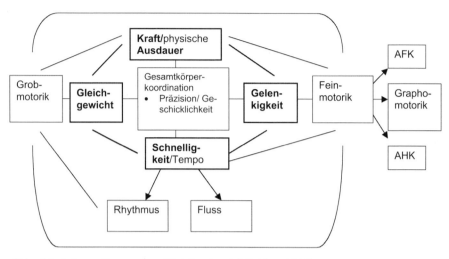

Abb.: *Modell von Bewegung (Reichenbach/Lücking 2006)*

Wie aus dem Modell zu erkennen ist, wurde das von Eggert/Ratschinski (1993) entwickelte Modell zugrunde gelegt (hier fett markiert) und durch die von den pädagogischen Fachkräften und uns genannten Bewegungsdimensionen ergänzt. Somit beinhaltet das Modell theorie- und praxisgeleitete Vorstellungen von bedeutenden Entwicklungsfaktoren für den Entwicklungsbereich Bewegung.

3.2.2 Definitionen von Bewegungsdimensionen

Das Grundprinzip des Modells besteht darin, dass die einzelnen Bewegungsdimensionen miteinander verknüpft sind, wobei es KEINE hierarchische Ordnung gibt (vgl. Kapitel 1).
Um mit dem Modell besser umgehen zu können, werden wir nachfolgend die einzeln genannten Bewegungsdimensionen definieren.

Bewegungsdimension:	Definition *(Lücking/Reichenbach)*:
Augen-Fuß-Koordination (AFK)	Situationen, die ein Zusammenspiel von Augen und Fuß/Füßen erfordern, z.B. gegen einen Ball treten.
Augen-Hand-Koordination (AHK)	Situationen, die ein Zusammenspiel von Augen und Hand/Händen erfordern, z.B. klatschen, greifen.
Feinmotorik	Feinkoordinative Bewegungen sind v.a. Bewegungen der Hände, Füße und des Kopfes.

	Es handelt sich um kleinräumige Bewegungen z.B. Mimik, Umgang mit Stift und Schere, Schulterbewegungen. Sie erfordern eine hohe Bewegungspräzision, Bewegungsgeschicklichkeit sowie Bewegungskombination (vgl. Schnabel/Thieß 1993).
Fluss	Bewegungsmerkmal, das den Grad der Kontinuität in einem großräumigen und kleinräumigen Bewegungsablauf kennzeichnet (vgl. Schnabel/Thieß 1993).
Gelenkigkeit/ Beweglichkeit	Beweglichkeit beinhaltet die beiden Komponenten Gelenkigkeit (Bezug zu Gelenken) und Dehnfähigkeit (Bezug zu Muskeln, Sehnen, Bändern und Gelenkkapseln). Demnach ist Gelenkigkeit und Dehnfähigkeit als körperregionsspezifisch anzusehen (z.B. Kopf, Schulter, Ellenbogen, Hand, Finger, Rumpf, Hüfte, Knie, Fuß, Zehen). Beide Kompetenzen können sowohl isoliert als auch aufgabenspezifisch betrachtet werden (vgl. Ratschinski 1987; Gaschler 1994).
Gesamtkörper- koordination	Koordination, das heißt das Zusammenspiel einzelner Bewegungsdimensionen in Einzel- und Teilbewegungen des Körpers, z.B. an der Tafel schreiben. Gesamtkörperkoordination umfasst das Zusammenspiel einzelner Bewegungsdimensionen des gesamten Körpers in komplexeren Handlungssituationen, z.B. Handball oder Fußball spielen.
Gleichgewicht	Das Gleichgewicht ist eine koordinative Fähigkeit, welche bei allen Bewegungshandlungen von Bedeutung ist (z.B. sitzen, gehen, laufen,...). Das Gleichgewicht ermöglicht es, Lageveränderungen des Körperschwerpunktes im Verhältnis zur Stützfläche zu regulieren. Es können statisches und dynamisches Gleichgewicht unterschieden werden. Das statische Gleichgewicht ist für die Beibehaltung der Körperhaltung/Körperposition erforderlich (z.B. sitzen, stehen). Das dynamische Gleichgewicht ist für die Aufrechterhaltung der Körperhaltung/Körperposition in Bewegung zuständig (z.B. balancieren, drehen, springen) (vgl. Schnabel/Thieß 1993).

Graphomotorik	Bewegungsanforderungen, die für das Zeichnen und Schreiben erforderlich sind. Wird Graphomotorik allein unter dem Bewegungsaspekt betrachtet, beinhaltet es ein Zusammenspiel verschiedener Kompetenzen wie z.B. Hand- und Fingerbeweglichkeit, Bewegungssteuerung, Koordination der Sitzhaltung (vgl. ISB 1991).
Grobmotorik	Bewegungen, bei denen mehrere Körperteile gleichzeitig beansprucht werden. Grobmotorik betrifft das Gesamte (Körpermotorik), z.B. laufen, fangen, hüpfen, klettern.
Kraft/Ausdauer	Fähigkeit der Muskulatur einen Widerstand zu überwinden. Dabei kann Kraft körperregionsspezifisch und situationsspezifisch betrachtet werden. Situationsspezifisch können Sprung-, Stoß-, Wurf-, Zug- oder Stemmkraft unterschieden werden. Körperregionsspezifisch können z.B. Arm- Bein- und Fingerkraft unterschieden werden. Weiterhin kann Kraft und die damit verbundene Anforderung als dynamisch oder statisch charakterisiert werden: dynamisch, z.B. hüpfen, werfen, schießen; statisch, z.B. stehen, sitzen (vgl. Ratschinski 1987; Fetz 1969).
Rhythmus	Verknüpfung von Ordnung und Dauer einer Bewegung. Ordnung bezieht sich auf die Wiederholung spezieller nacheinander ablaufender Bewegungen. Dauer meint eine zeitliche Aufeinanderfolge und ist immer mit dem Einbezug der Anfangs- und Endpunkte eines Zeitintervalls verbunden (vgl. Eggert/Bertrand 2002).
Schnelligkeit/Tempo	Tempo meint die zeitliche und räumlich-zeitliche Dimension von Bewegungen. Die Veränderung des Tempos wird in Form von positiver Beschleunigung (Steigerung) oder negativer Beschleunigung (Verzögerung) beschrieben. Tempo beinhaltet somit sowohl Schnelligkeit als auch Langsamkeit. Um einen Bewegungsablauf sowohl schnell als auch langsam durchführen zu können, muss dieser sicher beherrscht werden. Als Bezugssystem zur Beschreibung von Tempo gilt ein Vergleich, entweder individuell mit einem zeitlichen Abstand oder von mindestens zwei Personen (vgl. Ratschinski 1987; Schnabel/Thieß 1993).

3.3 Intelligenz und kognitive Fähigkeiten
(Tanja Jungmann & Christina Lücking & Christina Reichenbach)

Viele Theorien gehen von verschiedenen Intelligenzen oder Fähigkeitssystemen aus, von denen nur wenige durch psychometrische Tests erfassbar sind, während die Mehrzahl aus dem beobachtbaren Verhalten erschlossen werden müssen, z.b. beim Lösen von Problemen, bei der Bewältigung von neuen Aufgaben.
Intelligenz und kognitive Fähigkeiten sind dabei Begriffe, die häufig synonym verwendet werden. Dies macht unserer Ansicht nach keinen Sinn, da die **allgemeine Intelligenz** über die Lebensspanne hinweg relativ stabil bleibt. Sie umfasst Faktoren, die weitestgehend umweltunabhängig sind, wie zum Beispiel Informationsverarbeitungsgeschwindigkeit. Was sich dagegen in Abhängigkeit von der Umwelt verändert und damit im pädagogischen Sinne veränderbar ist, sind die **kognitiven Fähigkeiten**.
Diese sind zum Beispiel sprachliche Fähigkeiten, motorische Fähigkeiten und musikalische Fähigkeiten die sich wiederum in spezifischen, kulturabhängigen **Fertigkeiten** niederschlagen. In unserer Kultur sind dies zum Beispiel Lesen, Schreiben und Rechnen oder auch Fußballspielen und Klavier spielen.
Vor diesem Hintergrund ist es unseres Erachtens unumgänglich die allgemeine Intelligenz und kognitive Fähigkeiten differenziert zu betrachten und uns insbesondere für den Schuleingangsbereich auf die kognitiven Fähigkeiten zu konzentrieren.

> Die **allgemeine Intelligenz** (z.B. Informationsverarbeitungsgeschwindigkeit, Reaktionszeit) ist über die Lebensspanne relativ stabil.
> **Kognitive Fähigkeiten** entwickeln sich über die Lebensspanne und variieren damit in Abhängigkeit vom Alter und individuellen Umweltbedingungen.
> Unter **Kognition** verstehen wir Informationsverarbeitungsprozesse (mit anderen Worten die allgemeine Intelligenz), in denen Neues gelernt und Wissen verarbeitet und miteinander vernetzt wird (mit anderen Worten die Fähigkeiten und die Fertigkeiten) (Jungmann 2006).

Menschen unterscheiden sich in ihren Fähigkeiten, komplexe Zusammenhänge zu begreifen, sich effizient und effektiv an eine neue Umgebung anzupassen, Schlussfolgerungen zu ziehen und Herausforderungen und Hindernisse durch Nachdenken zu bewältigen bzw. zu überwinden. Obwohl diese Unterschiede groß sein können, so sind sie niemals vollkommen gleich: Die kognitiven Fähigkeiten sind abhängig vom jeweils betrachteten Bereich, ihr Einsatz und damit die Fertigkeiten variieren situationsabhängig. Jeder Mensch hat ein individuelles Leistungsprofil, das durch relative Stärken, aber auch Schwächen charakterisierbar ist.

Kognitive Fähigkeiten können auf eher globaler und spezifischer Ebene unterschieden werden.

Auf der globalen Ebene können folgende Fähigkeiten benannt werden:
- Abstraktes Denken
- Arbeitsverhalten
- Aufmerksamkeit/Konzentration
- Denkstrategien
- Handlungsplanung
- Kreativität
- Logisches Schlussfolgern
- Gedächtnis/Merkfähigkeit
- Problemlöseverhalten
- Reflexionsfähigkeit
- Verständnis (z.B. Aufgabenverständnis)
- Vorstellungsvermögen
- Wissen

Diese globalen Fähigkeiten können bereichsspezifisch eingesetzt werden. Auf der spezifischen Ebene liegen zum Beispiel in Anlehnung an Gardner (1993)[3]:
- Musische Fähigkeiten,
- Sprachliche Fähigkeiten,
- Logisch-mathematische Fähigkeiten,
- Räumliche Fähigkeiten,
- Personale Fähigkeiten,
- Motorische Fähigkeiten.

Die von den pädagogischen Fachkräften genannten Bereiche zu Intelligenz und kognitiven Fähigkeiten spiegeln diese Vielfalt und Komplexität wieder und werden im Folgenden mit der Anzahl der Nennungen aufgezeigt, wobei Mehrfachnennungen als auch keine Nennungen vorgekommen sind:

Kognitive Fähigkeiten	
• Ausdauer/Konzentration	• 41
• Mathematische Kompetenz	• 28
• Mengenverständnis	• 10
• Arbeitsverhalten	• 9
• Logisches Denken	• 8
• Motivation	• 6
• Handlungskompetenz	• 6
• Zahlenbegriff	• 5
	• 5

---

[3] Gardner (1993) bezeichnet diese bereichsspezifischen Fähigkeiten als verschiedene Formen von Intelligenz. Kritiker verweisen jedoch zurecht darauf, dass es sich bei einigen dieser Formen weniger um Intelligenz als vielmehr um Begabungen handele. Diese Kritik aufgreifend und vor dem Hintergrund unserer Konzeption halten wir den Fähigkeitsbegriff für passender.

- Merkfähigkeit   • 4
- Kreativität   • 3
- Aufgabenverständnis   • 3
- Formenverständnis   • 3
- Leistungsfähigkeit   • 2
- Farben benennen   • 2
- Textverständnis   • 1
- Prä-Numerische Fähigkeiten   • 1

Die Nennung der einzelnen Dimensionen kognitiver Fähigkeiten bezieht sich auf die Kompetenzen, die primär für den Schuleingangsbereich bedeutend sind, aber auch generelle Bedeutung über die gesamte Lebensspanne haben.
In Kapitel 3.3.2 werden Definitionen der einzelnen Fähigkeiten gegeben und in Beziehung zu unserem Modell kognitiver Fähigkeiten gesetzt.

3.3.1 Modell kognitiver Fähigkeiten

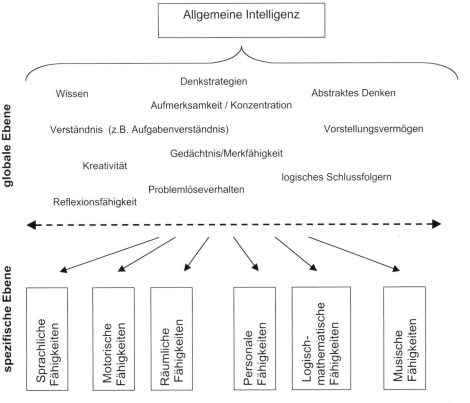

Abb.: Modell von kognitiven Fähigkeiten (Jungmann/Lücking/Reichenbach 2006)

Wir haben dieses Modell in Anlehnung an Gardner entwickelt, da es aus unserer Sicht:
a) handlungspraktisch erscheint
b) bestimmte Fähigkeiten hervorhebt
c) Abstand von einem allgemein gültigen Verständnis von Intelligenz nimmt
d) zeigt, dass jeder Mensch Stärken und individuelle Schwerpunkte hat und diese in unterschiedlichen Fähigkeitsbereichen liegen können.

Das entwickelte Modell zu den kognitiven Fähigkeiten umfasst die Bereiche, die für die Schuleingangsphase bedeutend sind. Die von den pädagogischen Fachkräften genannten Dimensionen der Intelligenz finden sich hier ebenso wieder. Es ist nicht als statisches und allgemein gültiges Modell zu verstehen, sondern kann durchaus jederzeit begründet und individuell von Praktikern erweitert werden.

Im Folgenden werden die genannten kognitiven Fähigkeiten definiert und näher beschrieben.

3.3.2 Definitionen von kognitiven Fähigkeiten

Um mit diesem Modell besser umgehen zu können, werden hier die einzeln genannten Fähigkeiten von Kognition von uns definiert.

Dimensionen von Kognition	Definition *(Lücking/Reichenbach)*:
Allgemeine Intelligenz	Generalfaktor der Intelligenz, der das allen Gemeinsame repräsentiert. Dazu gehören Fähigkeiten, die weitestgehend umweltunabhängig sind, aber auch Fähigkeiten, die umwelt- oder kulturabhängig sind (Jungmann 2006).
Abstraktes Denken	Fähigkeit des Denkens, bestimmte Eigenschaften von dinglichen und nicht dinglichen Aspekten zur Begriffsbildung in sprachlichen Beschreibungen zu fassen.
Verständnis (z.B. Aufgabenverständnis)	Fähigkeit des inhaltlichen Begreifens eines Sachverhaltes, das nicht in der bloßen Kenntnisnahme besteht, sondern in der intellektuellen Erfassung des Zusammenhangs. Diese Fähigkeit bezieht sich z.B. darauf, gestellte Aufgaben inhaltlich zu begreifen und dementsprechend zu handeln.
Aufmerksamkeit/ Konzentration	Fähigkeit, die Umwelt, Gedanken und Gefühle sowie das eigene Verhalten und Handeln wahr-

	zunehmen. Aufmerksamkeit erfordert eine Fokussierung der Wahrnehmung auf einzelne Objekte und Situationen über eine situationsspezifische Zeitdauer.
Denkstrategien	Fähigkeit, bestimmte und/oder verschiedene Strategien bei Denkprozessen zu nutzen. Es können ein logisch-schlussfolgerndes, ein strategisches, ganzheitliches Denken sowie Transfertechniken unterschieden werden: Logisch schlussfolgernd: Durch Beobachtungen gewonnene Erkenntnisse mit Erfahrungen verknüpfen, zueinander in Beziehung setzen und Rückschlüsse ziehen • deduktiv: Ableiten des Einzelfalls aus dem Allgemeinen • induktiv: Ableiten von Schlussfolgerungen aus vorgegebenen Fakten • analog: Bezug nehmen auf ein anderes ähnliches Problem • digital: Stufen-, schrittweise. Strategisches Denken: Vorsätzliche und überlegte Mittel werden zur Zielerreichung eingesetzt, Anwendung von Regeln. Ganzheitliches oder mehr synthetisches Denken: einzelne Faktoren werden vernachlässigt und Aufgaben werden abschnittweise gelöst. Transfertechniken: Wissen kann aus einer bereits gelernten Situation auf eine neue Situation übertragen werden.
Gedächtnis/Merkfähigkeit	Fähigkeit, Informationen aufzunehmen, zu behalten, zu ordnen und wieder abzurufen. Je nach zeitlicher Dauer der Speicherung der Information, wird zwischen dem Arbeitsgedächtnis (Kurzzeitgedächtnis) und dem Langzeitgedächtnis unterschieden.
Handlungsplanung	Die Handlungsplanung beschäftigt sich im weitesten Sinn mit der Erzeugung eines zielgerichteten und situationsspezifischen Verhaltens.
Kreativität	Fähigkeit zu schöpferischem Denken und Handeln, die über herkömmliche, vorgegebene Möglichkeiten zur Gestaltung von Dingen oder Entwicklung beziehungsweise zur Lösung von Problemen hinausgeht.

Logisches Schlussfolgern	Fähigkeit, einzelne gegenständliche und/oder personale Gegebenheiten bzw. Ereignisse miteinander zu verknüpfen und daraus neue Erkenntnisse für eine neue bzw. andere Handlung abzuleiten.
Problemlöseverhalten	Fähigkeit, Probleme, durch bewusste Denkprozesse, zu erkennen und aufgreifen zu können sowie der Versuch, Lösungswege zu finden.
Reflexionsfähigkeit	Fähigkeit, Ursache-Wirkungszusammenhänge zu erkennen. Weiterhin zählt das Erkennen von eigenen Anteilen an ausgeführten Handlungen sowie das Nachvollziehen von Gefühlen Anderer dazu.
Vorstellungsvermögen	Fähigkeit, sich ein gedankliches Bild von einer Idee zu machen.
Wissen	Wissen basiert auf der Kenntnis von Informationen, welche derart aufeinander bezogen sind, dass sie nachvollziehbar in sich stimmig sind. Die Übereinstimmung betrifft dabei die eigene Sichtweise sowie die Erkenntnisse aus der Umwelt.
Sprachliche Fähigkeiten	Sensibilität für Laute, Rhythmen und die Bedeutung von Wörtern; Sensibilität für die verschiedenen Funktionen von Sprache (z.B. Schriftsteller, Journalisten).
Logisch-mathematische Fähigkeiten	Sensibilität und Kompetenz beim Erkennen logischer und numerischer Muster; ausgeprägte Fähigkeit zum Umgang mit logischen Argumentationsmuster (z.B. Wissenschaftler, Mathematiker).
Räumliche Fähigkeiten	Fähigkeit, die visuell-räumliche Welt genau wahrzunehmen und diese Wahrnehmung zu transformieren (z.B. Navigatoren, Bildhauer).
Musische Fähigkeiten	Fähigkeit, Rhythmus, Tonhöhe & Tonqualität zu empfinden und hervorzubringen; Verständnis für die Formen musikalischen Ausdrucks (z.B. Komponisten, Violinisten).
Motorische Fähigkeiten	Kontrolle der Körperbewegungen, Geschicklichkeit in der Handhabung von Gegenständen (z.B. Tänzer, Sportler).

Personale Fähigkeiten	Fähigkeit, mit anderen Menschen umzugehen. **Intrapersonal:** Fähigkeit die eigenen Gefühle zu erkennen und zum Verständnis des eigenen Verhaltens zu nutzen. Wissen um die eigenen Stärken & Schwächen, Wünsche und Fähigkeiten (z.b. Personen mit genauem Wissen über sich selbst). **Interpersonal:** Stimmungen, Motivationen, Absichten & Wesensunterschiede bei anderen Menschen erkennen und angemessen darauf reagieren (z.b. Therapeuten, Verkäufer).

3.4 Sozial-emotionaler Entwicklungsbereich

Es gibt zahlreiche Überlegungen zur Entwicklung des sozialen und/oder emotionalen Verhaltens. Zum Teil setzen sich pädagogische Fachkräfte mit diesen Entwicklungsaspekten getrennt auseinander. Wir möchten in unserem Buch beide Entwicklungsaspekte im Zusammenhang betrachten.

Werden die Kompetenzen zum Schuleintritt beschrieben, so handelt es sich primär um Ausführungen zu kognitiven, sprachlich-kommunikativen und auch motorischen sowie perzeptiven Prozessen. Wird die Bedeutung sozial-emotionalen Entwicklung zumeist explizit genannt, so sind inhaltliche Ausführungen rar. Sowohl hinsichtlich Förderung als auch Diagnostik finden sich wenige konkrete Verknüpfungen der gesamten Entwicklungsbereiche.

Aus unserer Sicht ist die Entwicklung des sozial-emotionalen Verhaltens ein enorm wichtiger Entwicklungsbereich. Denn spätestens mit dem Besuch eines Kindergartens oder dem Schuleintritt müssen sich Kinder mit anderen Gleichaltrigen auseinandersetzen. Die Art der Auseinandersetzung kann dabei durch verschiedene Aspekte bzw. Dimensionen gekennzeichnet sein:

- Ausdruck von Gefühlen und Empfindungen
- Beziehungsgestaltung
- Emotionale Belastbarkeit
- Emotionales Befinden
- Frustrationstoleranz
- Konfliktfähigkeit
- Kooperationsfähigkeit
- Motivation
- Regelverständnis
- Reflexionsfähigkeit
- Selbstkonzept
- Selbstwirksamkeit
- Soziale Kompetenzen
- Verantwortungsbewusstsein

Eine einheitliche Definition von sozial-emotionaler Entwicklung erweist sich als schwierig, da sozial-emotionale Prozesse und Befindlichkeiten sehr komplex und von vielen Faktoren abhängig sind (vgl. Bundschuh 2003).

> Unter **sozial-emotionaler Entwicklung** verstehen wir einen Prozess des Zusammenwirkens verschiedener Komponenten, die die Person selbst und den sozialen Kontext betreffen (z.B. Gefühle, körperlicher Ausdruck, Bewertung, Reflexion). Besondere Bedeutung hat dabei die Wechselbeziehung von personalen und sozialen Beziehungen sowie strukturellen Gegebenheiten.

Sozial-emotionale Prozesse sind insofern schwerer zu erschließen, da zum Beispiel Gefühle und kognitive Einschätzungen nicht visuell beobachtbar sind. Es ist lediglich das gezeigte Verhalten und der Erregungszustand in bestimmten Situationen beobachtbar. Wenn ich einen Zugang zum sozial-emotionalen Befinden eines Menschen entwickeln möchte, muss ich mich mit der Person und der spezifischen Situation sowie deren Entstehung und Verlauf, auseinandersetzen.

Genannte Dimensionen der sozial-emotionalen Entwicklung durch pädagogische Fachkräfte werden im Folgenden mit der Anzahl der Nennungen aufgezeigt, wobei Mehrfachnennungen als auch keine Nennungen vorgekommen sind:

Sozial-emotionale Entwicklung	• 89
• Personale Kompetenz	• 8
• Interaktionsfähigkeit	• 4
• Frustrationstoleranz	• 4
• Kontaktfähigkeit	• 4
• Belastbarkeit	• 4
• Gruppenfähigkeit	• 3
• Konflikt- und Kritikfähigkeit	• 3
• Regelverständnis	• 2
• Eigene Bedürfnisse artikulieren können	• 2
• Verantwortung	• 2
• Empathie	• 2
• Bedürfnisse Anderer akzeptieren	• 1
• Selbständigkeit	• 1
• Beziehungsfähigkeit	• 1

Die Nennung der einzelnen Dimensionen der pädagogischen Fachkräfte haben wir individuell ergänzt und in unser vorliegendes Modell mit einbezogen.

3.4.1 Modell zum sozial-emotionalen Entwicklungsbereich

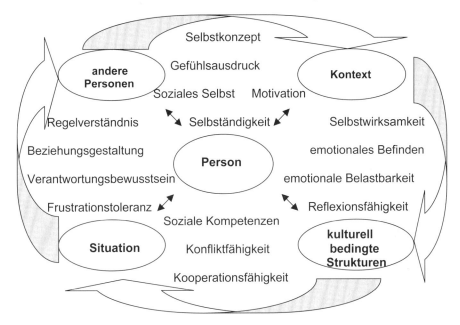

Abb.: Modell zum sozial-emotionalen Entwicklungsbereich (Reichenbach/Lücking 2006)

Das vorliegende Modell zur sozial-emotionalen Entwicklung beinhaltet die Dimensionen bzw. Bereiche, die für die Schuleingangsphase relevant sind. Die von den pädagogischen Fachkräften genannten Dimensionen der sozial-emotionalen Entwicklung wurden wiederum ergänzt.

Das Modell versucht theorie- und praxisgeleitete Vorstellungen von bedeutenden Entwicklungsfaktoren für den sozial-emotionalen Entwicklungsbereich zusammenzufügen.

3.4.2 Definitionen von sozial-emotionalen Dimensionen

Die einzeln genannten Dimensionen unseres Modells werden von uns definiert, so dass unsere Vorstellungen einerseits besser nachzuvollziehen sind und die Überlegungen andererseits handlungspraktische genutzt werden können.

Dimensionen von sozial-emotionaler Entwicklung	Definition *(Lücking/Reichenbach)*:
Beziehungsgestaltung	Fähigkeit, zu einer und/oder mehreren Personen einen Kontakt aufzubauen. Eine zwischenmenschliche Beziehung ist durch ein Handeln über einen bestimmten Zeitraum und ein definiertes Ziel in einem gemeinsamen Kontext gekennzeichnet.
Gefühlsausdruck	Fähigkeit, seine persönlichen Empfindungen, Vorstellungen und Eindrücke und deren individuelle Bedeutung herauszustellen.
Emotionale Belastbarkeit	Fähigkeit, Situationen, die durch persönliche vorhersehbare und/oder unvorhersehbare Belastungen, Schwierigkeiten und/oder Enttäuschungen gekennzeichnet sind, gefühlsmäßig auszuhalten.
Emotionales Befinden	Kennzeichen, wie aktuelle und übergreifende Gefühle und Empfindungen eines Menschen geäußert werden. Fähigkeit, eigene Bedürfnisse zu artikulieren.
Frustrationstoleranz	Fähigkeit, mit welcher Geduld und welchem Verständnis ein Mensch eine persönliche Enttäuschung erlebt und verarbeitet.
Konfliktfähigkeit	Fähigkeit, mit Auseinandersetzungen und/oder Meinungsverschiedenheiten umzugehen. Dabei spielt die Art und Weise der Auseinandersetzung und das Nutzen von Problemlösestrategien eine Rolle.
Kooperationsfähigkeit	Fähigkeit, mit einer und/oder mehreren Personen gemeinsam zu handeln und Kompromisse zu finden.
Motivation	Merkmal einer Person, welches die Ausrichtung einer Handlung in Abhängigkeit von eigenen Beweggründen auf ein Ziel meint. Motivation kann

	dabei von innen heraus (intrinsisch) oder von außen heraus (extrinsisch) veranlasst sein.
Reflexionsfähigkeit	Fähigkeit, über sein eigenes und/oder fremdes Handeln und Verhalten nachzudenken und dieses kritisch zu betrachten.
Regelverständnis	Fähigkeit, Regeln und Absprachen inhaltlich zu begreifen und dies nicht allein durch Kenntnis, sondern durch die Erfassung des situationsspezifischen Zusammenhangs und deren Erfordernis.
Selbstkonzept	Das Selbstkonzept eines Menschen umfasst die Sichtweise über sich selbst in Abhängigkeit von den bereits gemachten Erfahrungen mit sich und anderen Personen. (vgl. Eggert/Reichenbach/Bode 2003).
Selbständigkeit	Fähigkeit, eigene Entscheidungen zu treffen und eigenständig zu handeln.
Selbstwirksamkeit	Fähigkeit, zu erkennen, dass eine Person selbst in der Lage ist, sein Leben zu gestalten und zu handeln.
Soziales Selbst	Das Soziale Selbst gibt Auskunft, wie der Mensch sich selbst in Bezug zu anderen Personen sieht, wie er sich gegenüber Anderen dar stellt und verhält. Es gibt zum einen Auskunft über die wahrgenommenen Einschätzungen durch andere Personen sowie bzgl. der Darstellung des Selbst anderen Personen gegenüber (vgl. Krupitschka 1990).
Soziale Kompetenzen	Fähigkeit, sich in einer Gemeinschaft zurecht zu finden, sich auf Andere einzustellen, mit Anderen zu interagieren und sich zu integrieren.
Verantwortungsbewusstsein	Fähigkeit, bewusst, vernünftig, umsichtig und sachlich Pflichten nachzukommen und Verantwortung für sich und/oder Andere zu übernehmen.

3.5 Sprache und Kommunikation
(Tanja Jungmann)

Wenn von Kommunikationsfähigkeit gesprochen wird, ist häufig verbale Kommunikation und damit Sprachfähigkeit gemeint. Kommunikation ist aber wesentlich mehr als Sprachverständnis und Sprachproduktion, es gehört auch der gesamte Bereich der nonverbalen Kommunikation, wie Mimik, Gestik, sowie sprachbegleitende Äußerungen (wie Tonhöhe, Tempo, Seufzen) dazu.
Weder Sprache noch nonverbale Kommunikation sind Einheitsgrößen, sondern komplexe Systeme, die parallel in einer Kommunikationssituation nebeneinander bestehen, sich gegenseitig beeinflussen und wechselseitig unterstützen. Dies gilt sowohl, für den Sender als auch für den Empfänger einer Information (vgl. Watzlawick/Beavin/Jackson 1990).

Das Kind wird in eine sprechende Umwelt hinein geboren. Von Beginn an ist es nicht nur von den verbalen und nonverbalen Signalen der Eltern, der Geschwister und der anderer Personen umgeben, sondern auch von der Sprache, die aus dem Radio und dem Fernseher kommt. Die sprachlichen Äußerungen, die das Kind hört, sind hoch strukturiert, wobei alle Komponenten gleichzeitig und auf komplexe Weise verschränkt zu dieser Strukturierung beitragen. Auf seinem Weg zum kompetenten Sprecher besteht die enorme Aufgabe des spracherwerbenden Kindes darin,

- aus diesem Strom der gehörten Sprache Wörter zu isolieren und mit Bedeutungen zu verknüpfen,
- zu erkennen, in welcher Weise Laute zu Wörtern (Morphologie) und Wörter zu Sätzen (Syntax) verbunden sind,
- welche Markierungen am Wort (z.B. Plural- oder Flexionsregeln) und im Satz (z.B. Haupt- und Nebensätze, Stellung von Subjekt und Objekt) was bedeuten,
- etwas über die Struktur von Texten zu lernen.

Aber natürlich auch
- die nonverbalen Kommunikationssignale seiner Interaktionspartner richtig zu deuten (z.B. den warnenden Tonfall der Mutter/pädagogischen Fachkraft bei Gefahr und dem entsprechenden Gesichtsausdruck, der durch hochgezogene Stirn und Augenbrauen, weit geöffnete Augen, eventuell geöffneten Mund und erhobene Hände charakterisiert ist),
- sich selbst dem Körpersprach-Gebrauch seiner primären Interaktionspartner anzupassen, um richtig verstanden zu werden (vgl. Molcho 1994) und
- verbale und nonverbale Kommunikation so einzusetzen, dass sie ohne den Kontext bzw. die Situation in die sie eingebettet ist, verständlich wird.

Nach Grewendorf (1989) werden sieben Sprachkomponenten unterschieden, die grob drei Kompetenzsystemen zugeordnet werden. Diese sind in folgender Tabelle übersichtsartig dargestellt und werden anschließend kurz erläutert.

Komponenten	Funktion	Erworbenes Wissen
suprasegmentale Komponente	Intonationskontur, Betonung, rhythmische Gliederung	prosodische Kompetenz
Phonologie Morphologie Syntax Lexikon Semantik	Organisation von Sprachlauten Wortbildung Satzbildung Wortbedeutung Satzbedeutung	linguistische Kompetenz
Sprechakte Diskurs	Sprachliches Handeln Kohärenz der Konversation	pragmatische Kompetenz

Tab.: *Komponenten der Sprache nach Grewendorf et al. (1989)*

Die suprasegmentale Komponente, die auch die Prosodie umfasst, weist einen hohen Überschneidungsbereich mit der nonverbalen Paralinguistik auf. Mit beidem sind das sprachtypische, rhythmische Betonungs- und Dehnungsmuster, sowie die Höhe der Stimmlage und deren Verlauf gemeint (vgl. Grimm 1995; Rosenbuscher/Schober 1995). Seitens des Kindes, das in das Kommunikationssystem seiner Muttersprache hineinwächst, wird mit den Regeln der rhythmischen Betonungs- und Dehnungsmuster die prosodische Kompetenz erworben.

Die sukzessive Aneignung der Lautorganisationsregeln (Phonologie), der Wortbildungsregeln (Morphologie), der Satzbildungsregeln (Syntax), aber auch der Wortschatzaufbau, der es ermöglicht sich über die Bedeutung einzelner Wörter die Bedeutung von Sätzen zu erschließen, führt zur linguistischen oder sprachlichen Kompetenz des Kindes.

Das Wissen über das sprachliche Handeln und die Konversationsregeln erwirbt das Kind, indem es in Kommunikation mit Eltern und pädagogischen Fachkräften tritt. Dabei gilt zwar: Je besser die linguistische und sprachliche Kompetenz ausgeprägt ist, desto höher ist in der Regel auch die pragmatische Kompetenz eines Kindes. Ganz sicherlich kommunizieren wir aber nicht, weil wir grammatische Regeln gelernt haben, sondern wir lernen diese nur, weil wir ein hohes Kommunikationsbedürfnis haben und auf den Austausch mit anderen Menschen angewiesen sind. Somit bereiten ein hohes Kommunikationsbedürfnis und eine hohe pragmatische Kompetenz den Weg für ständige Verbesserungen in den Komponenten der linguistischen Kompetenz.

Den dargestellten sieben Komponenten lassen sich auch die von den pädagogischen Fachkräften meistgenannten Bereiche grob zuordnen, wobei Mehrfachnennungen als auch keine Nennungen vorgekommen sind:

Entwicklung

Sprachentwicklung/Sprachkompetenz • Artikulation • Wortschatz • Sprach-/Sprechfähigkeit • Kommunikationsfähigkeit • Verbaler Ausdruck • Zuhören • Sprachverständnis • Grammatik • Sprachgedächtnis • Begriffsbildung • Lautbildung • Phonologische Bewusstheit • Satzbildung	• 74 • 6 • 5 • 4 • 4 • 3 • 3 • 3 • 2 • 2 • 1 • 1 • 1 • 1

Sprachentwicklung, die zur Sprachkompetenz und Sprachperformanz führt, ist dabei der am häufigsten benannte Begriff, der sich auch in den Bildungsvereinbarungen wieder findet. Mit dem Bereich Wortschatz, der am dritthäufigsten genannt wird, sprechen die pädagogischen Fachkräfte einen enorm wichtigen Meilenstein in der frühen Sprachentwicklung an, der zu rapiden Fortschritten im Bereich Grammatik (Morphologie, Syntax, Satzbildung) führt. Mit den Bereichen Sprachgedächtnis, Lautbildung und phonologische Bewusstheit ist gleichzeitig eine wichtige Wechselwirkung zwischen den Funktionsbereichen Sprache und Kognition genannt, denn Unterschiede in der Wortschatzgröße können zu einem erheblichen Teil durch Unterschiede in der Leistungsfähigkeit des phonologischen Arbeitsgedächtnisses erklärt werden (Gathercole/Baddeley 1990).

In Kapitel 3.5.2 werden Definitionen der einzelnen Komponenten von verbaler und nonverbaler Kommunikation gegeben und in Beziehung zu unserem Modell von Sprache und Kommunikation gesetzt.

3.5.1 Modell von Sprache und Kommunikation

In dem nachfolgend in der Abbildung dargestellten Modell von Sprache und Kommunikation wird vor dem Hintergrund der bisherigen Ausführungen davon ausgegangen, dass die von den pädagogischen Fachkräften genannte Kommunikationsfähigkeit in verbale und nonverbale Fähigkeiten differenzierbar ist. Nach aktuellem Forschungsstand wird bei beiden Fähigkeitsbereichen des Weiteren nach Verständnis (Rezeption) und Produktion (Expression) unterschieden. Im Bereich der verbalen Kommunikationsfähigkeit wird darüber hinaus das Sprachgedächtnis differenziert betrachtet, da seine Komponenten nachweislich eine wichtige Rolle für die verbale Sprachrezeptions-, vor allem aber die Sprachproduktionsfähigkeit sowie den Schriftspracherwerbsprozess spielen (vgl. Grimm/Weinert 2002; Janssen/Mannhaupt/Marx/Skworonek 1999).

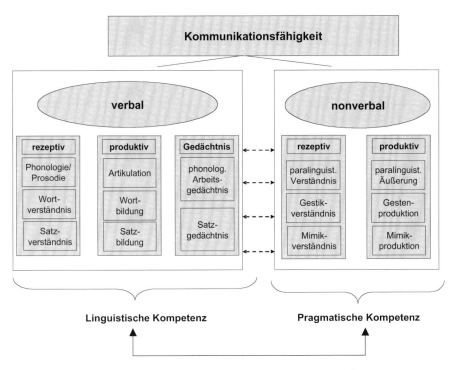

Abb.: Modell von Sprache und Kommunikation (Jungmann 2006)

Die verbalen Kommunikationsfähigkeiten bilden zusammengenommen die **linguistische Kompetenz**; die nonverbalen Kommunikationsfähigkeiten die **pragmatische Kompetenz**. Linguistische und pragmatische Kompetenz wirken in jeder Kommunikationssituation zusammen und beeinflussen sich wechselseitig, was die Pfeile im Schaubild verdeutlichen.

Unter den rezeptiven verbalen Kommunikationsfähigkeiten lassen sich die phonologische und prosodische Kompetenz, sowie das Wort- und Satzverständnis einordnen. Alle diese Fähigkeiten führen im Zusammenhang mit der Paralinguistik, der Körpersprache (Mimik und Gestik) und dem Symboleinsatz des Senders und unter der Voraussetzung des aufmerksamen Zuhörens und der korrekten Interpretation des Empfängers zum Verständnis des vom Sender Gesagten.

Unter die produktiven verbalen Kommunikationsfähigkeiten fallen die Artikulation und das verbale Ausdrucksvermögen. Wobei sich die Artikulationsfähigkeit nach der Beschaffenheit der „Sprechwerkzeuge" (Mund, Zunge, Gaumen) und der Mundmotorik unterscheiden kann.

Eine zeitweilige Regression der Aussprache im Vorschulalter ist kein wirklicher Rückschritt, sondern steht für einen Fortschritt in dem Sinne, dass Wörter nicht länger als isolierte Einheiten produziert werden, sondern diese nun in das phonologische System integriert werden. Am Ende der Vorschulzeit wird gewöhnlich die korrekte Aussprache von Wörtern beherrscht, womit eine wichtige Voraussetzung für das schulische Lernen erfüllt ist. **Wenn Artikulationsprobleme über einen längeren Zeitraum bestehen bleiben oder besonders auffällig sind, sollte ein Logopäde hinzugezogen werden.** In der Regel lassen sich isolierte Artikulationsschwierigkeiten in wenigen Sitzungen beheben und sind kein Indikator für eine Sprachentwicklungsbeeinträchtigung.

Verbales Ausdrucksvermögen ist aber nicht auf die Artikulationsfähigkeit reduzierbar, sondern wird wesentlich durch die Fähigkeiten eines Kindes zur Wort- und Satzbildung bestimmt. Diese hängen wiederum mit der Größe des kindlichen Wortschatzes, aber auch seinen syntaktischen Fähigkeiten zusammen. Bereits bei den ersten produktiven Zwei- und Dreiwortsätzen werden ganz bestimmte Wortordnungen eingehalten (z.B. wird das Verb sehr früh in die zweite Satzposition bewegt) und rasch variable Wortordnungen erworben (z.B. problemloses Überführen eines Aussagesatzes in einen Fragesatz und umgekehrt), um auch Fragen und Aufforderungen korrekten Ausdruck zu verleihen.

Dies gilt allerdings nur für den ungestörten Entwicklungsverlauf. Sprachentwicklungsgestörte Kinder verletzen Wortordnungsregeln sehr häufig und haben auch im Übergang zur Schule noch Schwierigkeiten, sich korrekte variable Wortordnungen anzueignen.
Wenn pädagogische Fachkräfte dies bei einem Kind beobachten, sollten sie einen Entwicklungspsychologen hinzuziehen, damit testdiagnostisch abgeklärt werden kann, ob eine Sprachentwicklungsstörung vorliegt, welche Ursachen dieser Störung zugrunde liegen und welche Fördermöglichkeiten für dieses Kind in Frage kommen. Ursachen für Sprachentwicklungsstörungen werden häufig in dem dritten Fähigkeitsbereich, dem Sprachgedächtnis gesehen. Dabei hat vor allem das Konstrukt der phonologischen Bewusstheit auch im Zusammenhang mit Schriftspracherwerbsproblemen viel Beachtung und empirische Bestätigung erfahren. **Diese sind nicht direkt durch pädagogische Fachkräfte beobachtbar, sondern müssen durch gezielte Entwicklungstests erfasst werden** (besonders empfehlenswert ist der Sprachentwicklungstest für drei- bis fünfjährige Kinder (SETK 3-5, Grimm/Aktas/Frevert 2001) in seiner Langversion oder in seiner Screeningversion (SSV, Grimm/Aktas/Kießig 2003).

Außerdem gehört zur produktiven Kommunikation die gesamte Palette der nonverbalen Signale, die die kindlichen Äußerungen begleiten. Deren Grundmuster ist zwar ähnlich, es gibt aber unzählige individuelle Varianten in Abhängigkeit von den Erfahrungen, die ein Kind mit seinen bisherigen Interaktionspartnern gemacht hat (vgl. Molcho 1994).
Möglicherweise werden pädagogische Fachkräfte auch vor die Herausforderung gestellt mit Kindern zu interagieren und zu arbeiten, die nur zur nonverba-

len Kommunikation in der Lage sind. Dabei wäre z.b. an Kinder mit schweren Hörbeeinträchtigungen, mit Mutismus, mit einer schweren Sprach- oder geistigen Behinderung zu denken (vgl. Borchert 2000, 48-55). Auch die verbalen Ausdrucksmöglichkeiten von Kindern mit Migrationshintergrund, die noch keine oder sehr wenig Gelegenheit hatten, die Regelmäßigkeiten und Kompetenzen der deutschen Sprache zu erwerben, können sehr eingeschränkt sein. Bei all diesen Kindern besteht ebenso ein starkes Kommunikationsbedürfnis wie bei Kindern mit kompetenterer Ausdrucksfähigkeit. Dieses Kommunikationsbedürfnis gilt es zu stärken bzw. gegebenenfalls zu aktivieren, denn über die Interaktion und den verbalen und nonverbalen Austausch mit kompetenten Interaktionspartnern, wie es Eltern und pädagogische Fachkräfte sind, gelingt es, auch diesen Kindern verbale Kompetenzen zu vermitteln bzw. sie zum verbalen Ausdruck zu befähigen.

> Auch wenn Kinder zwischen vier und fünf Jahren ohne Punkt und Komma reden können und die Satzmuster ihrer Muttersprache prinzipiell beherrschen, so haben sie trotzdem noch nicht den Abschluss ihrer grammatischen Kompetenz erreicht. Erst ungefähr zwischen dem fünften und dem achten Lebensjahr erwerben Kinder eine metalinguistische Bewusstheit von Sprachkategorien und Sprachregeln. Eine der wichtigsten Voraussetzungen für den Schriftspracherwerb ist dabei die Einsicht in die phonologische Struktur der Sprache, sowie die Analyse und Synthese phonologischer Einheiten (phonologische Bewusstheit).

Zusammenfassung: Die bisherigen Ausführungen haben gezeigt, dass in der konkreten Kommunikationssituation die Funktion (pragmatische Kompetenz) und die Struktur (linguistische Kompetenz) der Kommunikationsfähigkeit nicht trennbar sind. Entwicklungspsychologisch bedeutet dies, dass durch den kommunikativen Gebrauch von Sprache die zugrunde liegende Struktur erworben wird. Diese ermöglicht wiederum neue und fortgeschrittenere Formen des kommunikativen Sprachgebrauchs.

In der folgenden Tabelle sind die Meilensteine der Sprachentwicklung, die bis zum Schuleintritt erworben werden, sowie die Förderempfehlungen, die sich aus den jeweiligen Vorläuferfähigkeiten herleiten lassen, noch einmal dargestellt. An dieser Stelle wird ein Ausblick auf die Implementationsvorschläge dieser Förderempfehlungen in Kindergarten und Schule gegeben.

Entwicklung

Alter	Meilensteine	Förderempfehlungen	Implementation in Kindergarten/Schule
0-1 Jahr	Aufbau der *phonologischen Struktur*; Verständnis: ca. 100-150 Wörter; Produktion: ca. 20-30 Wörter	*Interaktionszentriert*; Verwendung der *mütterlichen Sprechstile*: Im Entwicklungsfokus - Phonologie/Prosodie, - Lexikon/Semantik, - Grammatik Damit außerdem - pragmatische Kompetenzen	*Soziale Routinen* als Interventionskontext; dialogische Spiele; kontingente Imitation, kontingente Responsivität (geteilte Aufmerksamkeit), Bilderbuchsituation.
1-2 Jahre	Verstehen von ca. 200 Wörtern; *Wortschatz*spurt; erste Mehrwortäußerungen		
2-3 Jahre	Verstehen zunehmend komplexer Sätze; Ausbau von *Morphologie* und *Syntax*		
3-4 Jahre	Schnelle Veränderungen des sprachlichen Wissens ➡ Fehler auf Verhaltensebene; Fortschritte auf repräsentationaler Ebene	*Intensivierung* der modellierenden und stützenden Sprache	Zunehmende Komplexität der Routinen und Spiele, z.B.
4-5 Jahre	Satzkonstruktionen der Muttersprache werden beherrscht *("behavioral mastery")* ➡ implizites Sprachwissen	Zunehmende Einbindung von Angeboten - zur Erleichterung des Schriftspracherwerbs	- Sing- und Sprechspiele - Reimspiele - Üben des Umgangs mit Stiften
ab 5 Jahre	Beginn des Erwerbs der *metalinguistischen Bewusstheit* ➡ sprachliches Regelsystem wird zum Gegenstand bewusster Reflexion	- zum Aufbau mathematisch-naturwissenschaftlicher Kompetenzen	

Tab.: Meilensteine der Sprachentwicklung, Förder- und Implementationsempfehlungen in Kindergarten und Schule (Jungmann 2006).

3.5.2 Definitionen von sprachlichen und kommunikativen Dimensionen

Um mit dem dargestellten Entwicklungsmodell besser umgehen zu können, werden im Folgenden die genannten Komponenten der verbalen und nonverbalen Kommunikation definiert.

Verbale Kommunikationskomponenten	Definition
Artikulation	Fähigkeit zur Lautbildung und Laute zu Worten und Sätzen zu verknüpfen. Kommt es zu isolierten Artikulationsstörungen, sind diese im Rahmen einer logopädischen Behandlung leicht zu beheben und **kein** Indikator für eine Beeinträchtigung der Sprachentwicklung (Jungmann 2006).
Enkodierung, verbale	Unter verbaler Enkodierung wird die Umsetzung nonverbaler Information in Sprache (z.B. von Emotionen, die beim Sprechen transportiert werden), aber auch Übersetzung von prosodi-

	schen Informationen in Bedeutung (z.B. Anheben der Stimme am Satzende = Frage; Absenken der Stimme am Satzende = Aussage) verstanden. Von Enkodierung spricht man auch im Zusammenhang mit der Zusammensetzen der Phoneme zu Worten. Dabei wird davon ausgegangen, dass sich Hör- und Sprecherfahrung gegenseitig beeinflussen: Richtige Wahrnehmung von Lauten führt zur richtigen Produktion (Hören ➡ Sprechen); Produktion eines Lautes führt zu besserer Sprachwahrnehmung (Sprechen ➡ Hören). Phonologische Enkodierung erzeugt demnach den Artikulationsplan. Umsetzungs- oder Übersetzungsprozesse spielen sich auch auf der morphologischen und syntaktischen Ebene ab, wenn Wörter zu Sätzen zusammengefügt werden (z.B. Umsetzung von grammatikalischen Informationen durch Flexion und Wortstellung). Grammatische Enkodierung erzeugt folglich die linguistische Oberflächenstruktur von Sätzen (Jungmann 2006).
Grammatik	Mit grammatikalischen Fähigkeiten sind vor allem die Bereiche Morphologie und Syntax gemeint (siehe unten).
Lautbildung	siehe auch Artikulation und Phonologie
Lexikon (= Wortschatz, Wortsemantik)	Obergriff für die Art und Weise, wie das Gehirn Vokabular und Bedeutung der einzelnen Wörter organisiert und strukturiert (Jungmann 2006; vgl. Grimm/Weinert 2002).
Morphologie	Fähigkeit, bestimmte Worte nach Regeln zu bilden. Worte werden nach speziellen Merkmalen gebildet, z.B. Anzahl, Geschlecht, Fall und Bestimmtheit (vgl. Grimm/Weinert 2002).
Phonologie	Fähigkeit, Sprachlaute zu organisieren. Ein Phonem ist ein bedeutungsdifferenzierender Laut (z.B. Hut – Wut); mit der phonologischen Komponente ist die gesamte Lautstruktur der Sprache gemeint (vgl. Grimm/Weinert 2002).
Phonologische Bewusstheit	Einsicht in die phonologische Struktur der Sprache, Analyse und Synthese phonologischer Einheiten.

	Wichtiger Vorläufer des Schriftspracherwerbs im Schulalter!! Bei Vorschulkindern sind analytische Leistungen auf Silben, Reime, betonte Vokale, prominente phonetische, phonologische Merkmale des Wortes, synthetische Fertigkeiten auf Silben oder auf Einheiten beschränkt, die einen Vokal enthalten (Jansen/ Mannhaupt/Marx/ Skowronek 1999).
Prosodie	Die emotionale Färbung der Stimme beim Sprechen. Prosodische Merkmale sind z.B. Stimmlage, Sprechgeschwindigkeit, Tonumfang und Satzmelodie, die beim Sprachverständnis und insbesondere bei der Interpretation des Gesagten eine große Rolle spielen (vgl. auch suprasegmentale Komponente) (Jungmann 2006).
Prosodische Kompetenz	Die rezeptive Fähigkeit, die emotionale Färbung der Stimme richtig zu verarbeiten und entsprechend zu interpretieren, sowie die produktive Fähigkeit, diese emotionale Färbung empfänger-, situations- und stimmungsadäquat zu erzeugen (Jungmann 2006).
Satzsemantik/Satzbildung	**Satz**semantik: Je nach Wortordnung wandelt sich der Sinn und die Hauptaussage (z.B. Hans liebt Ursula. Ursula liebt Hans. Liebt Hans Ursula?) (vgl. Grimm/Weinert 2002).
Sprachgedächtnis	Fähigkeit, Laut-, Wort- und Satzschemata zu speichern. Dabei entscheidet die Qualität der Sprachwahrnehmungen über die Qualität des Sprachgedächtnisses (Jungmann 2006).
Sprachrezeption/ -verständnis	Fähigkeit zur adäquaten Interpretation eines sprachlichen Signals, wobei der akustische und visuelle Input wahrgenommen, segmentiert und identifiziert werden muss. Lexikalische, semantische und syntaktische Informationen ermöglichen gemeinsam den Aufbau einer Bedeutungsrepräsentation. Auf der Grundlage des allgemeinen konzeptuellen Wissens können Schlussfolgerungen gezogen werden. Am Ende des Sprachverstehensprozesses steht eine integrierte semantische Repräsentation des sprachlichen Inputs (Jungmann 2006).

Sprachproduktion	Fähigkeit der verbalen Enkodierung eines inhaltlich zusammenhängenden Sachverhaltes (Jungmann 2006).
Sprechakte und Diskurs	Über Sprechakte und Sprechhandlungen werden die sozial-interaktiven Beziehungen zwischen Kommunikationspartnern hergestellt. Bedingungen sind z.b. Erwartungen, Kontexte, Gesprächsinhalte (vgl. Grimm/Weinert 2002).
suprasegmentale Komponente	Das sprachtypische, rhythmische Betonungs- und Dehnungsmuster (Sprachmelodie und Sprachrhythmus), sowie die Höhe der Stimmlage und deren Verlauf (vgl. Grimm/Weinert 2002). (siehe auch nonverbale Kommunikation: Paralinguistik)
Syntax (= Satzbildung)	Fähigkeit, Wörter zu größeren funktionellen Einheiten wie Phrasen und Sätzen nach bestimmten Regeln und Mustern zusammenzufügen und Beziehungen wie Teil-Ganzes, Abhängigkeit etc. zwischen diesen zu formulieren (Jungmann 2006).
Wortschatz	siehe auch Lexikon
Wortsemantik/ Begriffsbildung	Wortsemantik richtet sich auf die Struktur der Wortbedeutung (Lexikon, z.B. Zusammenhang zwischen den Wortpaaren gut und böse oder hoch und tief? Gegenteil von gefärbt: weiß oder farblos?) (Grimm/Weinert 2002).
Nonverbale Kommunikationskomponenten	**Definition**
Artefakte	Kulturell geprägte Form der nonverbalen Kommunikation, die über Symbole Bedeutung vermittelt (z.B. Kleidung und Kleidungsstil, äußeres Erscheinungsbild und Auftreten, aber auch symbolträchtige Handlungen wie das Schenken von Blumen) (Jungmann/Lücking/Reichenbach 2006).
Gestik	Kommunikative Bewegungen der Arme und der Hände, die sowohl lautsprachersetzend, lautsprachbegleitend bzw. -unterstützend eingesetzt werden können (Jungmann 2006).

Körpersprache	Fähigkeit, sich körpersprachlich, z.B. über Raumverhalten, Körperhaltung, Blickverhalten, Körperkontakt, Regulation von Distanz und Nähe, zu äußern (vgl. auch Mimik und Gestik). (Jungmann/Lücking/Reichenbach 2006).
Kommunikationsfähigkeit	Fähigkeit, Botschaften klar und deutlich zu formulieren, sodass der Empfänger diese auch richtig verstehen kann. Andererseits aber auch die Fähigkeit, Botschaften Anderer richtig zu interpretieren. Dazu gehört nicht nur gut zuhören zu können, sondern auch andere Signale, wie Mimik, Gestik und Körperhaltung zu entschlüsseln und entsprechend zu reagieren (Jungmann 2006).
Mimik	Sichtbare Bewegungen der Gesichtsoberfläche. Aus den einzelnen mimischen Facetten entsteht der Gesichtsausdruck, der auch als Miene oder Mienenspiel bezeichnet wird (Jungmann 2006).
Paralinguistik	Fähigkeit, sich sprachbegleitend zu äußern. Dazu gehört, z.B. wie jemand spricht, Tonhöhe, Tempo, Betonung, Pausen, Seufzen, Lachen oder Schreie (Rosenbusch/Schober 1995).

3.6 Wahrnehmung

Häufig wird von „Wahrnehmung" als übergeordneter Begriff gesprochen, jedoch ist es unseres Erachtens notwendig, einzelne Wahrnehmungsbereiche speziell zu beschreiben. Auch hier gibt es vielfältige Begriffsdefinitionen, wobei die einzelnen Begriffe nicht einheitlich verwendet werden.

Wir verstehen unter Wahrnehmung die Vorgänge und Ergebnisse von Prozessen der Informationsaufnahme, der Weiterleitung und Verarbeitung von Reizen und der entsprechenden Reaktionen auf diese Reize. Somit kann Wahrnehmung als ein komplexer, aktiver und konstruktiver Prozess verstanden werden, der es ermöglicht, Informationen in Form von Reizen aufzunehmen, weiterzuleiten, zu speichern, zu unterscheiden und über Assoziations- und Interpretationsvorgänge einzuschätzen und zu strukturieren (vgl. Eggert/Wegner-Blesin 2000).

Es können verschiedene Wahrnehmungsbereiche unterschieden werden:
- Auditive Wahrnehmung
- Gustatorische Wahrnehmung
- Olfaktorische Wahrnehmung
- Raum-Zeit-Wahrnehmung

- Taktil-kinästhetische Wahrnehmung
- Vestibuläre Wahrnehmung[4]
- Visuelle Wahrnehmung

Wahrnehmungsfähigkeit entwickelt sich am stärksten im Alter von 3-7 Jahren, wobei Anregungen durch die Umwelt sehr bedeutend sind. In Anlehnung an Walthes ist davon auszugehen, dass Wahrnehmung somit in hohem Maße erfahrungsabhängig ist. Wahrnehmung wird als (aktiver, konstruktiver) Prozess verstanden, die subjektabhängig und auf Erfahrung bezogen ist. Demzufolge kann in den Prozess der Wahrnehmung nicht direkt von außen eingegriffen werden. Es können aber bestimmte Umweltbedingungen geschaffen werden, welche den Wahrnehmungsprozess in Gang setzen, fördern und gestalten (vgl. Walthes 1999).

Bezüglich einer Diagnostik bzw. Beurteilung von Wahrnehmungsfähigkeiten sollte berücksichtigt werden, dass Wahrnehmung prinzipiell nicht transparent ist für andere Personen. Der Prozess der Wahrnehmung ist auch für das Subjekt selbst nicht beobachtbar. Ein Mensch kann selbst nur wahrnehmen, was er wahrnimmt, aber nicht, wie er wahrnimmt (vgl. Walthes 1999). **Die Einschätzung von Wahrnehmungsfähigkeiten erfolgt allein aufgrund von Symptomen, welche jedoch nicht zu verallgemeinern sind.**

Genannte Wahrnehmungsbereiche der pädagogischen Fachkräfte werden im Folgenden mit der Anzahl der Nennungen aufgezeigt, wobei Mehrfachnennungen als auch keine Nennungen vorgekommen sind:

Wahrnehmung	• 40
• Auditive Wahrnehmung	• 21
– Richtungshören	• 2
– Identifikation	• 2
– Gedächtnis	• 1
– Differenzierung	• 1
– Serialität	• 1
– Entfernungshören	• 1
– Gliederung	• 1
• visuelle Wahrnehmung	• 22
– Raum-Lage	• 4
– Form-Farben-Konstanz	• 2
– Figur-Grund	• 2
– Visuelle Konzentration	• 1
– Räumliche Beziehungen	• 1

---

[4] Diesen werden wir in diesem Abschnitt nicht näher beschreiben, da wir den „Gleichgewichtssinn" bereits unter den Abschnitt Bewegungsdimensionen erläutert haben.

– Visuelle Gliederung	• 1
– Visuelle Serialität	• 1
– Visuelles Gedächtnis	• 1
– Visuelle Differenzierung	• 1
• Lateralität	• 3
• Raum-Zeit-Wahrnehmung	• 3
• Formauffassung und -wiedergabe	• 2
• Taktile Wahrnehmung	• 2
• Haptische Wahrnehmung	• 2
• Kinästhetische Wahrnehmung	• 2
• Körperwahrnehmung	• 1
• Selbstwahrnehmung	• 1
• Vestibulär	• 1

Aus der Nennung der einzelnen Wahrnehmungsbereiche und -dimensionen wird wiederum deutlich, dass es sich hierbei vor allem um Kompetenzen hinsichtlich schulischer Erfordernisse handelt. Was dies genau bedeutet, werden wir später beschreiben (vgl. Kap. 3.7).

Da neben primär genannten auditiven und visuellen Wahrnehmungskompetenzen unseres Erachtens auch weitere Wahrnehmungsbereiche und -dimensionen für die Anforderungen zum Schuleintritt grundlegend von Bedeutung sind, werden wir diese im Folgenden um die Bereiche taktil-kinästhetische und Raum-Zeit-Wahrnehmung ergänzen[5].

In unseren Überlegungen beziehen wir vor allem die Modelle zur Wahrnehmung bzw. zu einzelnen Wahrnehmungsbereichen von folgenden Autoren ein:

- Auditive Wahrnehmung: Eggert/Peter (1994); Eggert/Reichenbach (2005)
- Visuelle Wahrnehmung: Frostig, Lockowandt (1974); Hammill, D. D./Pearson, N. A./Voress, J. K. (1993)
- Raum-Zeit-Wahrnehmung: Eggert/Bertrand (2002)
- Taktil-kinästhetische Wahrnehmung: Eggert/Wegner-Blesin (2000)

---

[5] Die Bereiche der gustatorischen/schmecken und olfaktorischen/riechen Wahrnehmung lassen wir vor dem Hintergrund des Anliegens dieses Buches aus, da es sich um Wahrnehmungsbereiche handeln soll, die primär als Kompetenzen für den Schuleingangsbereich gelten.

3.6.1 Modell von Wahrnehmung

Abb.: Modell von Wahrnehmung (Reichenbach/Lücking 2006)

Das von uns entwickelte Modell zu den Wahrnehmungsbereichen, die für den Schuleingangsbereich bedeutend sind, unterscheidet zwischen Entwicklungsstufen und Komplexitätsgraden, welche die Hierarchie der Reize betreffen (vgl. Eggert u.a. 2000, 2002, 2005). Zudem umfasst es ebenso die primären Dimensionen von Wahrnehmung, welche von den pädagogischen Fachkräften im Rahmen unserer Untersuchung genannt wurden.

Das Modell ist nicht als statisches und allgemein gültiges Modell zu verstehen, sondern kann durchaus jederzeit individuell von Praktikern erweitert werden.

Somit beinhaltet das Modell theorie- und praxisgeleitete Vorstellungen von bedeutenden Entwicklungsfaktoren für den Entwicklungsbereich Wahrnehmung.

Es sei ausdrücklich darauf hingewiesen, dass die einzelnen Wahrnehmungsbereiche natürlich zusammenwirken und in der Regel nicht isoliert

betrachtet werden können. Die jeweils spezielle Betrachtung einzelner Wahrnehmungsbereiche im vorliegenden Buch hat rein pragmatische Gründe.

Im Folgenden werden wir die einzelnen Entwicklungsstufen sowie Komplexitätsgrade definieren und näher beschreiben.

3.6.2 Definitionen von Wahrnehmungsbereichen und -dimensionen

Ausgangspunkt des vorliegenden Modells sind die so genannten Entwicklungsstufen: Differenzierung, Lokalisation und Strukturierung, welche für alle Wahrnehmungsbereiche ihre Gültigkeit haben.

Es wird davon ausgegangen, dass diese Entwicklungsstufen einer hierarchischen Abfolge unterliegen. Das bedeutet, dass zunächst die Entwicklungsstufe der Differenzierung ausgebildet wird, ehe die Stufe der Lokalisation und letztlich die der Strukturierung folgt.

Differenzierung meint ein Erkennen und/oder Unterscheiden von Reizen und beinhaltet die Fragestellung, ob ein Kind einen bestimmten Reiz überhaupt wahrnehmen kann (z.b. merkt es, dass es berührt wird? merkt es, dass ein Geräusch erklingt?). Weiterhin umfasst die Differenzierung die Fähigkeit eines Kindes, bestimmte Reize voneinander zu unterscheiden (z.b. merkt es, dass eine Berührung unterschiedliche Qualitäten hatte? merkt es, dass Geräusche unterschiedlich klingen?).

Unter **Lokalisation** wird die Zuordnung von bestimmten Reizen zu einem Ort oder einer Zeit verstanden. Dabei geht es um die Frage, ob ein Kind merkt, zu welchem Zeitpunkt ein Reiz auftritt (z.b. Berührung, visuelles Zeichen) und/oder aus welcher Richtung oder an welchem Ort der Reiz aufgetreten ist (z.B. Zeigen auf die Richtung der Geräuschquelle).

Strukturierung ist die komplexeste der Entwicklungsstufen und umfasst eine Zuordnung und Strukturierung von bestimmten Reizen. Es gilt zu erfassen, ob ein Kind benennen kann, welcher Art der Reiz war und wie es diesen subjektiv anhand seiner Erfahrungen einordnet. Es geht beispielsweise darum, ob ein Kind benennen kann, welcher Körperteil berührt wurde, welches Geräusch es gehört hat, welches Geräusch länger oder kürzer war oder welche Form größer oder kleiner ist.

Eine differenzierte Betrachtung hinsichtlich Entwicklungsstufen ermöglicht es der pädagogischen Fachkraft genauere Aussagen zum Entwicklungsstand eines Kindes zu treffen. Es geht nicht darum zu sagen „ein Kind ist wahrnehmungsbeeinträchtigt", sondern beispielsweise „ein Kind hat Kompetenzen in der Entwicklungsstufe Differenzierung und benötigt noch Förderung hinsichtlich Lokalisation". So können individuelle Voraussetzungen für den Schuleingangsbereich differenzierter beschrieben werden.

Um mit diesem Modell besser umgehen zu können, werden wir nun die einzeln genannten Wahrnehmungsaspekte definieren.

Wahrnehmungs-dimension:	Definition *(Lücking/Reichenbach)*:
Auditive Wahrnehmung	Sinn des Hörens, welcher in verschiedene Entwicklungsstufen (Differenzierung, Lokalisation, Strukturierung) unterschieden werden kann.
• *Einzelgeräusche*	Fähigkeit, einzelne/isolierte Geräusche wahrzunehmen. Einzelgeräusche können erkannt werden (Differenzierung), räumlich oder zeitlich geortet werden (Lokalisation) und/oder benannt werden (Strukturierung).
• *Ballung von Einzelgeräuschen*	Fähigkeit, nacheinander folgende Einzelgeräusche zu erkennen (Differenzierung), räumlich oder zeitlich zu orten (Lokalisation) und/oder zu benennen (Strukturierung).
• *Handlungsabläufe*	Fähigkeit, verschiedene Geräusche in einen Zusammenhang zu bringen. Das heißt zu erkennen, in welchem Kontext diese Geräusche gemeinsam auftreten.
Visuelle Wahrnehmung	Sinn des Sehens, welcher in verschiedene Entwicklungsstufen (Differenzierung, Lokalisation, Strukturierung) unterschieden werden kann.
• *Figur-Grund-Wahrnehmung*	Fähigkeit, eine Figur vor einem Hintergrund zu erkennen, das heißt sich auf einen Reiz zu konzentrieren und diesen hervorzuheben.
• *Lage-Raum-Wahrnehmung*	Fähigkeit, zu erkennen, welche Position ein Gegenstand im Raum einnimmt.
• *Form-Konstanz*	Fähigkeit, gleiche Formen wieder zu finden, unabhängig von ihrer Größe und/oder Lage.
• *Räumliche Beziehungen*	Fähigkeit, Formen zu analysieren und detailgetreu wiederzugeben.
• *Gestaltschließen*	Fähigkeit, eine vorgegebene unvollständige Form gedanklich zu ergänzen und einer dazugehörigen Vorlage zuzuordnen.
• *Visuomotorische Geschwindigkeit*	Fähigkeit, graphomotorische und/oder feinmotorische Anforderungen, die ein Zusammenspiel von Augen und Hand erfordern, in einer schnellst möglichen Zeit und Präzision auszuführen.

• Augen-Hand-Koordination	Fähigkeit, Aufgaben, die ein Zusammenspiel von Augen und Hand/Händen erfordern, auszuführen.
• Nachzeichnen	Fähigkeit, eine vorgegebene Form nach Vorlage und/oder frei zu zeichnen.
Raum-Zeit-Wahrnehmung	Die Fähigkeit, sich räumlich und zeitlich zu orientieren, Unterschiede von Raum und Zeit zu erkennen und Handlungen zu vollziehen.
• Taktil-kinästhetisch, vestibulär	Grundlegende Voraussetzungen für eine Koordination in Raum und Zeit ist die Fähigkeit seinen eigenen Körper zu spüren. Das Spüren kann dabei sowohl die Berührung der Haut, des Bewegungs- und Stellungssinns als auch des Gleichgewichts betreffen.
• Lateralität	Bestimmung der Seitigkeit am eigenen Körper. Es können Präferenz- und Leistungsdominanz unterschieden werden. Präferenzdominanz meint die bevorzugte Seite und Leistungsdominanz meint die leistungsstärkere Seite.
• Raumkoordination	Fähigkeit, des Zusammenspiels des eigenen Körpers innerhalb des Raumes. Dabei kann der eigene Körperraum als auch der außerkörperliche Raum angesprochen sein.
• Raumvorstellung	Fähigkeit, Objekte in der Vorstellung zu reproduzieren. Sie schließt das räumliche Denken und das Experimentieren mit Vorstellungsinhalten ein.
• Ordnung	Fähigkeit, nacheinander ablaufende und/oder auch gleichzeitige Ereignisse wahrzunehmen. Sie beinhaltet sowohl das Erkennen einer Ordnung als auch eine aktive Herstellung einer Ordnung (vgl. Eggert/Bertrand 2002).
• Dauer	Fähigkeit, zeitliche Aufeinanderfolgen zu begreifen (Anfang und Ende) (vgl. Eggert/Bertrand 2002).
• Rhythmus	Fähigkeit, Handlungen in einer bestimmten räumlichen und zeitlichen Folge auszuführen.
Taktil-kinästhetische Wahrnehmung	Fähigkeit, Reize über die Haut wahrzunehmen (taktil). Durch Körperkontakt werden Berührungen und Empfindungen (Druck, Schmerz) gespürt. Kinästhetische Wahrnehmung umfasst

	das Empfinden von Bewegungen und Stellungen des Körpers in Raum und Zeit.
• *Körperraum*	Fähigkeit, den eigenen Körperraum als abgegrenzt von der Umwelt wahrzunehmen, wobei das taktile System der Abgrenzung dient und das kinästhetische System das Erleben des eigenen Körpers ermöglicht (vgl. Eggert/Bertrand 2002).
• *Körperorientierung*	Fähigkeit, sich am eigenen Körper und mit seinem eigenen Körper zurechtzufinden.
• *Bewegungsplanung*	Fähigkeit, seinen Körper gezielt und aktiv auf der Grundlage taktiler und kinästhetischer Reize bei der Planung von Bewegungen einzusetzen.

3.7 Bedeutung für den Schuleintritt

In diesem Kapitel wird nun exemplarisch gezeigt, welche Bedeutung die einzelnen Entwicklungsbereiche in speziellen (Alltags-)Situationen haben können. Wir haben dazu beispielhaft fünf Situationen ausgewählt, die folgend im Überblick veranschaulicht werden:

1. am Tisch sitzen und malen und/oder schreiben
2. an- und ausziehen
3. Burg bauen
4. Fahrrad/Dreirad fahren
5. arbeiten am Computer

Anhand der ausgewählten Situationen werden zu allen ausgeführten Entwicklungsbereichen Schlagworte (Dimensionen) für Beobachtungsmöglichkeiten angegeben. Die genannten Schlagworte (Dimensionen) zu den jeweiligen Anforderungen **erfüllen dabei keinen Anspruch auf Vollständigkeit und können natürlich jeweils noch individuell ergänzt werden.**
Die Aufzählung beobachtbarer Dimensionen als Ausschnitt von möglichen Beobachtungsaspekten soll allein darauf aufmerksam machen, dass
- in jeglicher alltäglichen Handlungssituation mehrere Entwicklungsbereiche von Bedeutung sind,
- in einer alltäglichen Handlungssituation Beobachtungen zu verschiedenen Entwicklungskompetenzen gemacht werden können und
- stets von einer Vernetzung einzelner Entwicklungsbereiche auszugehen ist.

Entwicklung

Die Bedeutungen für die Anforderung in der Schule werden nicht unter jedem Bild gesondert angegeben. Anstelle dessen werden die Bedeutungen für einzelne Entwicklungsbereiche situationsunabhängig im Hinblick auf die Anforderungen in der Schule gesondert betrachtet.

> **Es sei nochmals darauf hingewiesen, dass die einzelnen Entwicklungsbereiche nicht separat betrachtet werden können, sondern in einem direkten Zusammenhang stehen.**

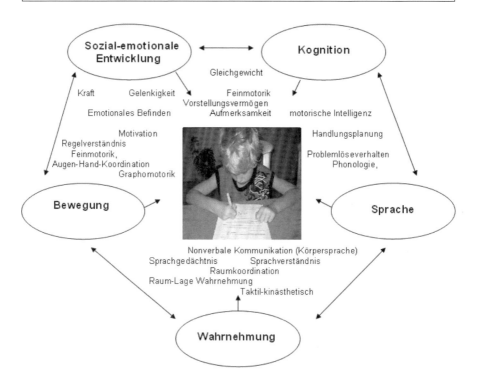

Abb.: Kind schreibt (Paul Schinlauer, Magdeburg)

Einzelne **Bewegung**sdimensionen, wie zum Beispiel Gelenkigkeit, Kraft, Gleichgewicht, sind für das gesamte Lernen bedeutend. Bewegung ist Grundlage für Orientierungsprozesse im Raum, am eigenen Körper und für das Ausführen von Handlungen. Gerade das Erfahren von räumlichen Dimensionen (wie z.B. oben, unten, zwischen, neben, darunter) ist erforderlich für den Erwerb der Kulturtechniken (z.B. Lesen, Schreiben, Rechnen). Beim Erwerb der Kulturtechniken ermöglichen zum Beispiel die räumlichen Erfahrungen im späteren Verlauf eine Orientierung auf dem Papier.

Über Bewegungserfahrungen werden grundlegende Kompetenzen hinsichtlich Graphomotorik gelegt, in dem das Kind beispielsweise Grundbewegungen (z.B.

Auf- und Abbewegungen, Rechts-Links-Bewegungen) und Grundelemente der Schrift (z.B. Kreis, Bogen, Spiralen) großräumig erfährt.
Bewegungssituationen in Gruppen ermöglichen das Spiel mit anderen Kindern und somit eine Entwicklung sozialer Kompetenzen.
Weiterhin können Bewegungshandlungen auch zu Kreativität (z.B. Bauen) oder das Entwickeln von Handlungsplanung anregen.

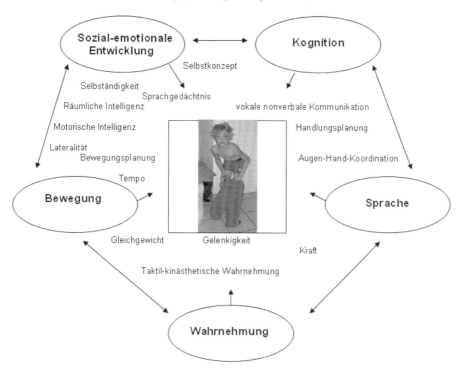

Abb.: Kind zieht sich an (Paul Schinlauer, Magdeburg)

Die Anregung **kognitiver Prozesse** kann vor allem durch die Bereitstellung von Handlungssituationen oder die Möglichkeit zum eigenen Handeln erfolgen. Dabei können Themen, die die Neugierde und das Forschungsinteresse des Kindes wecken, sehr hilfreich sein. Themen des Kindes können aufgegriffen werden, wobei durch neue Impulse die Denkfähigkeit und die Experimentierfreude angeregt werden können. In vielen Alltagssituationen (z.B. gemeinsame Rollenspiele) kann Handlungsplanung, logisches Schlussfolgern, Problemloseverhalten, Vorstellungsvermögen und/oder abstraktes Denken angeregt werden. Auffordernde Situationen erweitern das Verständnis und Wissen des Kindes sowie die Entwicklung neuer Denkstrategien. Kognitive Kompetenzen zeigen sich zum Beispiel im Einprägen und dem Erinnern von Symbolen, im Abrufen von Handlungserfahrungen (z.B. Größer-Kleiner- oder Mehr-Weniger-Relationen).

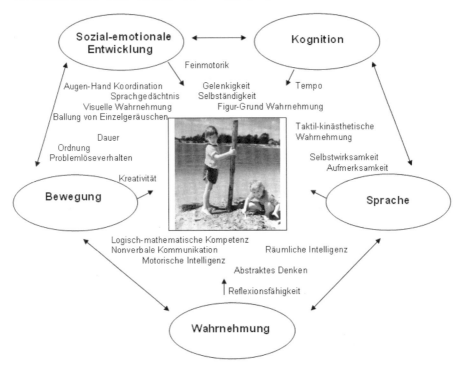

Abb.: Kind baut (Daniel Lücking, Werne)

Sozial-emotionale Kompetenzen spielen in vielerlei Hinsicht eine bedeutende Rolle. So können beispielsweise die Motivation oder auch das emotionale Befinden eines Kindes für die Bereitschaft zur Auseinandersetzung oder auch Nicht-Auseinandersetzung mit Lerninhalten ausschlaggebend sein.

Da sich das Kind tagtäglich in einer Gruppe aufhält, sind Kompetenzen wie zum Beispiel Kooperationsfähigkeit, Beziehungsgestaltung, Konfliktfähigkeit sowie Regelverständnis gefordert. Sich in einer Gruppe zurecht zu finden bedeutet, dass ein Kind in der Lage ist, sich seiner eigenen Gefühle bewusst zu sein sowie die Gefühle anderer z.b. wahrzunehmen und zu akzeptieren. Dies kann als eine bedeutende Grundlage für Selbstregulationsprozesse, soziale Kompetenzen sowie Verantwortungsbewusstsein angesehen werden.

Das Erkennen von Selbstwirksamkeit ist insofern für schulische Prozesse bedeutend, dass ein Kind erfährt, das es für sich lernt und eigene Motivation für das Lernen und für die Auseinandersetzung mit Lerninhalten von sich heraus entwickelt. Dabei ist es wichtig, dass das Kind begreift, dass es auf die Situation selbst Einfluss nehmen kann, dass es selbstwirksam sein kann und nicht „ausgeliefert" sein muss.

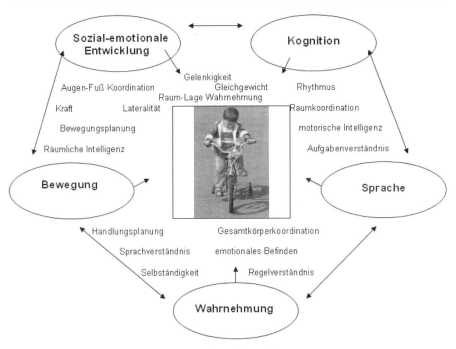

Abb.: Kind fährt Fahrrad (Daniel Lücking, Werne)

Es geht nicht allein darum, ob Kinder sprechen können, sondern dass sie zum Beispiel Worte (geschrieben oder gesprochen) mit Bedeutung und Inhalt füllen können. Daher ist zunächst die Herausbildung von Kommunikationsfähigkeit und somit das Schaffen von Sprachsituationen wichtig. Das Erlernen von kulturellen Symbolen (z.B. Schriftzeichen, Mimik, Gestik) bildet eine Grundlage für das Erlernen von **Sprache**. Über Symbole können innere Bilder entstehen, welche eine wichtige Basis für sprachliches Denken darstellen.

Entwicklung

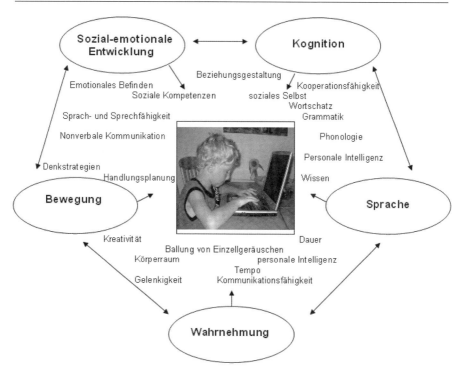

Abb.: Kind am Computer (Paul Schinlauer, Magdeburg)

Die Förderung verschiedener **Wahrnehmung**sbereiche hat für die Anforderungen in der Schule vielschichtige Bedeutung. So sind die auditive und visuelle Wahrnehmung Voraussetzung, um Aufgabenstellungen vermittelt zu bekommen. Vor allem für das Erlernen der Kulturtechniken muss ein Kind Klarheit über gesprochene Sprache und deren Bedeutung haben. Viele Kinder lernen gerade im Schuleingangsbereich besser über visuelle Anschauung und bauen somit auch ein bildliches Gedächtnis auf.

Die räumlich-zeitliche Wahrnehmung ermöglicht eine Orientierung im Raum, das heißt ein Zurechtfinden in Räumen (z.B. Klassenraum, Blatt Papier, Weg zum Kiga/zur Schule). Außerdem ist ein Bewusstsein über räumlich-zeitliche Strukturen (z.B. Dauer, 1:1 Zuordnung, Erfassung von Mengen, Simultanerfassung) für schulische Lernprozesse insofern von Bedeutung, dass sie lernen können, wie viel Zeit sie für bestimmte Aufgaben benötigen.

Die taktil-kinästhetische Wahrnehmung spiegelt sich einerseits in bestimmten Anforderungen (z.B. Schreiben, Zeichnen) wieder, aber auch in alltäglichen Situationen (wie z.B. Sitzen). Spürt ein Kind seinen Körper unzureichend, so kann es zu Verspannungen und damit auch zu einer Verschiebung der Aufmerksamkeit kommen. So ist zum Beispiel eine „gerade Sitzhaltung" nicht immer und für jedes Kind sinnvoll bzw. förderlich. Einigen Kindern kostet es so viel Konzentration sich gerade hinzusetzen, dass sie dem eigentlichen Lerngeschehen nicht mehr so gut folgen können.

3.8 Lerntypen

In Anbetracht dessen, dass „Schulfähigkeit" eine Vielzahl von Kompetenzen in verschiedenen Entwicklungsbereichen erfordert, besteht die Frage, wie Stärken und Fähigkeiten individuell entdeckt und gefördert werden können. „Differenzierter Unterricht" ist dabei sicherlich ein Schlagwort. Eine Möglichkeit der Differenzierung von Unterricht kann dadurch stattfinden, dass die individuelle Vielfalt von Lernen und somit Lerntypen Berücksichtigung finden. Im Kindergarten können verschiedene Lerntypen beispielsweise bei Projekt-Arbeiten gezielt angesprochen werden.

Als Lerntypen können nach Arnold (2000) unterschieden werden:
- Musikalisch-rhythmische Lernwege (Musik-Lerntyp)
- Visuell-räumliche Lernwege (Bilder-Lerntyp)
- Körperlich-bewegungsbezogene Lernwege (Körper-Lerntyp)
- Naturbezogene Lernwege (Natur-Lerntyp)
- Verbal-sprachliche Lernwege (Wörter-Lerntyp)
- Logisch-mathematische Lernwege (Zahlen-Lerntyp)
- Intrapersonelle Lernwege (Ich-Lerntyp)
- Interpersonelle Lernwege (Menschen-Lerntyp)

Ein Kind kann dabei einem oder mehreren Lerntypen zugeordnet werden, das heißt, dass es insbesondere auf eine oder mehrere Arten zu Lernen anspricht. In der Regel können Kinder durch gezielte Fragen auch sehr gut beschreiben, welche Art des Lernens sie individuell bevorzugen.

Die folgende Tabelle gibt einen kurzen Überblick, durch welche Eigenschaften sich entsprechende Lerntypen auszeichnen und welche Lerntechniken entsprechend unterstützend sind bzw. sein können. Die Überlegungen stammen von Arnold (2000) und sind dort noch weitergehend ausgeführt.

Lerntyp	Eigenschaften	Lerntechniken
Musikalisch-rhythmisch (Musik-Lerntyp)	<ul><li>hört gut zu</li><li>verbindet Gefühle mit Musik und Rhythmen</li><li>singt/summt vor sich hin</li><li>bewegt sich zu Rhythmen</li><li>lässt sich leicht von Geräuschen ablenken</li><li>hat feines Empfinden für Tonfall von Anderen</li><li>spricht rhythmisch</li></ul>	<ul><li>Musik hören, die sich auf Thema bezieht</li><li>Gedichte schreiben</li><li>summen</li><li>dichten</li><li>singen</li><li>Hörbücher anhören</li><li>sich zur Musik bewegen</li><li>laut lesen und sich dabei auf Band aufnehmen</li><li>Gefühle aussprechen, die bei Musik empfunden werden</li><li>eigene Gedanken und neue Vokabeln zu einem selbst geschrieben Lied verarbeiten</li><li>beim Schreiben oder Zeichnen Musik oder Lieder hören</li><li>Wörter, Begriffe oder Formen rhythmisch umsetzen</li><li>mit den Fingern klopfen oder Füßen wippen</li></ul>

Visuell-räumlich (Bilder-Lerntyp)	• legt gern Puzzle • zeichnet gern • hat ein gutes Vorstellungsvermögen • verwendet gern Farben • veranschaulicht gern in Bildern • denkt sich Bilder aus • hat eigene Kartei im Kopf • muss Informationen sehen können • plant und arbeitet gern mit grafischen Strukturen	• erst verbildlichen, was gesagt werden soll • Notizen oder eine Geschichte nach Farben aufgliedern • eine Idee als Comic zeichnen • Modelle betrachten • Schaubilder erstellen • Bilder zu einer Geschichte malen • Bilder zu Lerninhalten suchen und beschreiben • Mind-Maps anlegen • Rate- und Malspiele • unterstreichen mit verschiedenen Farben • Informationen mit Video aufnehmen • bei Rollenspiel zuschauen • Videos zu Fachthema • Bilderbuch gestalten • Flipcharts oder Papierwände einsetzen • mit Videofilmen oder Fernsehbeiträgen zu dem Thema arbeiten • Zettel schreiben, die gelesen und bearbeitet werden
Körperlich-bewegungsbezogen (Körper-Lerntyp)	• baut gern • Erleben ist wichtig • fühlt und berührt gern • stellt gern Dinge her • bewegt sich gern • drückt sich über Bewegung aus • ist aktiv • ist voller Energie	• praktisch arbeiten und lernen • mit dem Körper Figuren bilden • Projekte durchführen • Notizen schneiden und zusammenkleben • sich mit dem Körper ausdrücken • etwas in der Hand halten (z. B. Knautschball) • auf wackeliger Unterlage sitzen (z.B. Physioball) • Stationenlernen • beim Lesen ein Buch hin- und herbewegen • Zeichensprache nutzen • Rollenspiele • beim Reden laufen • beim Lesen gehen • beim Lernen bewegen (hüpfen, hopsen, klatschen …)
Verbal-sprachlich (Wörter-Lerntyp)	• lernt gern neue Wörter • spielt mit Wörtern • liest und schreibt gern • lernt durch Hören, Lesen und Schreiben • kann gut zuhören • redet gern • liest gern • lernt durch sprachliches Herleiten	• Briefe schreiben • Notizen machen • Geschriebenes analysieren • auf Band diktieren • Arbeitsblätter ausfüllen • freies Schreiben • Aufzeichnungen führen • im Internet surfen • Geschichten in Wörtern skizzieren • Eselsbrücken benutzen • Wortschatzsammlung mit Synonymen benutzen • Texte und Drehbücher schreiben • Rechtschreib- und Grammatiküberprüfprogramme einsetzen • Dokumentationen im Radio nutzen

Logisch-mathematisch (Zahlen-Lerntyp)	<ul><li>ist sorgfältig und gewissenhaft</li><li>begreift abstrakte Zusammenhänge</li><li>hat Ziele aufgestellt</li><li>löst gern Aufgaben</li><li>denkt praktisch</li><li>analysiert</li><li>geht systematisch an Aufgaben heran</li><li>ist gut organisiert</li><li>mag Vergleiche</li><li>kann gut mit Geld umgehen</li><li>denkt in konkreten Begriffen</li></ul>	<ul><li>Gedanken im Brainstorming sammeln, dann systematisch ordnen</li><li>ein Diagramm erstellen</li><li>einzelne Arbeitsschritte festhalten</li><li>mit Frageliste arbeiten</li><li>Aufgaben in einzelne Abschnitte aufteilen</li><li>nach einem Schema vorgehen</li><li>Ordnungspunkte aufstellen</li><li>nach Zeitplan vorgehen</li><li>Schemata und Muster erkennen</li><li>Strukturen festlegen</li><li>Ziele festlegen</li><li>Organisationssystem entwickeln</li><li>kategorisieren</li></ul>
Intrapersonell (Ich-Lerntyp)	<ul><li>nimmt sich Zeit zum Nachdenken</li><li>ist gern allein</li><li>ist reflektiert</li><li>arbeitet mit Vorliebe allein</li><li>ist unabhängig</li><li>ist sich seiner selbst bewusst</li><li>geht analytisch vor</li></ul>	<ul><li>schriftlich zusammenfassen und erklären</li><li>immer eine Aufgabe auf einmal erledigen</li><li>ohne Zeitlimit arbeiten</li><li>Zeitraum verschaffen, um kreativ zu sein</li><li>Tagebuch führen</li><li>klassische Musik oder Stimmen und Töne hören</li><li>grübeln</li><li>forschen</li><li>nachdenken</li><li>Fragen stellen</li><li>für sich selbst laut lesen</li><li>entdeckendes Lernen</li></ul>
Interpersonell (Menschen-Lerntyp)	<ul><li>ist gern unter Menschen</li><li>versetzt sich in Andere hinein</li><li>interagiert</li><li>führt und leitet</li><li>lehrt und leitet an</li><li>nimmt aktiv an Gruppen teil</li><li>verständigt sich gut mit Anderen</li><li>ist kompromissbereit</li><li>lernt gern in der Gruppe</li><li>kann gut überzeugen</li><li>kann gut auf Bedürfnisse Anderer eingehen</li><li>merkt sich Geschichten über Menschen</li><li>ist guter Teamarbeiter</li><li>fordert Feedback</li></ul>	<ul><li>Fragen stellen</li><li>sich bestätigen lassen</li><li>gemeinsames Brainstorming</li><li>persönliche Beziehung zu Lehrern aufbauen</li><li>Lernvertrag aushandeln</li><li>mitmachen bei gemeinsamen Unterrichtsaktivitäten</li><li>Netzwerk von Helfern aufbauen</li><li>Interviews durchführen</li><li>Zuhören lassen</li><li>sich an gemeinsamen Projekten beteiligen</li><li>Schwierigkeiten gemeinsam nacharbeiten</li><li>mit einem Freund gemeinsam lernen</li><li>einem Freund schreiben</li><li>diskutieren</li><li>diktieren</li></ul>
Naturbezogen (Natur-Lerntypen)	<ul><li>sammelt gern</li><li>sortiert gern</li><li>kategorisiert gern</li><li>mag Tiere</li><li>mag Pflanzen</li><li>kümmert sich um die Umwelt</li></ul>	<ul><li>Naturmaterialien sammeln</li><li>den neuen Lerninhalt mit Material aus der Natur verknüpfen</li><li>Wälder, Flüsse und Meere erforschen</li><li>Lernmuster in natürlichen Objekten entdecken</li><li>Ausflüge zu natürlichen Lernquellen unternehmen</li></ul>

Entwicklung

	- sammelt gern Naturmaterialien (Steine, Blätter) - weiß viel über Tier- und/oder Pflanzenarten - nimmt Veränderung beim Wetter bewusst wahr - geht einfühlsam mit Tieren um - arbeitet gern an der frischen Luft	- sich Experimente ausdenken - sich den Umweltaspekt bewusst machen - Geräusche aus der Natur nachahmen - Formen und Farben aus der Natur einbeziehen

Für den Schuleingangsbereich können derartige Informationen nützlich sein, um bei einem Kind Ressourcen hervorzuholen bzw. Kompetenzen zu entdekken. Dazu bedarf es lediglich eines Lernangebotes, welche die genannten Lerntypen berücksichtigt. Zum Beispiel könnten (Lern-)Situationen geschaffen werden, die zum Beispiel über Musik, Bewegung oder Natur bestimmte (Lern-)Inhalte und Entwicklungsbereiche ansprechen.

Am Ende des Aufgabenteils in diesem Buch haben wir Beispiele für derartige Situationen zu den einzelnen Lerntypen zusammengestellt, um somit Beispiele für die Berücksichtigung unterschiedlicher Lernwege zu geben.

4. Diagnostik und Förderung

4.1 Verständnis Diagnostik

In diesem Kapitel möchten wir unser Verständnis von Diagnostik und Förderung aufzeigen, so dass die Leserin mit diesem Buch, bzw. die Anwenderin dieses Verfahrens „DiSb", in unserem Sinne arbeiten kann.
Diagnostik stammt aus dem Griechischen und beinhaltet die Wortteile „dia" (= hindurch oder durch und durch) und „gnosis" (= erkennen oder Erkenntnis). Damit heißt Diagnostik im ursprünglichen Sinn nichts anderes als „durch und durch Erkennen". Im deutschen Sprachgebrauch wird es häufig im medizinischen Sinn gebraucht als „Unterscheidung von gesund und krank" (Pschyrembel 2002; Dornblüth 1927). Dies entspricht nicht unserem Verständnis. Wir sehen Diagnostik erst einmal als mehr oder weniger neutralen Begriff an, wobei es darum geht, möglichst viel und genau „zu erkennen", das heißt, möglichst genau einen Menschen zu betrachten und zu versuchen, seine Verhaltensweisen in einen Bedeutungszusammenhang zu bringen. Der Bedeutungszusammenhang kann dann aus verschiedenen theoretischen Richtungen betrachtet werden, zum Beispiel pädagogisch, medizinisch oder psychologisch.
In dem vorliegenden Buch möchten wir uns auf die pädagogische Sichtweise beziehen. Wie das genau zu verstehen ist, werden wir im Verlauf dieses Kapitels verdeutlichen.

4.2 Diagnostische Methoden

Im Rahmen einer förderungsorientierten Diagnostik empfehlen wir den Einsatz verschiedener Methoden, um über unterschiedliche Zugangswege etwas über einen Menschen zu erfahren. Für einen differenzierten Einblick hinsichtlich der Anwendung der jeweiligen Methoden empfehlen wir weiterführende Quellen, die wir beispielhaft jeweils hinter der Methode angeben.

Folgende Methoden können unterschieden werden und seien kurz erwähnt:

1. Arbeitsprodukte (vgl. Suhrweier/Hetzner 1993)
2. Beobachtungen (vgl. Lamnek 1995)
3. Diagnostische Inventare (vgl. Eggert, D./Reichenbach, C./Bode, S. 2003)
4. Fehleranalysen (vgl. Gerster, H.-D./Schultz, R. 2000)
5. Gespräche (vgl. Potthoff, U./Steck-Lüschow, A./Zitzke, E. 1995)
6. Schriftliche Befragungen (vgl. Heinemann, K. 1998)
7. Screenings (vgl. (vgl. Woike in Kubinger/Jäger 2003)
8. Tests (vgl. Bortz/Döring 1995)

Wir wollen die Methoden an dieser Stelle nicht näher ausführen, da dies ein praxisorientiertes Buch ist und sich bereits andere Autoren ausführlich mit der Darstellung verschiedener Methoden befasst haben.
Wir empfehlen jeder Praktikerin sich verschiedener Methoden zu bedienen, um ein möglichst umfassendes Bild von einem Menschen zu erhalten.

4.3 Verständnis Förderung

Förderung ist im pädagogischen Bereich ein grundständiger Begriff. Ursprünglich stammt der Begriff der Förderung jedoch aus dem Bergbau (vgl. Speck 1995, 166). Das Bild einer Förderung im Bergbau lässt sich sehr gut auf pädagogische Prozesse übertragen. In beiden geht es darum, „Ressourcen" (lat. surgere „hervorquellen") hervorzuheben und nutzbar zu machen.

Für uns ist Förderung demnach eine Möglichkeit mittels gezielter Anregungen den Prozess der Kompetenzerweiterung *(Kompetenz = lat. competere – zusammentreffen)* des Kindes zu unterstützen. Das Kind hat Ressourcen, welche durch ein Zusammentreffen mit einer pädagogischen Fachkraft und damit einer gezielten, unterstützenden Anregung zu Kompetenzen führen können.

Bei unserem Verständnis von Förderung ist das Kind eigenaktiv und kann ausschließlich selbst entscheiden, welche Anregungen es annimmt, ob und wie es lernen möchte. Ein derartiges Verständnis von Lernen ist inzwischen nicht allein im pädagogisch-therapeutischen Alltag selbstverständlich, sondern findet sich auch seit geraumer Zeit im schulischen Lernen wieder (vgl. Schmetz 1999).

4.4 Verständnis von Diagnostik und Förderung als Einheit

Wir sehen Diagnostik und Förderung als Einheit. Demnach kann jede diagnostische Situation auch einer Förderung dienen oder es kann in der diagnostischen Situation gleichzeitig gefördert werden. Umgekehrt ist jede Fördersituation gleichzeitig eine diagnostische Situation, da der Pädagoge fortlaufend in der Förderung beobachtet und sich mit dem Kind auseinandersetzt. Dementsprechend kann man von einer förderungsorientierten Diagnostik oder Förderdiagnostik sprechen.

In unseren Vorstellungen von Förderdiagnostik lehnen wir uns vorwiegend an Eggert (1997), Eggert/Reichenbach/Lücking (2007) sowie Suhrweier/Hetzner (1993) an.

Die folgende Tabelle verdeutlicht von uns als wesentlich anzusehende förderdiagnostische Prinzipien sowie ihre Bedeutung für den pädagogischen Alltag in Kindergarten und Schule.

Förderdiagnostisches Prinzip	Bedeutung für den pädagogischen Alltag
1. betrachtet den individuellen **Einzelfall**	Es geht nicht darum ein Kind im Vergleich zu anderen Kindern zu sehen, sondern das Kind soll als Individuum angesehen werden, mit seiner eigenen Lern- und Lebensgeschichte. Ausgangspunkt und „Maßstab" bei der Einschätzung ist das Kind selbst.

2. ist ein **auf das Individuum zugeschnittener** diagnostischer Prozess	Eine förderdiagnostische Situation sollte eine Zusammenstellung von Aufgaben beinhalten, die für das zu beobachtende Kind explizit ausgewählt wurde.
3. lernt **Individuum als System** sehen und betrachtet seinen **Kontext**	Es muss berücksichtigt werden, dass das Kind in verschiedenen Kontexten (Familie, Freunde, Kiga/Schule…) lebt und lernt. Dementsprechend sollte in Erfahrung gebracht werden, wie sich das Kind in anderen Kontexten zum Beispiel fühlt und welchen Einfluss diese auf seine Entwicklung haben.
4. **rekonstruiert** gemeinsam mit den Betroffenen eine **Biographie**	Wenn ein Kind in seiner individuellen Entwicklung eingeschätzt werden soll, ist es erforderlich etwas über die Biographie des Kindes zu erfahren. Dabei kann das Kind und seine Bezugspersonen über Vergangenes, Gegenwärtiges und zukunftsorientierte Wünsche sprechen.
5. stellt **veränderte Fragen**	Es geht nicht allein darum zu fragen, WAS zeigt ein Kind für ein Verhalten, sondern auch darum zu fragen, WEN „stört" dieses Verhalten WARUM. Weiterhin ist von Fragen nach einer „Altersgemäßheit" und/oder einem „Nichtkönnen" abzuraten, da es eher um Fragen der individuellen Entwicklung und den eigenen Kompetenzen geht.
6. geht von den **Stärken** des Individuums aus	Sowohl in der Diagnostik als auch in der Förderung wird davon ausgegangen, dass ein Kind Stärken hat und diese gilt es weiter auszubauen. Das heißt nicht, dass die Förderbedürfnisse ignoriert werden sollen, jedoch, dass der Ansatzpunkt einer Förderung stets die Stärken darstellt.
7. erkennt **Diagnostik als Beziehung**	Jede pädagogische Situation, in der sich Menschen (z.B. Kind und Pädagoge) begegnen, ist eine Beziehungssituation. Diese Beziehung gilt es von Anfang an fortlaufend positiv zu gestalten.
8. betreibt **Diagnostik als Dialog**	Es geht nicht darum, ÜBER ein Kind zu sprechen, sondern vor allem MIT dem Kind zu überlegen, welche Lernziele es gibt und wie der Lernprozess gestaltet werden kann.
9. ist auf **Differenzierung**, offenen Unterricht, **Ko-**	Ein förderdiagnostisches Arbeiten erfordert eine Zusammenarbeit von Kind, Eltern, Pädagogen/

	operation ausgerichtet	Therapeuten. Optimalerweise arbeiten die Pädagogen, die mit dem Kind zu tun haben oder hatten in einem Prozess zusammen (z.B. Erzieherinnen und Grundschullehrerinnen).
10.	versteht Entwicklung als **lebenslangen Prozess**	Eigenschaften bzw. Verhalten eines Kindes sind als veränderlich aufzufassen, das heißt, dass ein Kind stets etwas lernen kann. Dies kann durch die Bereitstellung von individuellen Handlungsangeboten ermöglicht werden.
11.	ist ein ständiger **Prozess** von Beobachtung, Hypothesenbildung, Förderung, Neubewertung und Veränderung von Förderung	Ein förderdiagnostischer Prozess ist fortlaufend durch Veränderung gekennzeichnet. Dadurch ist es erforderlich kontinuierlich zu beobachten, zu beschreiben, Hypothesen zu bilden und die Fördervorschläge zu überdenken und entsprechend zu gestalten.
12.	sucht die „**am geringsten einschränkende Lernumwelt**"	Die Frage, in welcher Umgebung das Kind WIE, das heißt unter welchen Bedingungen am besten lernen kann, steht hier im Mittelpunkt. Dabei kann die Förderung zu Hause, in einer speziellen Fördergruppe, im Kindergarten und/oder in der Schule stattfinden. Es geht darum, Lernprozesse anforderungsorientiert zu optimieren.
13.	**vermeidet Klassifikationen** und Auswahl für Institutionen	Eine förderungsorientierte Diagnostik dient nicht einer Klassifikation (z.B. „gestört"), sondern ist auf eine individuelle Beschreibung und differenzierte Einschätzung im Hinblick auf die individuellen Lernziele des Kindes ausgerichtet.
14.	setzt fundiertes **pädagogisches Handlung- und Erklärungswissen** voraus	Für ein derartiges förderdiagnostisches Vorgehen ist es unabkömmlich, dass die Pädagogin über differenziertes Wissen (z.B. Entwicklungstheorien) und ein umfangreiches Handlungsrepertoire verfügt.
15.	**Realisierung von Pädagogen**	Jede Pädagogin schätzt tagtäglich bewusst oder unbewusst das Verhalten eines Kindes ein. Dies ist bereits Diagnostik, da Beobachtung die wichtigste Methode einer Diagnostik und DIE Methode bei förderdiagnostischen Prozessen darstellt.

4.5 Begründung einer individuellen statt altersnormierten Diagnostik

Das erstgenannte Prinzip der individuellen Einzelfallbetrachtung möchten wir in diesem Abschnitt nochmals besonders hervorheben und begründen, da dies nach wie vor häufig einen Diskussionspunkt in der Praxis (z.b. vermeintliche Legitimation von Förderung auf Grundlage von Altersnormen) und auch in der Theorie (z.B. Nützlichkeit von Tests) darstellt.

Aus unserer Sicht ist eine individuelle Einzelfallbetrachtung erforderlich, da die **Altersvariable** nicht zur Erklärung von Entwicklungsverläufen herangezogen werden kann, vor allem, da es keine kausale Abhängigkeit zwischen der Leistungsfähigkeit und dem chronologischen Alter gibt (vgl. Conzelmann 1994, 162). Dies wird jedoch in den heutzutage noch angewendeten diagnostischen Verfahren häufig getan und schränkt somit deren Interpretation ein.

Ein Nutzen von Altersvariablen mag darin liegen, ein übergeordnetes Merkmal im Vergleich zu Gleichaltrigen (wie z.b. Intelligenz oder Motorik) zu erfassen. Dabei wäre es allerdings erforderlich, dass die genutzten diagnostischen Verfahren aktuell standardisiert sind, das heißt nicht älter als 10 Jahre sind (vgl. Cronbach 1978). Dass veraltete psychometrische Verfahren keine Aussage besitzen, verdeutlicht der so genannte „Flynn-Effekt", welcher besagt, dass beispielsweise die IQ-Werte im Verlauf der Jahre und Jahrzehnte immer besser werden, was jedoch nicht auf eine allgemeine Verbesserung der Leistungen zurückzuführen ist, sondern eher auf kulturellen Veränderungen basiert (z.B. Einfluss der Computer, größere Bedeutung von abstraktem Denken). Aufgrund dessen ist es bei einer Anwendung von psychometrischen Verfahren absolut notwendig, dass diese von ihrer Normierung aktuell sind.

Die Anwendung von psychometrischen Verfahren allein ist zudem nicht ausreichend, sondern erfordert eine differentialdiagnostische Vorgehensweise. Das heißt, dass erhaltene Befunde in Beziehung gesetzt werden müssen zu weiteren Informationen hinsichtlich des bisherigen individuellen Entwicklungsverlaufs. Spätestens dann müsste eine individuelle Einzelfallbetrachtung einsetzen.
Eine individuelle Einzelfallbetrachtung ermöglicht es, einen Menschen umfassend zu beschreiben. Zur Beschreibung gehören neben einer Anamnese, die Erfassung des momentanen Entwicklungsstandes sowie ein Ergründen der Entstehung von Entwicklungsbeeinträchtigungen.
Dabei nützt es nichts, einen Menschen mit anderen Menschen seiner Altersgruppe zu vergleichen, da jeder Mensch seine eigene Lebensgeschichte und individuelle Entwicklungsbedingungen hat(te).

Um unsere Sichtweise zu verdeutlichen, stellen Sie sich vor, Sie würden ausgewählt mit zehn gleichaltrigen und gleichgeschlechtlichen Personen ein Wettrennen zu machen. Sie fühlen sich gut, freuen sich auf den Vergleich und stehen am Start. Am anderen Ende steht jemand mit einer Stoppuhr und der Wert soll etwas über ihre motorischen Kompetenzen aussagen. Es geht los, Sie hören

den Startschuss und geben alles. Am Ende, das heißt am vorgegebenen Ziel angelangt, bekommen Sie mitgeteilt (oder auch nicht) oder stellen selbst fest, dass Sie als achte Person den Zielpunkt erreicht haben.
Bei einer Nachfrage Ihrerseits bekommen Sie die Mitteilung, dass Ihre motorische Leistung für Ihr Alter im unterdurchschnittlichen Bereich angesiedelt ist. Es wird daraus geschlossen, dass Sport Ihnen nicht liegt und Sie sich ein anderes Hobby suchen sollen.

Dieses Beispiel soll in ganz profaner Weise verdeutlichen, wie mit altersnormierten Tests häufig in der Praxis umgegangen wird.

Wird die Situation nicht isoliert betrachtet, so wie es von einer qualifizierten Diagnostikerin zu erwarten ist, ergeben sich unter Umständen komplett andere Erkenntnisse.

Es wären insbesondere folgende Aspekte bei einer differenzierten Diagnostik zu erfassen:
- Rahmenbedingungen
- Anforderungssituationen
- Erfahrungen
- Verfassung
- Kompetenzen
- Persönliche Voraussetzungen/Ziele

Diese möchten wir jetzt bezogen auf die oben beschriebene Situation beispielhaft ausführen. Anstelle unterschiedlichster denkbarer Szenarien darzustellen, möchten wir Ihnen an dieser Stelle jeweils ein paar Fragen stellen, die Sie am besten individuell beantworten.

Zu den Rahmenbedingungen:
1. Kennen Sie den Testleiter?
2. Kennen Sie die anderen Teilnehmer?
3. Kennen Sie den Sportplatz?
4. Wie ist das Wetter?
5. Fühlen Sie sich wohl in Ihrer Kleidung?
6. Hat Ihnen Ihre Startposition zugesagt?

Zu der Anforderungssituation:
1. Ist Ihnen die Aufgabe benannt worden?
2. Kennen Sie das Ziel der Aufgabe?

Zu den Erfahrungen?
1. Aus welchen Kontexten sind Ihnen Sportplätze bekannt?
2. Wann waren Sie das letzte Mal auf einem Sportplatz?
3. Sind sie oft auf einem Sportplatz?
4. Haben Sie vorher geübt?
5. Kennen Sie verschiedene Lauftechniken?
6. Welche Erfahrungen haben Sie im Sport?
7. Welche Erfahrungen haben Sie im Vergleich mit anderen?

Zu der Verfassung:
1. Wie haben Sie sich an dem Tag körperlich gefühlt?
2. Wie haben Sie sich an dem Tag geistig gefühlt?
3. Hatten Sie einen „freien Kopf"?

Zu den Kompetenzen:
1. Bewegen Sie sich gerne?
2. Ist Bewegung Ihr Medium?
3. Welche motorischen Anforderungen suchen Sie gern?
4. Welche motorischen Anforderungen vermeiden Sie gern?
5. In welchen Bereichen liegen Ihre allgemeinen Stärken?

Zu den persönlichen Voraussetzungen/Zielen:
1. War es Ihnen wichtig, eine gute Zeit zu erreichen?
2. War es Ihnen wichtig, schneller als die anderen zu sein?
3. Welchen Platz wollten Sie mindestens erreichen?
4. Waren Sie motiviert?
5. War Ihnen die Motivation der anderen Teilnehmer bekannt?
6. Haben Sie freiwillig an der Überprüfung teilgenommen oder wurde Ihnen diese dringend empfohlen?

Nach der individuellen Beantwortung der Vielzahl von Fragen können Sie selbst entscheiden, welche Bedeutung eine individuelle Einzelfallbetrachtung für Ihre Einschätzung hinsichtlich einzelner Situationen/Aufgaben hat.

Bei der Betrachtung der einzelnen Aspekte ist zu erkennen, dass zum Beispiel bereits am „Startpunkt" die Motivation für den Bewegungsanlass (Wohlfühlen, Freude an Bewegung, Herausforderung mit anderen suchen) in einer Diskrepanz zum „Zielpunkt" (Überprüfung motorischer Leistung) steht.

Es sollte deutlich geworden sein, dass es nicht ausreichend ist, einen einzelnen Aspekt (z.B. Motorik) isoliert und in Bezug zu einer Altersnorm zu betrachten. Alle anderen Entwicklungsbereiche und -dimensionen sind stets direkt oder indirekt an einzelnen oder auch komplexeren Situationen beteiligt.
Die Erfassung dieser einzelnen Einfluss nehmenden Faktoren kann ausschließlich durch eine differenzierte Diagnostik gelingen, in der vor allem die Person selbst mit in den Erkenntnisprozess einbezogen wird und ihre Entwicklung individuell rekonstruiert und beschrieben wird.

Um eine derartige Diagnostik zu ermöglichen, werden folgende Schritte vorgeschlagen (vgl. Eggert/Reichenbach/Lücking 2007):

BEOBACHTEN

Was beobachte ich? (Ausschnitt Entwicklung)
Wie beobachte ich? (Vorgehen)
Wozu beobachte ich? (Sinn, Ziel)
Welche Situationen? (Alltag, Labor)

BESCHREIBEN

Das Gesehene beschreiben!
Bedeutung der Formulierung → wertfrei
Welches Schema wird zur Strukturierung genutzt?

BEWERTEN/EINSCHÄTZEN

Hypothesenbildung bzgl. gesehenen Verhaltens
Hypothesen und Alternativhypothesen bzgl. Möglichkeiten und Grenzen der Förderung formulieren
Beschreibung der Entwicklungsstufe!

ERKLÄREN

Interpretation des Gesehenen
Entwicklungsverlauf, Anamnese
Was hat verstärkt, vermindert, gehemmt?
Beeinflussungsfaktoren
Wie ist es entstanden? (Vergangenheit)
Wie ist es jetzt? (Gegenwart)
Wie kann es werden? (Zukunft)

VORHERSAGEN

Aufstellen von Zielen und Methoden
Was kann unter welchen Bedingungen geschehen?
Was könnte die nächste Stufe der Entwicklung sein?
Was könnten fördernde und hemmende Umstände sein?

Diese Schritte werden nun anhand des oben genannten Beispiels sowohl im Hinblick auf die „klassische" Überprüfungssituation als auch im Hinblick auf die förderungsorientierte Situation betrachtet. Im Prinzip sind diese Wege ausschließlich für eine förderungsorientierte Diagnostik konzipiert. Um eine Gegenüberstellung beider Vorgehensweisen zu ermöglichen, versuchen wir im Folgenden eine Übertragung auch auf „klassische" Überprüfungssituationen.

Weg/Schritt der Diagnostik	„klassische" Situation	Förderungsorientierte Situation
Beobachten	Von: Motorik (Tempo)	Von: Motorik, Befinden, Aufgabenverständnis, Motivation
	Vorgehen: Test	Vorgehen: Beobachtung
	Ziel: Erfassung eines Merkmals im Vergleich zu Gleichaltrigen	Ziel: Erfassung motorischer Kompetenzen unter Berücksichtung der individuellen Bedingungen und Erfahrungen
Beschreiben	Es wird ein Wert für den motorischen Bereich ermittelt.	Das Gesehene wird hinsichtlich verschiedener Entwicklungsbereiche beschrieben.
	Schema: Testmanual	Schema: Beobachtungsbogen
Bewerten/ Einschätzen	Anhand von altersorientierten Normen im Testmanual; Standardisierung maximal zehn Jahre alt;	Individuelle Hypothesenbildung bezüglich gesehenem Verhalten; Berücksichtigung verschiedener Erklärungsansätze; Bezug zum Individuum;
	Feststellung der Fähigkeiten im Vergleich zu Gleichaltrigen	Beschreibung von individuellen Kompetenzen und Bedürfnissen
Erklären	Einordnung in einen vorgegebenen Erklärungszusammenhang in ausschließlichem Bezug auf das erfasste Persönlichkeitsmerkmal;	Entwicklungsverlauf betrachten; Anamnese; Erfassung von Entwicklungsbedingungen; Interpretation unter Berücksichtigung individueller Gegebenheiten;
	Betrachtung des momentanen Leistungsstandes; Nichtberücksichtigung des Zustandekommens	Einbezug von Entwicklungsgeschichte
Vorhersagen	Kein Bezug zur Förderung	Aufstellen von (Förder-) Zielen; Hypothesenbildung;
		Herausfinden der nächsten Entwicklungsstufe sowie optimalen Umweltbedingungen

Eine individuelle Betrachtung des Entwicklungsstandes eines Menschen erfordert vom Pädagogen Kompetenzen hinsichtlich des diagnostischen Vorgehens. Die Kompetenzen betreffen sowohl die Beobachtung, die Beschreibung, die Hypothesenbildung, die Interpretation des Gesehenen und die möglichen Erklärungen für Verhalten.

Beobachtung:
Beobachtung als Methode liegt jedem diagnostischen Prozess zugrunde. Sie soll das äußere, sichtbare, erfassbare Verhalten der Lernenden in bestimmten Handlungen bzw. Tätigkeiten erfassen (vgl. Suhrweier/Hetzner 1993, 102).

Diagnostik und Förderung

Dazu ist es zunächst erforderlich, zu klären, welches Ziel (z.B. Auftrag, eigenes Bedürfnis) die Beobachtung hat und wie die Beobachtung strukturiert werden soll (z.B. systematische oder unsystematische Beobachtung).

Beschreibung:
Nach der Beobachtung folgt die Beschreibung des Gesehenen. Zur Beschreibung des Gesehenen können bestimmte Strukturierungshilfen (z.b. Beobachtungsbogen) genutzt werden. Bei der Beschreibung selbst ist es unbedingt erforderlich diese wertfrei zu formulieren[6]. Weiterhin sollten die Beschreibungen so detailliert sein, dass sich jeder Andere die Person und deren Verhalten anhand der Beschreibung genau vorstellen kann.
Inhaltlich sollte zunächst bei den Stärken des Kindes begonnen werden. Der Fokus der Beobachtung und demnach auch der Beschreibung soll nicht allein auf die Förderbedürfnisse und Schwierigkeiten gerichtet sein, sondern ebenso seine Kompetenzen und Ressourcen erkennen lassen, um diese für die weitere Förderung nutzbar zu machen.

Einschätzung:
Eine Einschätzung im Rahmen einer förderungsorientierten Diagnostik bedarf zunächst einer umfangreichen Hypothesenbildung. Nur durch das Aufstellen von Hypothesen (griech.: hypotithénai = (dar)unterstellen) und Alternativhypothesen gelingt es, das gezeigte Verhalten in dem jeweiligen Entwicklungsbereich verschieden zu deuten. Hätte der Beobachter ausschließlich eine Hypothese, so wäre es bereits eine vorgefasste Interpretation und somit festgelegte Intervention.
Nochmals Bezug nehmend auf das oben genannte Beispiel (siehe Seite 76 f.) würde dies bedeuten:

Beschreibung der Beobachtung	Hypothesen zu der Beobachtung	Interventionsmöglichkeiten zu den Hypothesen
Person X ist achter von zehn Personen geworden.	Person X hat konditionelle Schwierigkeiten	Ausdauertraining
	Person X hat Beschleunigungsschwierigkeiten	Förderung der Schnellkraft
	Person X war unmotiviert	Gründe für Unmotiviertheit ergründen; andere Anreize bieten
	Person X hat sich zu sehr unter Druck gesetzt	Den Druck nehmen
	Person X war das Ziel der Aufgabe unklar	Zielerklärung
	Person X hatte eine volle Blase	Auf Toilette gehen

---

[6] Das vorliegende Material in diesem Buch zeigt beispielhaft zu jeder dargestellten Aufgabe mögliche Beobachtungsbeschreibungen auf.

Hätte der Beobachter ausschließlich eine Hypothese, würde er sich bereits mit seiner Interpretation festlegen und somit auch mit seiner Intervention. Wie man aus dem Beispiel erkennen kann, ist es abhängig von den Hypothesen, welche Intervention folgt. Zudem gilt, dass Hypothesen sich selbst nicht widersprechen dürfen (vgl. Suhrweier/Hetzner 1993, 58f).

Da Hypothesen immer explizit oder auch implizit theoriegeleitet sind (z.B. psychologisch, pädagogisch, sportwissenschaftlich, medizinisch), ist es empfehlenswert einen breiten theoretischen Hintergrund zu haben und/oder in einem Team mit verschiedenen Experten zusammen zu arbeiten.

Innerhalb förderdiagnostischer Arbeit können sich **Hypothesen** zum Beispiel beziehen auf:

- Ursachen bzgl. bestimmter Verhaltensweisen und/oder Behinderungen (Worin liegt Verhalten begründet?)
- Anforderungsprofil bzw. -analyse (Entspricht die Anforderung der Entwicklungsstufe des Kindes?)
- Vermittlung von Förderangeboten (Welche Förderung ist sinnvoll?)
- Effektivität von Fördermaßnahmen (Was hat wie gewirkt im Rahmen der Förderung? Was kann eine bestimmte Förderung erreichen?)
- Eltern(mit)arbeit (Wie wirkt Eltern(mit)arbeit auf den Förderprozess ein?) (vgl. Eggert/Reichenbach/Bode 2003)

Erklärung:
Die daraus folgenden Interpretationen sollten auch als solche kenntlich gemacht werden (z.B. es scheint, aus meiner Sicht, ich vermute, ...). Eine **Interpretation** des beobachteten Verhaltens erfolgt nach der Hypothesenbildung und bedeutet soviel wie „Erklärung" oder „Auslegung".

Neben der eigenen Beobachtung ist es unerlässlich, mit der beobachteten Person und entsprechenden Bezugspersonen zu kommunizieren sowie es fortlaufend und in verschiedenen Situationen zu beobachten. Dies ermöglicht im Laufe der Zeit ein Verwerfen und damit verbunden eine Neuaufstellung und Bearbeitung von Hypothesen.

Vorhersage:
Nach der ersten Einschätzung können Überlegungen hinsichtlich des weiteren Entwicklungsverlaufs getroffen werden. Eine Prognose versucht begründet eine Aussicht oder Vorhersage zu treffen hinsichtlich des weiteren Entwicklungsverlaufs, abhängig von den erfassten möglichen Bedingungen und Möglichkeiten der jeweiligen Person (vgl. Amelang/Zielinski 2002). Da kein Entwicklungsverlauf konkret vorhergesagt werden kann, basiert das weitere Vorgehen zunächst ebenso hypothesengeleitet. Es wird überlegt, welche Bedingungen erfüllt sein müssten, damit ein Mensch in seiner individuellen Entwicklung Fortschritte erzielen kann. Durch die Zeitspanne zwischen den Befunderhebungen, durch Veränderungen im sozialen Umfeld und auch durch ein Bekanntwerden der „Prognose" kann sich die Vorhersage ändern (vgl. Lamnek 1995, 398).

Nur wenn dieser Prozess fortlaufend stattfindet, wird es dem Beobachter ermöglicht, direkt Veränderungen im Verhalten des Kindes zu erkennen. Anhand eines Vergleichs von ähnlichen Situationen, kann der Beobachter versuchen, das veränderte Verhalten des Kindes zu erklären.

5. „Bedienungsanleitung" für den Umgang mit „DiSb"

In diesem Kapitel wird der Leserin der Aufbau des Verfahrens und die Nutzung der vorliegenden Materialien erklärt und beschrieben. Wir haben dies als „**Bedienungsanleitung**" bezeichnet, um die wesentlichen Schritte bei der Arbeit mit den Aufgaben und den dazugehörigen Beobachtungs- und Interpretationsmöglichkeiten herauszustellen. Dazu werden wir unter anderem das Anliegen und die Handhabung der **Schwierigkeitsgrade** erläutern. Es werden allgemeine Hinweise zum **praktischen Vorgehen** sowie zur Auswertung und Dokumentation aufgezeigt.

Im Anschluss an den **Aufgabenteil** folgen beispielhafte Zusammenstellungen von Aufgaben von Praktikerinnen für bestimmte Entwicklungsbereiche, die auch als Grobscreening und/oder **Diagnostisches Menü** (vgl. Eggert/ Reichenbach/ Bode 2003) eingesetzt werden können. Diese ausgewählten diagnostischen Menüs beinhalten Aufgaben, die im vorliegenden umfangreichen Praxisteil wieder zu finden sind, so dass für jede Anwenderin eine Differenzierung der Aufgaben weiterführend möglich ist.

Beispielhaft werden diese diagnostischen Situationen in bestimmte Spielhandlungen und Themenschwerpunkte eingebettet, so dass die Anwenderin Anregungen für die Einbettung von Aufgaben in Spielhandlungen erhält. Der Einblick in diese praktischen Beispiele/diagnostischen Menüs möchte jede Anwenderin dieses Verfahrens dazu animieren, selbst diagnostische Spiel- und Handlungssituationen individuell zusammen zu stellen.

Bei der **Auswahl der Aufgaben** haben wir einerseits berücksichtigt, dass eine *individuelle Beschreibung* der Kompetenzen und Förderbedürfnisse gegeben ist. Andererseits wurden die *Kompetenzen*, die für den *Schuleingangsbereich* von den Praktikerinnen und auch aus der Theorie heraus als bedeutend angesehen werden, in der Aufgabenauswahl berücksichtigt (vgl. Kap. 1).

Beschreibung und Erklärung des Aufgabenbogens

Die Darstellung des Aufgabenbogens erfolgt stets nach einem bestimmten **Schema**, welches verschiedene Kriterien beinhaltet:
- Angesprochene Entwicklungsbereiche und deren Schwerpunkte/Dimensionen
- Material
- Setting
- Ursprung der Aufgabe
- Aufgabenstellung mit Differenzierungsmöglichkeiten der Aufgabe
- Mögliche Beobachtungen
- Mögliche Fragen und/oder Interpretationen

„Bedienungsanleitung"

Name der Aufgabe:	
(Christina Reichenbach & Christina Lücking)	
Angesprochene Entwicklungsbereiche und deren Schwerpunkte:	
Material:	
Setting: Gruppen- und/oder Einzelsituation:	
Ursprung der Aufgabe:	

Aufgabenstellung mit Differenzierungsmöglichkeiten	Mögliche Beobachtungen	Mögliche Fragen und Interpretationen
...	...	...

Die Aufgaben des Verfahrens „Diagnostik im Schuleingangsbereich (DiSb)" sind zunächst nach verschiedenen **Entwicklungsbereichen** sortiert:
- Bewegung
- Kognition
- Sozial-emotionaler Bereich
- Sprache und Kommunikation
- Wahrnehmung

Die Entwicklungsbereiche, die den Aufgaben zugeordnet wurden, basieren einerseits auf theoretischen Bezugsquellen (vgl. Kap. 3) und andererseits wurden die konkreten Erfahrungen und Zuordnungen der Praktikerinnen einbezogen, welche an unserer Untersuchung teilgenommen haben (vgl. Kap. 1).

Die Zuordnung der Aufgaben zu bestimmten Entwicklungsbereichen hat rein **pragmatische Gründe**, um so der Praktikerin eine Auswahl für ihre Beobachtungs- und Förderschwerpunkt zu ermöglichen. **Letztlich können ein Großteil der Aufgaben für die Einschätzung und Förderung verschiedener Entwicklungsbereiche genutzt werden.**

Bei der Auswahl der Aufgaben haben wir uns bemüht, auf Wunsch der Praktikerinnen Aufgaben zu nutzen, welche den Einsatz alltagsnaher **Materialien** ermöglicht. Die Nennung des Materials gestattet der Praktikerin eine möglichst schnelle Zusammenstellung.

Abhängig vom Entwicklungsbereich ist es aus unserer Sicht manchmal sinnvoller, Aufgaben in Einzel- oder Gruppensituationen (**Setting**) durchzuführen. Wie die Leserin sehen wird, sind die meisten Aufgaben sowohl in Einzel- oder Gruppensituationen durchführbar. Dabei ist es unabhängig von der Form der Situation unser Anliegen, dass die Aufgaben im Alltag des Kindes bzw. im Tagesablauf der Institution durchgeführt werden können und es keiner gesonderten Situationen bedarf.

Bei jeder Aufgabe ist die **Ursprungsquelle** angegeben, um zu zeigen, in welchen weiteren Verfahren diese Aufgabe zu finden ist. Dabei wurden die Verfahren berücksichtigt, die entweder speziell für den Schuleingangsbereich ausgeschrieben sind oder die von den Praktikerinnen genannt wurden.
Alle Aufgaben, die mit keiner Ursprungsquelle gekennzeichnet sind, stammen von Praktikerinnen und sind in der von ihnen genannten Form nicht in den Verfahren zur Schuleingangsdiagnostik zu finden.

Zu jeder Aufgabe haben wir verschiedene **Differenzierungsmöglichkeiten** bzw. Schwierigkeitsgrade erarbeitet, die es ermöglichen, einem Kind auf verschiedenen Anforderungsniveaus zu begegnen. Das heißt, dass die Anwenderin eine Aufgabe in der Mitte[7] beginnen kann; merkt sie, dass die Anforderung für das Kind zu leicht ist, kann sie weiter nach unten gehen und somit den Schwierigkeitsgrad erhöhen; merkt sie, dass die Anforderung für das Kind zu schwer ist, kann sie weiter nach oben gehen und somit den Schwierigkeitsgrad verringern. Die **Anwenderin kann** zudem **eigene weitere Ideen und Differenzierungsmöglichkeiten überlegen** und nutzen, was unseres Erachtens sehr wünschenswert ist.

Somit ist es möglich, einerseits den momentanen Entwicklungsstand eines Kindes zu erfassen und andererseits mit einem Erfolg für das Kind die Aufgabe zu beenden.

Es sei ausdrücklich darauf hingewiesen, dass die von uns formulierten **Aufgabenstellungen** von der jeweiligen Anwenderin selbst so formuliert werden können und müssen, dass das Kind bzw. die Kinder, für die sie gedacht sind, diese nachvollziehen können. **Es handelt sich nicht um wortgetreue Formulierungsvorgaben, wie dies zum Beispiel bei einem Test der Fall wäre.**

Zu jeder Aufgabe wurde eine Vielzahl von **Beobachtungsmöglichkeiten** überlegt. Anhand der Beobachtungsmöglichkeiten kann das gesehene Verhalten genauer beschrieben werden. Die Beobachtungen können auf verschiedene Schwierigkeitsgrade der Aufgabe bezogen werden. Das heißt, dass die **formulierten Beobachtungen** *nicht* **linear den Aufgabenstellungen zugeordnet** werden können. Es geht hier zunächst erst einmal darum, das zu beschreiben, was gesehen wurde (vgl. Kap. 4). Natürlich können die Beobachtungen jeweils individuell von der Anwenderin ergänzt werden.

Die zu den Aufgaben gehörenden möglichen **Fragen und Interpretationsmöglichkeiten** beziehen sich auf die theoretischen Grundannahmen des jeweiligen Entwicklungsbereiches (s. Kap. 3). Weiterhin können sie der Anwenderin Anregungen für neue Hypothesenbildung geben und sind auch ausschließlich als solche zu verstehen (vgl. Kap. 4).

---

[7] Die folgenden Begriffe „Mitte", „oben" und „unten" beziehen sich auf die Anordnung der Differenzierungen innerhalb einer Aufgabe auf dem Aufgabenblatt. Dabei wird mit den leichtesten Aufgaben begonnen, welche dann zunehmend schwerer werden.

Eine genaue Beobachtung, Beschreibung und Hypothesenbildung ist in einem förderdiagnostischen Prozess und Vorgehen eine Voraussetzung, um (Lern-) Bedingungen eines Kindes zu erfassen.

Im Sinne der Schulfähigkeit wurde bereits darauf verwiesen, dass die Lernentwicklung individuell ist und Förderbedürfnisse sich immer in Bezug auf die Anforderungssituation ergeben (vgl. Kap. 1). Das heißt, dass die Anwenderin individuell herausfinden muss, unter welchen Bedingungen ein Kind am besten lernt und sich weiterentwickeln kann. Weiterhin bedeutet dies, dass die Anwenderin selbst einschätzen muss, welche Aufgabe für welches Kind mit welchem Alter speziell durchgeführt werden kann. Wie eingangs bereits verdeutlicht, gehen wir nicht von einer dem chronologischen Alter entsprechenden Zuordnung von Aufgaben aus.

Unser Anliegen ist es, ein Kind in seinen Kompetenzen und Förderbedürfnissen individuell zu beschreiben, welche unabhängig vom Alter sind (vgl. Kap. 4). Dementsprechend haben wir bewusst auf Frage- und/oder Beobachtungsbogen verzichtet, welche ein Ankreuzen und somit eine lineare Zuordnung von Beobachtung und Bewertung beinhalten. Das Kind soll individuell beschrieben und differenziert betrachtet werden. Sowohl die Beschreibungen zur Beobachtung als auch zur Interpretation kommen der Anwenderin insofern entgegen, dass somit bereits **Formulierungsvorschläge** für eigene Berichte als Anregung gegeben werden.

6. Praxisteil

Aufgabenübersicht

Aufgaben für den Bereich Bewegung

Aufgaben für den Bereich Kognition

Aufgaben für den sozial-emotionalen Bereich

Aufgaben für den Bereich Sprache und Kommunikation

Aufgaben für den Bereich Wahrnehmung

Diagnostische Menüs

Aufgabenübersicht

Nach den grundlegenden theoretischen Ausführungen schließt sich nun der umfangreiche Praxisteil an. Wir haben für die Leserinnen in der anschließenden Tabelle die Aufgaben hinsichtlich verschiedener Entwicklungsbereiche im Überblick zusammengefasst.

Name der Aufgabe	Seite
Bewegung	
Punkt, Komma, Strich ...	91
Krabbelkäfer	94
Linien (nach-)zeichnen	96
Wissen vom und Zeichnung des eigenen Körpers	103
Schneebälle für Große und Kleine	104
Aufwickeln, Abwickeln und Auffädeln	106
Streichhölzer in eine Schachtel legen	107
Schneiden	108
Spiele mit dem Luftballon	110
Zehenspitzen-/Fersengang und -stand	111
Fortbewegungsmöglichkeiten in verschiedenen Körperhaltungen	112
Ball schießen	113
Ball fangen und werfen	114
Sprünge	115
Klettern und Springen	117
Balancieren	118
Hampelmann	120
Kognition	
Abzählreime	121
Zahlenreihen nachsprechen und Mengen erfassen	122
Geometrische Formen	123
Muster legen	125
Zählen von 0-9	126
Mengen erfassen und vergleichen	130
Größen vergleichen	133
Kategorien bilden	135
Malen nach Antworten	140
Situationsbericht	141
Erklären von Spielen	142

Bildergeschichte beschreiben und ordnen	143
Wieder erkennen von Bildern	145
Planungen von Alltagssituationen	147
Bauen	149
Sozial-emotionaler Bereich	
Grimassentanz	150
Pantomime	152
Das bin ICH	154
In der Situation fühle ich mich…	155
Rollentausch	156
Was ich für Dich tun kann…	157
Ein Raum für mich und/oder für uns…	158
Erzählen zu einem Bild	159
Konfliktkarten	161
Der Ritter	163
Kräfte messen	165
Zusammen an einem Gegenstand	166
Wir entwickeln aus einem alten ein neues Spiel	167
Memory	169
Sprache und Kommunikation	
Nachsprechen von viersilbigen „Zauberwörtern"/Pseudowörtern	171
Nachsprechen von Wörtern	172
Nachsprechen von Sätzen	173
Reime erkennen und Reime bilden	174
Fingerspiele	175
Zungenbrecher	176
Wie heißt das Wort? – Wörter ergänzen!	177
Fantasiewort oder nicht?	178
Stimmt der Satz oder stimmt er nicht?	179
Nonverbale Äußerungen	180
Geräusche produzieren	181
Laute hören	182
Anlaute erkennen	183
Singspiele	184
Eigenschaften von Wörtern erkennen: lang oder kurz?	185
Nachklatschen von Wörtern	186
Benennung von Nomen und Verben	187

Bilden von Einzahl und Mehrzahl	188
Kenntnis von Präpositionen	189
Sätze zu Ende führen	191
Bildergeschichte	192
Wiedergabe einer Alltagssituation	194
Geschichte vorlesen	195
Wahrnehmung	
auditiv	
Memory	196
Alltags- und Körpergeräusche	198
Gefriertanz	200
Richtungshören	202
Grummel	203
Geräuschekim	204
Raum-Zeit	
Stellung von Körpern im Raum	205
Ausflug	207
Obstsalat	208
Anziehen und/oder Ausziehen	210
Verstecken	211
Erfassung von Uhr-Zeiten	212
Erfassung von Tagen und Monaten	214
Taktil-kinästhetisch	
Körperteile spüren und benennen	215
Gezeichnete Formen erkennen – Stille Post	217
Formen fühlen	218
Materialien erfühlen und Tastmemory	219
Denkmal darstellen oder Statue bauen	221
Waschstraße	223
Massen erkennen	224
Visuell	
Augenmotorik	225
Farben erkennen	227
Formen (wieder-)erkennen	228
Gestaltschließen	233
Figuren und Formen nachlegen	237
Details wieder erkennen und Bilder ergänzen	240

Punkt, Komma, Strich...
(Christina Lücking & Christina Reichenbach)

Angesprochene Entwicklungsbereiche und deren Schwerpunkte:	**Bewegung**: Feinmotorik, Graphomotorik (sog. Elemente der Schrift: Punkte, Striche, Kreise, Bögen, Ovale, Kombinationen und Muster), Gelenkigkeit, Kraft, Fluss, Rhythmus **Wahrnehmung**: visuell (Raum-Lage, räumliche Beziehungen, Augen-Hand-Koordination, Raumvorstellung) **Kognition**: Merkfähigkeit, Wissen
Material:	Papier, Stifte, evtl. Arbeitsblätter
Setting: Gruppen- und/oder Einzelsituation:	E + G
Ursprung der Aufgabe:	DVET, ET 6-6, KEV, KST, Ledl, Oseretzky, Schäfer

Aufgabenstellung mit Differenzierungsmöglichkeiten	Mögliche Beobachtungen	Mögliche Fragen und Interpretationen
Bei dieser Aufgabenstellung geht es darum, dass das Kind verschiedene Striche zeichnet. Verschiedene Stifte stehen dem Kind zur freien Auswahl. Striche: - in verschiedene Richtungen (z.B. senkrecht, waagerecht, schräg) - in unterschiedlichen Längen, die frei gewählt oder vorgegeben sein können (Zielstriche (vorgegebener Anfangs- und Endpunkt)) - mit Richtungswechseln (sämtliche Kombinationen sowie Anzahl an Kombinationen sind möglich, z.B. senkrechte in waagerechte und/oder parallele Striche) - Das Ausführen von Strichen kann zunächst ohne Papier und Stift erfolgen, in dem die Kinder Armbewegungen (z.B. Auf- und Abbewegungen; seitliche Armbewegungen) in der Luft ausführen können (es können beispielsweise auch Gegenstände (z.B. Autos) eingesetzt werden, die in entsprechende Richtungen (Linien) fahren sollen. - Es können verschiedene Arbeitsblätter selbst erstellt oder aber ausgewählt werden, die das Ausführen von Strichen unterschiedlicher Art und Längen ermöglichen (z.B. Arbeitsblätter von Schäfer 2001)	- Das Kind zeigt mit seinen Armen z.B. Auf- und Abbewegungen, seitliche Armbewegungen... - Das Kind zieht Striche in folgende Richtungen...(z.B. von oben nach unten, von unten nach oben, von rechts nach links, von links nach rechts). - Das Kind zieht eine Linie von folgender Länge in einer Bewegung... - Das Kind zieht eine Linie mit einer (zwei, drei...) Richtungsänderung in einer Bewegung. - Das Kind setzt den Stift zwischendurch X mal ab. - Das Kind verbindet mit einem Strich zwei Punkte in einer Bewegung (mit X Unterbrechungen) in folgende Richtung X. - Das Kind hält den Stift wie folgt: Pinzettengriff, Faustgriff... - Das Kind hält den Stift an folgender Stelle fest...(z.B. an der Mine, in der Mitte). - Den Schreibarm hält das Kind beim Malen wie folgt: ...(z.B. Unterarm liegt auf dem Tisch, der Arm schwebt in der Luft, die Schulter ist hochgezogen). - Die Sitzhaltung des Kindes kann wie folgt beschrieben werden: ...(z.B. aufrechte Körperhaltung, Oberkörper	- Kann das Kind seine Arme in verschiedene Bewegungsrichtungen und -ebenen bewegen? - In welche Richtungen kann das Kind Striche ziehen? - Kann das Kind Linien unterschiedlicher Länge ziehen? - Wie lange Striche/Linien kann das Kind ziehen, ohne den Stift abzusetzen? - Mit welchem Stift (z.B. Breite und Größe des Stiftes) kann das Kind am besten zeichnen (Dominanz)? - Welchen Stift möchte das Kind zum zeichnen (Präferenz)? - Welche Richtungen kennt das Kind? - Kann das Kind eine Linie zwischen zwei Begrenzungslinien zeichnen? - Kann das Kind auf die Stellen zeigen, an denen es die Begrenzungslinien berührt hat? - Kann das Kind die Linienrichtung in der Bewegung wechseln? - Kann das Kind zwei

Bei dieser Aufgabenstellung geht es darum, dass das Kind verschiedene Punkte zeichnet. Punkte: - frei auf ein Blatt (oder ein anderes Material setzen) - in vorgegebene Flächen Punkte setzen (diese können in ihrer Größe variieren (z.b. ein Punkt in eine kleine Fläche oder ein Punkt in eine größere Fläche, zwei oder mehrere Punkte in eine markierte Fläche)	nach vorne gebeugt, Kopfhaltung, Füße auf dem Boden, Füße schwebend). - Die gezeichnete Linie des Kindes kann wie folgt beschrieben werden…(z.b. Dicke der Linie, runde/eckige Abweichungen). - Das Kind steuert die Bewegungsrichtung mit…(dem Handgelenk, dem Schreibarm, der Schulter), in dem es diese z.b. nach vorne oder nach hinten zieht.	Bewegungsrichtungen (z.B. auf und ab, seitlich) mehrmals hintereinander in einer Bewegung ausführen? - Kann das Kind einen Bewegungsfluss aufbauen und/oder aufrechterhalten? - Kann das Kind einen Gegenstand malen, in denen es verschiedene Grundbewegungen miteinander verbindet, z.b. Sonne (Kreis und Linien); Haus (Linien in verschiedene Richtungen; Dachziegel (Halbovale)?
Bei dieser Aufgabenstellung geht es darum, dass das Kind verschiedene Bögen, Kreise oder Ovale zeichnet. Bögen, Kreise, Ovale: - Bögen sollen gemalt werden (es kann beispielsweise den Kindern zunächst ein Bogen gezeigt werden. Gemeinsam kann dann überlegt werden, welche Gegenstände sie im Raum sehen, die auch einen Bogen in ihrer Form haben und/oder sie können frei überlegen, ob ihnen ein Gegenstand einfällt, der die Form eines Bogens hat (z.b. der Mond). Dies können sie anschließend aufmalen. - Zwei Bögen aneinander ergeben, je nach Ausführung, einen Kreis oder ein Oval. Diese können in unterschiedlichen Größen und Formen aufgemalt werden und/oder nachgezeichnet werden. - Kreise, Bögen und Ovale können in der Fortbewegung aufgemalt werden (z.B. Spiralen und/oder Achterschwünge)	- Das Kind zieht Striche und Linien in folgendem Tempo: … - Das Kind zeigt folgende mimische Mitbewegungen beim Malen: … (z.B. Zungenbewegungen, Augen aufgerissen). - Die Nichtschreibhand hält das Kind beim Malen in folgender Position: … (z.B. auf dem Blatt Papier, neben dem Blatt, auf dem Knie). - Das Kind zieht eine Linie zwischen zwei Begrenzungslinien von folgender Breite X in folgende Richtung Y ohne diese zu berühren. - Das Kind zieht eine Linie zwischen zwei Begrenzungslinien von folgender Breite X in folgende Richtung Y mit einer, zwei…Berührungen.	- Kann das Kind einen gezeigten und/oder gesagten Gegenstand auf dem Blatt räumlich korrekt nachzeichnen? - Wie ist die Finger-, Hand- und/oder Schultergelenkbeweglichkeit des Kindes? - Kann das Kind die Grundelemente der Schrift (nach)zeichnen? - Kann das Kind Muster vervollständigen? - Wie ist die Augen-Hand-Koordination des Kindes? - Welche Hand bevorzugt das Kind?
In der folgenden Aufgaben hat das Kind die Aufgabe Elemente der Schrift und Muster zu kombinieren: - das Zusammenfügen aller vorher genannten Elemente in unterschiedlicher Weise - es können die Elemente frei kombiniert werden (z.B. freies Malen) oder auch Gegenstände vorgegeben werden, die eine Kombination verschiedener Elemente beinhalten (z.B. Häuser, Kinder, Geräte auf dem Spielplatz) - es können auch (abstrakte) geometrische Formen abgemalt oder frei erfunden werden	- Das Kind setzt einen Punkt auf ein Blatt Papier. - Das Kind setzt einen Punkt in eine vorgegebene Fläche. - Das Kind setzt X Punkte hintereinander auf ein Blatt Papier. - Das Kind malt einen Kreis, wobei die Linie mit/ohne Berührung des Anfangspunktes endet. - Das Kind malt Kreise folgender Größe: … - Das Kind führt folgende Bewegung mehrmals hintereinander aus und bleibt dabei mit dem Stift auf dem Blatt Papier (z.B. Auf- und Abbewegungen, Spirale). - Das Kind hält das Blatt in einer Position beim Malen. - Das Kind dreht das Blatt beim Malen nach rechts/links.	

Bewegung

Abb.: Auto (gezeichnet von David Möller, Dortmund)

Die Zeichnung des Autos beinhaltet eine Kombination von einzelnen Elementen der Schrift, z.B.:
- Reifen = Kreise in unterschiedlichen Größen
- Radkappen = Zielstriche mit Richtungswechsel
- Fenster = Sechseck
- Motorhaube = Halboval
- ...

Abb.: Landschaft mit (Spar-)Schwein (gezeichnet von Daniel Möller, Dortmund)

Die Zeichnung der Landschaft beinhaltet eine Kombination von einzelnen Elementen der Schrift, z.B.:
- Blumen/Wiese = Punkte
- Zaun = Parallelstriche und Zickzacklinien
- Gartenpforte = Zielstriche in unterschiedliche Richtungen
- Tiere im Hintergrund = spiralartige Bogen
- Haus = verschieden große Vierecke
- ...

Krabbelkäfer
(Christina Reichenbach & Christina Lücking)

Angesprochene Entwicklungsbereiche und deren Schwerpunkte:	**Bewegung**: Graphomotorik (Grundbewegungen der Schrift: Linien, Kurven, Auf- und Abbewegungen, Raumgestaltung), Finger- und Handgelenkigkeit, Kraft, Rhythmus, Fluss, Feinmotorik **Wahrnehmung:** Raum-Lage, visuelle Wahrnehmung (räumliche Beziehungen, Augen-Hand-Koordination, Nachzeichnen) **Kognition**: Aufgabenverständnis, Aufmerksamkeit, Handlungsplanung
Material:	Papier und Stift, evtl. andere Materialien, z.b. Sand, Fingerfarbe zum Krabbeln
Setting: Gruppen- und/oder Einzelsituation:	E + G
Ursprung der Aufgabe:	Schäfer

Aufgabenstellung mit Differenzierungsmöglichkeiten	Mögliche Beobachtungen	Mögliche Fragen und Interpretationen
Die Aufgabe besteht darin, dass das Kind verschiedene Grundbewegungen der Schrift zunächst in freien Bewegungen und anschließend auf dem Blatt ausführt. Jede Hand stellt einen Krabbelkäfer dar (die Finger sind die Beinchen des Käfers). Welche Raumrichtungen und Raumebenen gibt es, die ein Krabbelkäfer gehen kann? Die Ideensammlung kann durch das Kind oder die Pädagogin erfolgen. Die Pädagogin gibt einen Weg des Krabbelkäfers vor; das Kind macht mit den Händen den vorgegebenen Weg des Käfers nach: Der Krabbelkäfer zappelt auf der Stelle, er krabbelt vorwärts (bis Punkt X), rückwärts (bis Punkt Y), nach rechts, nach links, im Kreis,... (Das Tempo und die Anzahl der Richtungswechsel kann variiert werden.) Das Kind gibt verschiedene Raumrichtungen und/oder Raumebenen vor, auf welcher Ebene bzw. in welche Richtung der Käfer frei in der Luft oder auf dem Tisch krabbelt. Ein Kind macht eine Raumrichtung vor, in die der Käfer krabbelt. Die anderen Kinder benennen, in welche Richtung der Käfer gekrabbelt ist. Die Anzahl der Richtungen kann variiert werden.	- Das Kind bewegt folgende Finger der rechten und/ oder der linken Hand: ... - Die Fingerbeweglichkeit kann wie folgt beschrieben werden... (z.B. gleichmäßig, mit Unterbrechungen, fließend,...). - Das Kind führt die Bewegungen mit der rechten und/oder der linken Hand wie folgt aus.... (z.B. nacheinander, gleichzeitig,...). - Das Kind benennt selbständig folgende Raumrichtungen (z.B. vorwärts, seitlich, rechts, links) und Raumebenen (z.B. oben, unten). - Das Kind führt folgende vorgegebene Richtungen mit den Händen in der Luft und/oder frei auf dem Tisch aus: ... - Das Kind führt folgende Richtungswechsel aus:	- Sind dem Kind Raumrichtungen und Raumebenen bekannt? Welche? - Kann das Kind Raumrichtungen und/oder Raumebenen entsprechenden Bewegungen zuordnen? Welche? - Welche vorgemachten Bewegungsrichtungen kann das Kind nachmachen? - Kann das Kind die Finger der rechten und/oder der linken Hand über einen Zeitraum von 10 Sekunden durchgehend zielgerichtet bewegen? - Welche Bewegungsrichtungen kann das Kind mit dem Stift auf das Papier zeichnen? - Kann das Kind sowohl kleinräumige als auch großräumige Bewegungen in der

Bewegung

Ein Käfer krabbelt auf dem Rücken eines Kindes, bei STOPP soll das Kind beschreiben, welchen Weg der Krabbelkäfer gekrabbelt ist. Die Anzahl der Richtungen kann variieren und/oder vorgegeben werden.	… - Das Kind zeichnet folgende gesehene und/oder beschriebene Bewegungsrichtungen mit dem Stift nach: …	Luft und/oder auf dem Papier ausführen? - Bei welchen Bewegungsrichtungen fällt es dem Kind noch schwer?
Ein Krabbelkäfer bewegt sich auf dem Tisch. Ein anderes Kind versucht die Bewegungsrichtungen des Krabbelkäfers auf einem Blatt Papier festzuhalten. Die Anzahl der Richtungen, der Richtungswechsel sowie das Tempo können vorgegeben werden.	- Das Bewegungsausmaß des Kindes kann wie folgt beschrieben werden: … (z.B. großräumig, kleinräumig).	- Kann das Kind ohne den Stift abzusetzen eine vorgegebene Bewegungsrichtung auf das Blatt malen? - Bei welchen Bewegungsrichtungen sind Unterbrechungen? - Welche Hand bevorzugt das Kind? - Wie ist die Augen-Hand-Koordination des Kindes?
Anschließend geht der Krabbelkäfer auf dem Tisch die Richtung, die auf dem Blatt Papier gezeichnet wurde.	- Das Kind gibt folgenden beschriebenen Weg des Käfers wieder und/oder zeichnet ihn auf: …	
Die Pädagogin oder ein Kind beschreiben den Weg, den der Krabbelkäfer geht. Die anderen Kinder zeichnen den beschriebenen Weg des Käfers nach.	- Das Kind führt folgende Bewegungsrichtungen mit dem Stift (nicht) aus…	
Ein Kind beschreibt einen Weg des Käfers in dem Raum, in dem sich alle Kinder befinden. Die Kinder versuchen den Weg des Käfers nachzuvollziehen und anschließend wiederzugeben, wo der Käfer sich im Raum befindet (z.B. der Käfer krabbelt von der Tür in Richtung Fenster, in der Mitte macht er eine halbe Drehung nach rechts…).	- Beim Aufzeichnen der beschriebenen Krabbelrichtungen des Käfers sind folgende Haltungen beobachtbar… (z.B. Handgelenkstellung, Armhaltung, Position der Nicht-Schreibhand, Kopfhaltung).	
Ein Kind überlegt sich eine geometrische Figur. Es beschreibt einem anderen Kind die Bewegungsrichtungen, die es auf ein Blatt Papier malen soll. Anschließend versucht das malende Kind zu erkennen, welche geometrische Figur es abgebildet hat.		

95

Linien (nach-)zeichnen
(Christina Lücking & Christina Reichenbach)

Angesprochene Entwicklungsbereiche und deren Schwerpunkte:	**Bewegung:** Graphomotorik, Augen-Hand-Koordination, Finger-, Hand- und Schultergelenkigkeit, Feinmotorik, Kraft, Tempo **Wahrnehmung:** visuell (Raum-Lage, räumliche Beziehungen), taktil-kinästhetisch, Raum-Zeit (Raumvorstellung) **Kognition:** Aufgabenverständnis, Aufmerksamkeit, Handlungsplanung
Material:	Papier, Stift, Arbeitsblätter
Setting: Gruppen- und/oder Einzelsituation:	E + G
Ursprung der Aufgabe:	BfdS, DMB, DTVP-2, KEV, LVS, MSD, Oseretzky, Schäfer

Aufgabenstellung mit Differenzierungsmöglichkeiten	Mögliche Beobachtungen	Mögliche Fragen und Interpretationen
Die Aufgabe besteht darin, verschiedene Linien auf einem Blatt Papier mit dem Stift nachzuzeichnen und/oder wiederzugeben. Die Linien können beispielsweise in ihren Längen, Richtungen sowie Anzahl an Richtungsänderungen variieren.	- Das Kind setzt den Stift am markierten Anfangspunkt an. - Das Kind endet mit dem Stift am markierten Endpunkt. - Die Linie des Kindes ist…(z.B. gradlinig, kurvig, zackig). - Das Kind schaut, während es die Linie zeichnet, durchgehend auf das Blatt. - Das Kind führt den Stift in einer Bewegung über folgende Länge: … - Das Kind zieht eine Linie in folgende Richtungen… (z.B. von oben nach unten). - Das Kind ändert die Linienrichtung an entsprechend markierten Punkten (nicht). - Das Kind führt folgende Richtungswechsel aus: … (z.B. von waagerecht in senkrecht). - Bei Richtungsänderung dreht das Kind das Blatt wie folgt: … - Das Kind zieht eine Linie zwischen zwei Begrenzungslinien von folgender Breite…und bleibt dabei in der Mitte der Begrenzungslinien. - Das Kind berührt Begrenzungslinien. - Das Kind überfährt Begrenzungslinien. - Das Kind zeigt auf die Stellen, an denen es die Begrenzungslinien berührt hat.	- Kann das Kind Zielstriche in verschiedene Richtungen ausführen? In welche Richtungen? - Kann das Kind den Zielpunkt durchgehend während der Linienzeichnung im Blick behalten? - Kann das Kind Zielstriche über unterschiedliche Längen ziehen? Welche Längen sind möglich und welche noch nicht? - Kann das Kind die Richtung beim Ziehen einer Linie ändern? In welche Richtungen? - Kann das Kind den Weg einer abgebildeten Linie mit dem Stift nachfahren? - Kann das Kind eine Linie zwischen zwei Begrenzungslinien ziehen? - Kann das Kind einen angemessenen Krafteinsatz entwickeln und
Das Kind zeichnet eine Linie auf einem Blatt Papier parallel neben eine Vorlage. Der Abstand zu der Linie kann individuell variiert werden sowie die Länge der abgebildeten Linien.		
Auf einem Blatt Papier fährt das Kind einen markierten Weg von seinem Anfangs- bis zu seinem Endpunkt mit einem Stift nach. Die Abstände der Linien, die Länge der Linien sowie die Richtungen und die Anzahl der Richtungsänderungen können variieren. Das Kind versucht, möglichst in der Mitte des Weges seine Linie zu zeichnen.		
Auf einem Blatt Papier ist ein markierter Weg abgebildet. Das Kind versucht in diesen Weg ein vorgegebenes Muster zu zeichnen (z.B. Zick-Zacklinien). Es können mehrere Wege auf einem Blatt Papier markiert sein, die jeweils mit einem anderen Muster gefüllt werden sollen. Die Breite und die Länge des Weges können variieren sowie die Komplexität der Muster (z.B. eine Linienbewegung oder zwei, drei, die sich überschneiden).		

Auf einem Blatt Papier ist ein Labyrinth abgebildet. Das Kind versucht, den Weg zu finden, der aus dem Labyrinth herausführt. Möglichst sollte der Stift während des Zeichnens nicht abgesetzt werden. Die Anzahl der Wege, der Abstand zwischen den Wegen und die Breite der Wege können variieren.	- Die Stifthaltung des Kindes kann wie folgt beschrieben werden: …(z.B. Krafteinsatz beim Halten des Stiftes und Druck des Stiftes auf das Blatt Papier). - Die Stiftführung kann wie folgt beschrieben werden…(z.B. gleichmäßiges Tempo, abgehackt, einschießende Bewegungen).	aufrechterhalten? - Kann das Kind einen Schreibrhythmus entwickeln und aufrechterhalten?

Bewegung

Bewegung

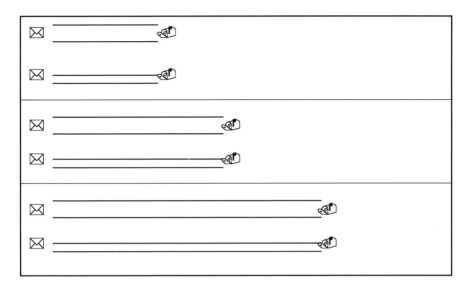
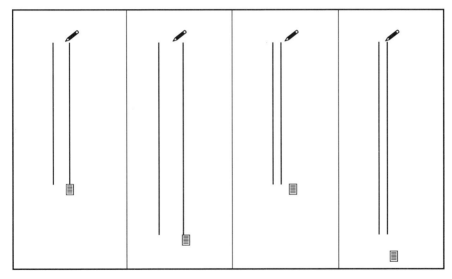

Bewegung

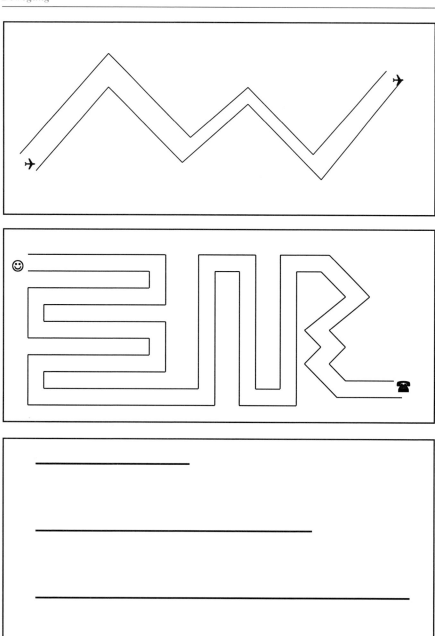

Bewegung

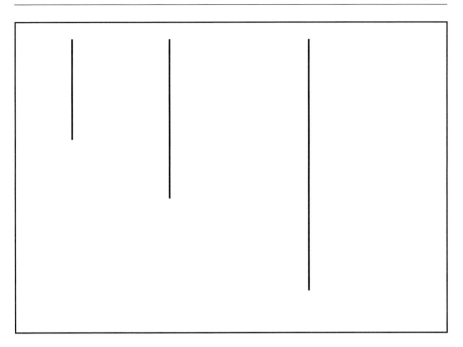

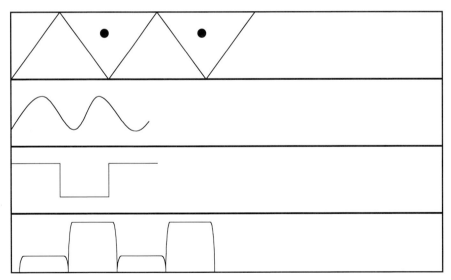

Bewegung

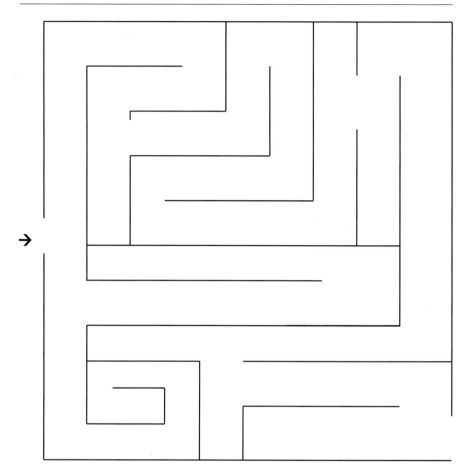

Bewegung

Wissen vom und Zeichnung des eigenen Körpers
(Christina Lücking & Christina Reichenbach)

Angesprochene Entwicklungsbereiche und deren Schwerpunkte:	**Bewegung**: Augen-Hand-Koordination, Finger-, Hand- und Schultergelenkigkeit, Graphomotorik **Wahrnehmung**: visuell (räumliche Beziehungen, Nachzeichnen, Raumvorstellung), Raum-Lage, taktil-kinästhetisch (Körperorientierung) **Kognition**: Gedächtnis, Wissen **Sozial-emotionaler Bereich**: Selbstkonzept
Material:	Papier, Stift, evtl. Fingerfarbe, evtl. Tapetenrolle, evtl. Seile
Setting: Gruppen- und/oder Einzelsituation:	E + G
Ursprung der Aufgabe:	DESK, ED, Ledl, SKI, WTA

Aufgabenstellung mit Differenzierungsmöglichkeiten	Mögliche Beobachtungen	Mögliche Fragen und Interpretationen
Thematisierung von Köperteilen: was gibt es für Körperteile und wie heißen diese? Das Kind nennt die Körperteile, die es kennt.	- Das Kind benennt folgende Körperteile…	- Verfügt das Kind über ein globales/ differenziertes Körperwissen?
Dem Kind können Körperteile benannt werden, auf die es zeigen soll.	- Das Kind zeigt auf folgende benannte Körperteile…	- Welche Körperteile kennt das Kind?
Thematisierung von Bau und Struktur des eigenen Körpers: Hierbei geht es um Fragen, die sich auf die Lage einzelner Körperteile am Körper beziehen. Z.B.: Was ist ganz oben an deinem Körper? Wo befinden sich die Augen? Was ist zwischen deinen Augen…?	- Das Kind äußert folgende räumliche Lagen von einzelnen Körperteilen am eigenen Körper…	- Kann das Kind sich global/ differenziert räumlich am eigenen Körper orientieren?
Dem Kind können Fragen gestellt werden, die sich auf die Funktion einzelner Körperteile beziehen. Zum Beispiel: Wozu hast du Arme? Was kannst du mit deinen Händen machen? …	- Das Kind zeichnet folgende Körperteile (nicht) bei der Selbstzeichnung…	- Kennt das Kind das Ausmaß und die Grenzen einzelner Körperteile?
Mit dem Kind werden Abdrücke von seinen Händen, seinen Füßen etc. mit Fingerfarbe gemacht. Anschließend kann das Kind beschreiben, wodurch sich der Körperteil kennzeichnet.	- Das Kind geht beim Malen wie folgt vor…(z.B. betrachtet sich; malt zügig, wirkt gleichgültig, ist zufrieden, korrigiert die Zeichnung).	- Weiß das Kind um Aufbau und Struktur des eigenen Körpers?
Der Körperumriss des Kindes wird umrandet (z.B. auf Tapete). Anschließend kann das Kind gefragt werden, wo welcher Körperteil auf dem Bild zu sehen ist. Das Kind kann außerdem seinen Umriss ausmalen.	- Das Kind malt folgende Körperteile an folgende Stelle… (z.B. Arme jeweils seitlich an die Schultern).	- Kann das Kind sein geäußertes und/oder dargestelltes Wissen abbilden?
Sind mehrere Kinder in der Situation, so können die einzelnen Kinder versuchen, sich in einen anderen Körperumriss zu lesen.	- Das Kind schätzt die körperlichen Maße und Grenzen wie folgt ein…(z.B. von wo bis wo geht ein Körperteil).	
Das Spiel kann auch mit Seilen gespielt werden.	- Das Kind zeichnet die Länge einzelner Körperteile wie folgt…	
Das Kind malt verschiedene Körperteile ab, zum Beispiel durch Umranden oder von einem Bild.	- Das Kind zeichnet folgende Details bei seiner Selbstzeichnung… (z.B. Farbe der Hose, Länge des T-Shirts, Zeichnung auf dem T-Shirt).	
Das Kind malt ein Bild von sich selbst auf einem A4-Blatt. Das Kind kann, wenn es mag, sagen, welche Körperteile es besonders und welche weniger gern mag.		

<u>Anmerkung</u>: Wenn mit einem Kind gezeichnet wird, wird empfohlen dem Kind zuvor zu sagen, dass es die Zeichnung nach der Stunde mitnehmen kann.

Bewegung

Schneebälle für Große und Kleine
(Christina Lücking & Christina Reichenbach)

Angesprochene Entwicklungsbereiche und deren Schwerpunkte:	**Bewegung:** Feinmotorik, Kraft, Tempo, Fingerbeweglichkeit, Augen-Hand-Koordination **Kognition:** Aufmerksamkeit, Handlungsplanung
Material:	Zeitungspapier und/oder anderes Papier
Setting: Gruppen- und/oder Einzelsituation:	E + G
Ursprung der Aufgabe und einzelner Varianten:	DESK, Oseretzky, Schäfer

Aufgabenstellung mit Differenzierungsmöglichkeiten	Mögliche Beobachtungen	Mögliche Fragen und Interpretationen
Jedes Kind erhält zwei Stücke Zeitungspapier. Auf ein Signal hin versucht jedes Kind, so schnell es geht jeweils ein Stück Zeitungspapier mit der rechten und mit der linken Hand zusammen zu knüddeln. Das Kind knüddelt erst mit der rechten und anschließend mit der linken Hand so schnell es geht ein Stück Zeitungspapier in der Hand zu einem Ball zusammen. Gleichzeitig wird versucht sowohl mit der rechten als auch mit der linken Hand ein Stück Zeitungspapier zu einem Schneeball zusammen zuknüddeln. Anschließend kann eine Schneeballschlacht mit den geformten Bällen durchgeführt werden. Weiterhin kann ein Zielwerfen mit den Schneebällen (z.B. in einen Mülleimer, in einen Reifen, in eine Ecke) initiiert werden. Die Größe des Ziels kann variiert werden.	- Das Kind knüddelt mit der rechten Hand oder der linken Hand ein Stück Zeitungspapier zusammen. - Das Kind knüddelt gleichzeitig mit der rechten und der linken Hand ein Stück Zeitungspapier zusammen. - Beim Zusammenknüddeln eines Zeitungspapiers mit der rechten und/oder der linken Hand sind folgende Mitbewegungen beobachtbar: ... (Mimik: z.B. Lippen aufeinander pressen, Augen und/oder Mund aufgerissen; Körperhaltung: z.B. nach vorne neigen, andere Hand bewegt sich ohne Papier mit...). - Das Kind knüddelt Zeitungspapier folgender	- Kann das Kind ein Stück Zeitungspapier zu einem Schneeball zusammen knüddeln? - Wie ist die feinmotorische Geschicklichkeit? - Kann das Kind simultan (gleichzeitig) mit der rechten und der linken Hand ein Stück Zeitungspapier zusammen knüddeln? - Kann das Kind unterschiedlich große Stücke aus einem Stück Zeitungspapier abreißen? - Kann das Kind ein Stück Zeitungspapier in vorgegebene Zeitungsschnipsel reißen?

Bewegung

Das Kind stellt Schneebälle für verschiedene Tiere her. Welche Tiere brauchen welche Größe von Schneebällen? Das Zeitungspapier wird dann in entsprechende Stücke gerissen (z.B. Schnipsel für Schneebälle für Ameisen, mehrere Zeitungsblätter für Elefanten). Es können auch andere Papiere mit unterschiedlicher Dicke verwendet bzw. angeboten werden. Die angefertigten Schneebälle werden auf eine Linie gelegt. Das Kind versucht die Schneebälle möglichst weit fliegen zu lassen. Das Kind kann beim Werfen verschiedene Techniken erproben (z.B. schnipsen, Handinnenfläche, Handaußenfläche). Das Kind kann versuchen, die Schneebälle möglichst nah an ein vorgegebenes Ziel zu schnipsen, zu stoßen… (z.B. ein Radiergummi auf dem Tisch oder auf dem Boden) Die Weite und die Größe des Ziels kann variiert werden.	Größe…mit der rechten und/oder der linken Hand zu einem Schneeball. - Das Kind zerreißt ein Stück Zeitungspapier in folgende Größen: … - Das Kind zerreißt das Papier … (z.B. linear/ordentlich, kreuz und quer/Zufall). - Das Kind reißt mit folgender Hand…das Papier in einzelne Stücke. - Das Kind setzt folgende Finger der rechten und/oder der linken Hand zum wegschnipsen der Schneebälle ein: … - Das Kind bewegt folgende Finger der rechten und/oder der linken Hand flexibel: … - Das Kind variiert die Flugweite eines Schneeballs folgender Größe…selbständig.	- Kann das Kind einzelne Finger flexibel bewegen? - Kann das Kind seine Fingerkraft selbständig variieren? - Kann das Kind seine Fingerkraft gezielt dosieren? (Kraft) - Kann das Kind präzise schnipsen? - Wie ist die Feinmotorik? - Wie ist das Tempo der Bewegungsausführung? - Kann das Kind den Handlungsablauf planen? - Welche Techniken kann das Kind? - Welche Techniken nimmt sich das Kind an?
Die von dem Kind angefertigten Schnellbälle schmelzen nach einiger Zeit: das Kind drückt die Schneebälle mit der Hand und/oder einzelnen Fingern platt. Alternativ kann das Kind das zusammen geknüddelte Papier wieder auseinander falten, möglichst ohne, dass das Papier dabei reißt.	- Das Kind wirft den Ball gleich/unterschiedlich weit. - Das Kind verbalisiert seine Techniken des Werfens. - Das Kind drückt mit folgenden Fingern … und/oder der re/li Hand einen Schneeball folgender Größe platt. - Das Kind faltet einen Schneeball folgender Größe… so auseinander, dass das Papier ganz bleibt. - Der zerknüddelte Schneeball weist folgende Dichte auf…(z.B. locker, luftig, hart).	

Bewegung

Aufwickeln, Abwickeln und Auffädeln
(Christina Lücking & Christina Reichenbach)

Angesprochene Entwicklungsbereiche und deren Schwerpunkte:	**Bewegung:** Feinmotorik, Finger-, Hand- und Schultergelenkbeweglichkeit, Tempo **Wahrnehmung:** visuell (Augen-Hand-Koordination, visuomotorische Geschwindigkeit), Raum-Zeit (Raum-Koordination), taktil-kinästhetisch (Bewegungsplanung, Körperorientierung)
Material:	Perlen, Knöpfe oder Ähnliches in unterschiedlichen Größen und Formen, Bindfaden (evtl. unterschiedlicher Länge und Stärke)
Setting: Gruppen- und/oder Einzelsituation:	E + G
Ursprung der Aufgabe:	ET 6-6, Oseretzky

Aufgabenstellung mit Differenzierungsmöglichkeiten	Mögliche Beobachtungen	Mögliche Fragen und Interpretationen
Ein Faden (z.B. Wolle, Toilettenpapierrolle) wird vom Kind auf- und/oder abgewickelt. Der Faden kann dabei mit der rechten und/oder der linken Hand, nacheinander/abwechselnd/gleichzeitig auf- und/oder abgewickelt werden. Das Wickeln kann im Stehen oder in der Bewegung erfolgen. Das Auf- und/oder Abwickeln kann mit dem gleichzeitigen Überqueren von Hindernissen (z.B. über den Tisch klettern, unter dem Tisch her kriechen) kombiniert werden. Bestimmte Kleinmaterialien (z.B. Knöpfe, Kugeln) werden vom Kind auf einen Faden und/oder Stab und/oder Nagel aufgefädelt. Die Anforderung kann insofern variiert werden, dass Löcher in unterschiedlicher Größe angeboten werden. Das Kind kann dabei zunächst von der Pädagogin unterstützt werden, in dem diese den Stab oder den Faden hält und somit stabilisiert. Die Gegenstände können mit der rechten und der linken Hand nacheinander und/oder gleichzeitig und/oder abwechselnd aufgefädelt werden. Bestimmte Kleinmaterialien (z.B. Knöpfe, Kugeln) werden vom Kind auf einen Faden und/oder Stab und/oder Nagel selbstständig aufgefädelt.	- Das Kind greift den Faden mit der rechten/linken Hand… - Das Kind hält einen Faden wie folgt fest: … (z.B. Pinzettengriff; Faustgriff). - Das Kind wickelt den Faden mit der rechten/linken Hand… - Das Kind wickelt den Faden mittig auf. - Das Kind rutscht beim Aufwickeln/Auffädeln von der (z.B.) Spule ab. - Das Kind schaut beim Aufwickeln/Abwickeln/Auffädeln (nicht) auf das (z.B.) Wollknäuel. - Das Kind wickelt in einem gleichmäßigen Bewegungstempo den Faden von einer Spule ab/auf. - Das Kind führt X sec./ min. die Bewegung gleichmäßig aus. - Das Kind wickelt sowohl mit der rechten als auch mit der linken Hand einen Faden von einer Spule ab und/oder auf. - Das Kind steckt eine Kugel mit der rechten/linken Hand auf den Gegenstand X. - Das Kind greift mit der rechten und der linken Hand gleichzeitig nach jeweils einer Kugel.	- Welche Hand ist die Vorzugshand (Präferenz) beim Wickeln und/oder beim Auffädeln? - Kann das Kind den Pinzettengriff? - Kann das Kind den Faden mittig auffädeln? - Kann das Kind eine gleichmäßige Bewegung ausführen? - Über welchen Zeitraum kann das Kind eine Bewegung gleichmäßig ausführen? - Wie ist die Augen-Hand-Koordination des Kindes? - Wickelt das Kind den Faden zügig auf? - Kann das Kind simultane Bewegungen ausführen?

Bewegung

Streichhölzer in eine Schachtel legen
(Christina Lücking & Christina Reichenbach)

Angesprochene Entwicklungsbereiche und deren Schwerpunkte:	**Bewegung:** Feinmotorik, Finger- und Handgelenkbeweglichkeit, Kraft, Rhythmus, Tempo **Wahrnehmung:** visuell (Augen-Hand-Koordination, visuomotorische Geschwindigkeit), Raum-Zeit, taktil-kinästhetisch (Raumkoordination, Bewegungsplanung) **Kognition:** Aufmerksamkeit
Material:	Schachtel, Stäbchen/Streichhölzer
Setting: Gruppen- und/oder Einzelsituation:	E + G
Ursprung der Aufgabe:	MOT 4-6, Oseretzky

Aufgabenstellung mit Differenzierungsmöglichkeiten	Mögliche Beobachtungen	Mögliche Fragen und Interpretationen
Eine gleiche Anzahl an Streichhölzern liegt rechts und links neben einer Streichholzschachtel. Diese werden auf ein Zeichen hin von dem Kind mit einer Hand in die Schachtel gelegt. Das Kind greift anschließend mit der anderen Hand die Streichhölzer und legt sie in die Schachtel. Das Kind greift abwechselnd mit der einen und dann mit der anderen Hand ein Streichholz und legt es in die Schachtel. Das Kind greift gleichzeitig mit der rechten und der linken Hand jeweils ein Streichholz und legt sie gleichzeitig in die Schachtel ab. Das Kind greift mit der rechten Hand ein Streichholz, welches links neben der Schachtel liegt und legt es in die Schachtel. Anschließend das Gleiche andersherum.	- Das Kind greift zuerst mit folgender Hand nach dem Streichholz: ... - Das Kind greift das Streichholz wie folgt: ...(zwischen welchen Fingern). - Das Kind nutzt den Pinzettengriff. - Das Kind greift neben das Streichholz. - Dem Kind rutscht das Streichholz beim Anheben aus den Fingern. - Das Kind greift simultan jeweils ein Streichholz. - Das Kind greift simultan jeweils ein Streichholz und legt diesen simultan ab. - Das Kind legt die Streichhölzer simultan ab. - Das Kind greift über die Körpermitte von rechts nach links und nimmt jeweils ein Streichholz auf. - Das Kind greift über die Körpermitte von links nach rechts und nimmt jeweils ein Streichholz auf.	- Welches ist die Vorzugshand (Präferenz)? - Welches ist die scheinbar bessere bzw. leistungsstärkere Hand des Kindes (Dominanz)? - Kann das Kind den Pinzettengriff? - Kann das Kind die Streichhölzer jeweils festhalten? - Kann das Kind simultane Bewegungen mit den Händen ausführen? - Kann das Kind die Körpermitte überkreuzen?

Bewegung

Schneiden
(Christina Lücking & Christina Reichenbach)

Angesprochene Entwicklungsbereiche und deren Schwerpunkte:	**Bewegung**: Augen-Hand-Koordination, Feinmotorik, Fingergelenkigkeit, Rhythmus, Tempo **Wahrnehmung**: visuell (Raum-Lage), taktil-kinästhetisch (Bewegungsplanung)
Material:	Links- oder Rechtshänderschere, Papier, Arbeitsblatt
Setting: Gruppen- und/oder Einzelsituation:	E + G
Ursprung der Aufgabe:	DESK, DMB, ET 6-6, KEV, LVS

Aufgabenstellung mit Differenzierungsmöglichkeiten	Mögliche Beobachtungen	Mögliche Fragen und Interpretationen
Das Kind schneidet mit einer Schere in ein Blatt Papier und/oder andere Materialien. Das Kind versucht, an einer Linie entlang zu schneiden. Die Linie kann in ihrer Länge variieren. Das Kind schneidet an einer Linie entlang, welche einmal und/oder mehrmals die Richtung ändert (z.B. waagerecht in senkrecht). Das Kind schneidet an einer Linie entlang, die eine und/oder mehrere Rundungen beinhaltet. Das Kind schneidet innerhalb zweier Begrenzungslinien entlang, möglichst ohne die Begrenzungslinien zu berühren (der Abstand zwischen den beiden Begrenzungslinien kann variiert werden).	- Das Kind hält die Schere in folgender Hand...und mit folgenden Fingern: ... - Das Kind schneidet an einer Linie entlang. - Das Kind schaut beim Schneiden durchgehend (nicht) auf die Linie. - Das Kind schneidet an einer Linie mit Richtungsänderungen (Wellen, Kurven) entlang. - Das Kind schneidet wie folgt an einer Linie entlang... (z.B. gradlinig, kurvig, zackig, mit kleinen/großen Schnitten). - Das Kind schneidet eine Linie (mit oder ohne Richtungsänderung) zwischen zwei Begrenzungslinien und bleibt mittig (berührt die Linien). - Das Kind schneidet in einem durch oder setzt mehrfach zum Schneiden an. - Die Körperhaltung beim Schneiden kann wie folgt beschrieben werden...(z.B. Sitzhaltung (z.B. Kopfposition, Lage des Oberkörpers); Schneidevorgang (z.B. hält Blatt mit der Hand X in der Luft (auf dem Tisch) fest; hält das Blatt X cm vom Kopf entfernt; Armhaltung).	- Kann das Kind an einer Linie entlang schneiden? An welcher und in welcher Länge? - Kann das Kind an einer Linie mit Richtungsänderungen entlang schneiden? - Welche Richtungsänderungen sind dem Kind möglich? - Kann das Kind zwischen zwei Begrenzungslinien schneiden? - Erkennt das Kind, wo es die Begrenzungslinien berührt bzw. überschnitten hat? - Kann das Kind in einem durchschneiden? - Kann das Kind seinen Krafteinsatz beim Schneiden regulieren (z.B. Muskelkraft in den Fingern, der Hand und im Arm)? - Kann das Kind eine angemessene Beweglichkeit in den Fingern entwickeln und/oder aufrechterhalten?

Bewegung

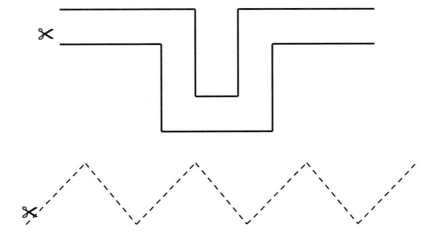

Spiele mit dem Luftballon
(Christina Reichenbach & Christina Lücking)

Angesprochene Entwicklungsbereiche und deren Schwerpunkte:	**Bewegung**: Graphomotorik, Feinmotorik, Finger- und Handgelenkigkeit, Kraft **Wahrnehmung**: visuell (Augen-Hand-Koordination, Raum-Lage, räumliche Beziehungen), taktil-kinästhetisch (Bewegungsplanung)
Material:	Luftballons, Kleinmaterialien (Murmeln, Sand, Perlen...)
Setting: Gruppen- und/oder Einzelsituation:	E + G
Ursprung der Aufgabe:	Schäfer

Aufgabenstellung mit Differenzierungsmöglichkeiten	Mögliche Beobachtungen	Mögliche Fragen und Interpretationen
Das Kind kann einen Luftballon aufpusten und dann versuchen, ihn selbständig zuzuknoten.	- Das Kind pustet einen Luftballon selbständig oder mit Hilfe auf.	- Kann das Kind eine Fingerkraft entwickeln und/oder aufrechterhalten, so dass die Luft in einem mit der Hand (Fingern) gehaltenen Luftballon bleibt? Wenn ja, mit welchen Fingern und über welche Dauer?
Das Kind kann den Luftballon bemalen (z.B. ein Gesicht, den eigenen Namen) oder bekleben (z.B. mit Kleister und Zeitungsschnipseln).	- Das Kind hält einen aufgepusteten Luftballon mit den Fingern zu, so dass die Luft im Luftballon bleibt.	
Es können verschiedene Gegenstände (z.B. Murmeln, Kieselsteine, Sand) von dem Kind in den Luftballon gefüllt werden, bevor dieser aufgepustet wird.	- Das Kind lässt auf Zuruf Luft aus dem Luftballon und hält diesen dabei weiterhin fest.	
Das Kind kann versuchen, den eigenen Luftballon möglichst lange in der Luft zu halten, möglichst ohne ihn festzuhalten (dies ist durchaus auch mit dem gefüllten Luftballon möglich).	- Das Kind knotet ohne/mit Hilfe den Luftballon zu. - Das Kind füllt den Luftballon mit: ... - Das Kind zeigt dabei folgendes Vorgehen...(z.B. hält in der re/lie Hand den Gegenstand und mit der anderen Hand den Luftballon; ein anderes Kind hält den Luftballon und das Kind füllt Gegenstände mit der re/li Hand oder beiden Händen den Luftballon).	- Kann das Kind seine Fingerkraft dosieren, in dem es Luft gezielt entweichen lassen kann als auch wieder im Luftballon bleiben kann?
Die Kinder (zwei oder mehrere) können gemeinsam versuchen einen Luftballon so lang wie möglich frei oder mit einem vorher festgelegten Körperteil in der Luft zu halten.		- Kann das Kind Gegenstände in einen nicht aufgepusteten Luftballon füllen? Wenn ja, welche und wie geht es dabei vor? Wenn nein, unter welchen Bedingungen und/oder Hilfestellungen gelingt es dem Kind?
Das Kind kann versuchen, den Luftballon auf verschiedenen Fingern zu balancieren, z.B. über eine vorgegebene Strecke, frei im Raum, über Hindernisse (z.B. Tisch).	- Das Kind hält mit einem Finger und/oder einer Hand über eine Zeitdauer von X sec. (einer Strecke von...) durchgehend Kontakt zu dem Luftballon.	
Aus den gefüllten Luftballons mit Sand können verschiedene Gegenstände und Formen modelliert werden. Dies kann auch in Partnerarbeit geschehen, z.B. jeweils die rechten Hände zweier Kinder sollen versuchen einen Schneemann zu formen.	- Das Kind modelliert einen gefüllten Luftballon und zeigt dabei folgende Hand- und Fingerbewegungen (z.B. mit der Handfläche auf den Ballon schlagen; mit beiden Händen gleichzeitig von rechts und links den gefüllten Sand zusammenpressen; mit dem Finger ein Loch formen).	- Kann das Kind mit den Fingern und/oder der Hand einen gefüllten Luftballon modellieren? Wenn ja, wie und welche Körperteile nutzt es?
Zwei Kinder können einen Luftballon zwischen zwei Körperteilen einklemmen und so versuchen sich fortzubewegen (z.B. in unterschiedlichen Fortbewegungsmöglichkeiten, über Gegenstände, zu Musik).		- Kann das Kind einen gefüllten Luftballon nach einer Vorlage modellieren, z.B. eine Pizza (Kreis)?

Zehenspitzen-/Fersengang und -stand
(Christina Reichenbach & Christina Lücking)

Angesprochene Entwicklungsbereiche und deren Schwerpunkte:	**Bewegung:** Gleichgewicht, Kraft, Gesamtkörperkoordination, Grobmotorik, Ausdauer
Material:	
Setting: Gruppen- und/oder Einzelsituation:	E + G
Ursprung der Aufgabe:	DESK, DMB, ET 6-6, Ledl, LVS, Oseretzky

Aufgabenstellung mit Differenzierungsmöglichkeiten	Mögliche Beobachtungen	Mögliche Fragen und Interpretationen
Das Kind versucht, sich auf Zehenspitzen und auf den Fersen durch den Raum zu bewegen. Dabei kann es eine vorgegebene Strecke in verschiedenen Tempi gehen.	- Das Kind geht auf Zehenspitzen und/oder im Fersengang durch den Raum.	- Kann das Kind auf Zehenspitzen gehen? - Kann das Kind auf den Fersen gehen? - Wie lange kann das Kind auf Zehenspitzen/ auf Fersen stehen? - Welche Richtungen kann das Kind auf Zehenspitzen/Fersen einschlagen? - Kann das Kind auf Zehenspitzen stehen? - Kann das Kind auf den Fersen stehen? - Kann das Kind Abweichungen des Körperschwerpunkts ausbalancieren? Wenn ja, mit welchen Körperteilen steuert es die Aufrechterhaltung seines Körperschwerpunkts? - Kann das Kind bei Verlagerung des Körpermittelpunkts (z.B. nach vorne beugen) die Körperposition beibehalten? Bei welcher und bei welcher noch nicht?
Das Kind geht im Zehenspitzenstand so schnell bzw. so langsam wie möglich eine vorgegebene Strecke.	- Das Kind geht im Zehenspitzengang und/oder Fersengang in folgendem Tempo: …	
Das Kind bewegt sich auf den Fersen durch den Raum und versucht dabei eine vorgegebene Strecke und in verschiedenen Tempi zu gehen.	- Das Kind variiert sein Tempo im Zehenspitzen- und/oder Fersengang.	
Das Kind bewegt sich in verschiedenen Richtungen auf Fersen und/oder Zehenspitzen durch den Raum (z.B. vorwärts, rückwärts, seitlich).	- Das Kind geht im Zehenspitzen- und/oder Fersengang in folgende Richtungen…(z.B. seitlich, rückwärts) und hält dabei die Körperposition bei.	
Das Kind versucht, mit Hilfestellung (z.B. Hand halten, die Hand an der Wand abstützen, die Hand am Stab festhalten) auf einem Bein zu stehen.	- Das Kind zeigt folgende Mitbewegungen…(z.B. ausfahrende Armbewegungen, neigt den Oberkörper nach vorne oder zur Seite).	
Das Kind versucht, so lange wie möglich auf Zehenspitzen ohne Hilfestellung stehen zu bleiben.	- Das Kind knickt mit dem rechten und/oder linken Fuß um.	
Das Kind versucht, mit Hilfestellung (z.B. Hand halten, die Hand an der Wand abstützen, die Hand am Stab festhalten) auf den Fersen zu stehen.	- Das Kind bleibt über folgende Zeitdauer… auf Zehenspitzen und/oder den Fersen stehen.	
Das Kind steht so lange wie möglich auf den Fersen.	- Das Kind trippelt beim Zehenspitzen- und/oder Fersenstand auf der Stelle.	
Das Kind versucht, während es auf den Zehenspitzen und/oder Fersen steht, seinen Oberkörper in verschiedene Richtungen zu neigen.	- Das Kind macht Ausfallschritte in folgende Richtungen: …	
Das Kind nimmt eine bestimmte Körperhaltungen ein und versucht diese im Zehenspitzen- und Fersenstand aufrechtzuerhalten (z.B. Oberkörper 40-90° nach vorne geneigt).	- Das Kind bewegt seinen Oberkörper in folgende Richtungen…und bleibt dabei im Zehenspitzen- und/oder Fersenstand.	

Fortbewegungsmöglichkeiten in verschiedenen Körperhaltungen
(Christina Reichenbach & Christina Lücking)

Angesprochene Entwicklungsbereiche und deren Schwerpunkte:	**Bewegung:** Gesamtkörperkoordination, Gleichgewicht, Gelenkigkeit, Grobmotorik, Kraft, Tempo **Wahrnehmung:** Raum-Zeit (Raumkoordination), taktil-kinästhetisch (Raumvorstellung, Körperorientierung, Bewegungsplanung) **Kognition:** Aufgabenverständnis, Aufmerksamkeit, Wissen, Vorstellungsvermögen, Problemlöseverhalten, Kreativität, Handlungsplanung, Gedächtnis
Material:	
Setting: Gruppen- und/oder Einzelsituation:	E + G
Ursprung der Aufgabe:	DESK, Ledl, LVS, SKI

Aufgabenstellung mit Differenzierungsmöglichkeiten	Mögliche Beobachtungen	Mögliche Fragen und Interpretationen
Als Erstes können Ideen vom Kind gesammelt werden, welche Körperhaltungen es gibt, in denen sich ein Mensch fortbewegen kann. Vom Kind werden verschiedene Fortbewegungsmöglichkeiten genannt und anschließend ausgeführt, z.B.: Gehen/Hüpfen (Einbeinhüpfen, mit geschlossenen Füßen, schulterbreit, auf Zehenspitzen, Füße hintereinander, auf Außenrist, auf Innenrist, auf Fersen…). Dem Kind wird eine Fortbewegung vorgemacht und es versucht anschließend diese nachzuahmen. Sind mehrere Kinder in der Gruppe, so kann jeweils ein Kind etwas vormachen und die anderen Kinder machen diese Fortbewegungsart nach. Das Kind bewegt sich in verschiedenen Bewegungsarten fort. Dabei wechselt es die Richtungen: vorwärts, rückwärts, seitwärts, diagonal oder wählt verschiedene Raumwege: im Kreis, in Schlangenlinien, im Zickzack, Dreieck… Das Tempo kann beim Bewegen in verschiedenen Fortbewegungsarten variiert werden. In einer Gruppe kann das Spiel „Fangen in verschiedenen Fortbewegungsarten" gespielt werden. Dabei gibt der Fänger die Fortbewegungsart vor und alle zu Fangenden führen diese ebenso aus. Ist ein Kind gefangen, wechselt der Fänger und somit die Fortbewegungsart.	- Das Kind nennt folgende Körperhaltungen: … - Das Kind macht folgende Körperhaltungen vor: … - Das Kind führt folgende Körperhaltungen selbständig aus: … - Das Kind imitiert folgende Körperhaltung …in folgender Form: … - Das Kind führt unter folgender Hilfestellung … die Körperhaltung X aus. - Das Kind nennt selbständig folgende Raumrichtungen: … - Das Kind setzt folgende benannte Raumrichtungen selbständig in entsprechende Bewegungen um: … - Das Kind äußert folgende Ideen hinsichtlich Raumrichtungen: … - Das Kind äußert folgende Ideen hinsichtlich Raumwege: … - Das Kind variiert sein Tempo in Abhängigkeit von der Fortbewegungsart und/oder während einer Fortbewegungsart.	- Kann das Kind globale/differenzierte Körperhaltungen und/oder Fortbewegungsarten nennen? Welche? - Kann das Kind verschiedene Körperhaltungen selbständig ausführen? Welche? - Kann das Kind gezeigte Körperhaltungen imitieren? Welche? - Kann das Kind Ideen für die Umsetzung einer benannten Körperhaltung entwickeln? Welche? - Hat das Kind Vorerfahrungen? - Kann das Kind sich räumlich orientieren? - Welche Raumrichtungen kennt das Kind? - Welche Raumrichtungen kann das Kind in der Handlung zuordnen?

Ball schießen
(Christina Lücking & Christina Reichenbach)

Angesprochene Entwicklungsbereiche und deren Schwerpunkte:	**Bewegung:** Fuß-, Knie- und Hüftgelenkbeweglichkeit, Gesamtkörperkoordination, Grobmotorik, Kraft, Tempo **Wahrnehmung:** visuell (Augen-Fuß-Koordination, Raum-Lage), Raum-Zeit (Raumkoordination), taktil-kinästhetisch (Bewegungsplanung, Körperorientierung)
Material:	Bälle (unterschiedlicher Größe)
Setting: Gruppen- und/oder Einzelsituation:	E + G
Ursprung der Aufgabe:	

Aufgabenstellung mit Differenzierungsmöglichkeiten	Mögliche Beobachtungen	Mögliche Fragen und Interpretationen
Das Kind schießt einen Ball in eine beliebige Richtung. Der Ball kann in seiner Größe, seinem Gewicht und seinem Material variiert werden. Es können auch andere Materialien (z.B. Schaumstoffwürfel) verwendet werden. Das Kind schießt in eine vorgegebene Richtung (z.B. Wand, Tor). Das Kind schießt einen Ball in die Höhe. Das Kind spielt den Ball einem Partner zu. Hier kann die Weite variiert werden. Das Kind schießt den Ball auf unterschiedliche Weise/Techniken (z.B. Fußspitze; Innenrist, Außenrist). Das Kind stoppt einen ihm zugespielten Ball (z.B. die Weite des Zuspiels, die Genauigkeit, die Geschwindigkeit des zugespielten Balls können variiert werden). Das Kind führt einen Ball an seinem Fuß durch den Raum.	- Das Kind fixiert mit den Augen einen Ball, der vor ihm liegt (nicht). - Das Kind steht vor einem Ball und trifft mit dem re./li. Fuß den Ball (nicht). - Das Kind trifft mit dem rechten und/oder dem linken Fuß einen Ball, der vor ihm liegt. - Das Kind trifft mit dem rechten und/oder dem linken Fuß einen Ball, der ihm zugeschossen wurde. - Das Kind stellt sich vor der Schussbewegung wie folgt zum Ball... (z.B. frontal, der Ball liegt vor einem Fuß, seitlich zum Ball). - Das Kind zeigt folgende Schusstechnik...(z.B. schießt mit der Fußspitze, Außenrist). - Das Kind macht mit dem rechten/linken Fuß eine Ausholbewegung aus dem Stand und bleibt anschließend stabil stehen. - Das Kind zeigt nach/bei der Ausholbewegung eine labile Standposition (z.B. es kippt nach hinten oder zur Seite). - Das Kind variiert die Schussstärke. - Das Kind schießt den Ball in die Richtung des Partners.	- Fixiert das Kind durchgehend einen vor ihm liegenden Ball? - Mit welchem Fuß schießt das Kind bevorzugt (Präferenz)? - Welcher Fuß schießt besser (Dominanz)? - Kann das Kind seine Schussbewegung so ausrichten, dass es den vor ihm liegenden Ball trifft? - Kann das Kind bei Nicht-Treffen des Balles seine Schussposition oder seine Schusstechnik ändern? - Welche Ideen zeigt das Kind? - Kann das Kind seine Schussstärke variieren? - Bewegt sich das Kind in die Richtung des auf sich zukommenden Balles? - Kann das Kind seinen Bewegungsablauf an die Geschwindigkeit des sich nähernden Balles anpassen (Zeitpunkt der Schießbewegung, Reaktion)?

Bewegung

Ball fangen und werfen
(Christina Reichenbach & Christina Lücking)

Angesprochene Entwicklungsbereiche und deren Schwerpunkte:	**Bewegung:** Hand- und Schultergelenkbeweglichkeit, Gesamtkörperkoordination, Grobmotorik, Kraft, Tempo **Wahrnehmung:** visuell (Auge-Hand Koordination), taktil-kinästhetisch (Bewegungsplanung, Körperorientierung)
Material:	Bälle (unterschiedlicher Größe), evtl. Zielscheibe, Tonne, Korb, Reifen
Setting: Gruppen- und/oder Einzelsituation:	E + G
Ursprung der Aufgabe:	BfdS, DESK, DMB, ET 6-6, LVS, MOT 4-6, Oseretzky

Aufgabenstellung mit Differenzierungsmöglichkeiten	Mögliche Beobachtungen	Mögliche Fragen und Interpretationen
Das Kind wirft einen Ball aus dem Stand mit beiden Händen frei in den Raum. Die Größe des Balles kann variieren. Es sollte mit größeren Bällen begonnen werden, bevor kleinere als auch andere Materialien genutzt werden (z.B. Sandsäckchen). Das Kind wirft einen Ball von unten nach oben. Das Kind wirft einen Ball von oben nach unten, d.h. der Ball wird mit gestreckten Armen vom Hinterkopf über den Kopf nach vorne geworfen. Das Kind wirft einen Ball mit einer Hand frei in den Raum. Das Kind fängt einen ihm zugeworfenen Ball mit der Brust und beiden Armen und Händen. Das Kind fängt einen ihm zugeworfenen Ball mit beiden Händen in der Luft. Das Kind wirft auf ein Ziel (z.B. Zielscheibe; Papierkorb; Tonne; Reifen). Die Größe des Ziels kann variiert werden. Das Kind wirft einen Ball, während es sich bewegt. Das Kind wirft aus der Bewegung einen Ball auf ein vorgegebenes Ziel. Das Fangen kann auch in ein Spiel eingebettet werden, wie z.B. das Fangspiel „Hase und Igel". Das Kind fängt einen nicht zielgerichteten Ball, wobei es sich nach oben, unten, rechts oder links strecken muss, um den Ball zu fangen. Dem Kind wird ein Ball zu geworfen. Das Kind fängt den Ball mit einer Hand.	- Das Kind wirft einen in den Händen gehaltenen Ball von unten hoch in die Luft. - Das Kind fängt beidhändig und/oder mit rechts/links. - Das Kind zeigt beim Werfen folgenden Bewegungsablauf …(z.B. beugt die Knie; beugt den Oberkörper nach vorne; hebt die gestreckten/ gebeugten Arme in die Luft und lässt den Ball auf der Höhe z.B. der Schultern los; streckt den Oberkörper während die Armhaltung in der gleichen Position bleibt und lässt den Ball in aufrechter Körperposition los). - Das Kind verfolgt mit den Augen den Ball in der Luft. - Das Kind streckt seine Arme (nicht) in die Richtung des heran fliegenden Balls. - Das Kind fängt den Ball beidhändig, mit rechts/links. - Das Kind führt die Arme und/oder Hände beim heranfliegen des Balles zusammen, ohne den Ball zu fangen. - Das Kind fängt einen ihm zugeworfenen Ball (… cm groß) mit beiden Händen auf. - Das Kind fängt den Ball mit beiden Händen und dem Oberkörper auf. - Das Kind fixiert mit den Augen bei der Ausholbewegung den Zielpunkt. - Das Kind wirft in folgender Weise auf ein Ziel: … - Das Kind trifft mit dem Ball ein Ziel folgender Größe: … - Das Kind fängt den Ball mit rechts oder links.	- Kann das Kind einen Ball werfen? Wie fängt es das Ball (z.B. mit beiden Händen, mit einer Hand)? - Kann das Kind einen Ball in verschiedene Richtungen werfen (z.B. nach vorne, nach oben, von oben nach unten, nach hinten)? - Kann das Kind seine Wurfkraft variieren? - Kann das Kind einen ihm zugeworfenen Ball mit den Augen verfolgen? - Kann das Kind die Flugkurve des Balles abschätzen? - Zeigt das Kind Fangbewegungen mit den Armen u. Händen? - Kann das Kind seine Fangbewegungen an die Fluggeschwindigkeit des Balles anpassen? - Welche Art von Ball kann das Kind fangen (Luftballon, Tennisball, Gymnastikball…)? - Kann das Kind ein Ziel treffen? - Bei welchem Abstand trifft das Kind welche Größe des Ziels und wo ist das Ziel (z.B. an Zielscheibe an der Wand, Eimer auf dem Boden)? - Kann das Kind den zugeworfenen Ball mit einer Hand fangen? - Welches ist die bevorzugte Fanghand (Präferenz)?

Sprünge
(Christina Reichenbach & Christina Lücking)

Angesprochene Entwicklungsbereiche und deren Schwerpunkte:	**Bewegung**: Gesamtkörperkoordination, Gleichgewicht, Grobmotorik, Kraft, Tempo, Fluss **Wahrnehmung**: visuell (Augen-Fuß-Koordination, räumlich)
Material:	Seil, Teppichfliesen
Setting: Gruppen- und/oder Einzelsituation:	E + G
Ursprung der Aufgabe:	BfdS, DESK, DMB, ET 6-6, KEV, Ledl, LVS, MOT 4-6, Oseretzky; S-ENS

Aufgabenstellung mit Differenzierungsmöglichkeiten	Mögliche Beobachtungen	Mögliche Fragen und Interpretationen
Das Kind zeigt, wie es am liebsten springt.	- Das Kind springt mit beiden Füßen gleichzeitig.	- Kann das Kind beidfüßig/bipedal abspringen?
Das Kind versucht, möglichst mit beiden Füßen gleichzeitig abzuspringen und zu landen (= bipedales Springen; Schlusssprung).	- Das Kind landet auf beiden Füßen gleichzeitig.	- Kann das Kind beidfüßig/bipedal landen?
Das Kind springt in verschiedenen Tempi frei im Raum.	- Die Körperhaltung des Kindes kann beim Absprung wie folgt beschrieben werden: ... (z. B. Oberkörper beugt das Kind nach vorne, Arme sind seitlich angewinkelt neben dem Oberkörper, die Knie sind gebeugt...).	- Kann das Kind Schlusssprünge über eine größere Strecke ausführen?
Das Kind springt bipedal auf jede, hinter einander liegende Teppichfliese (oder gemaltes Feld unterschiedlicher Größe).		- Kann das Kind bei Aufrechterhaltung des Bewegungsablaufs sein Bewegungstempo verändern?
Das Kind versucht über eine markierte Linie (z.B. Seil, Kreppstreifen) zu springen und anschließend rückwärts wieder zurückzuspringen.		- Kann das Kind diese Bewegung durchgehend hüpfen oder mit Unterbrechungen zwischen den Sprüngen?
Das Kind versucht über eine Zeitdauer von 10 Sekunden so oft es kann, vorwärts und rückwärts über eine markierte Linie zu springen. Es versucht, möglichst mit beiden Füßen gleichzeitig abzuspringen und zu landen.	- Das Kind zeigt beim Absprung folgende (keine) Mit- oder/und Ausgleichsbewegungen ... (z.B. schwingt beim Absprung die Arme nach vorne, bildet die Hände zu Fäusten).	
Das Kind versucht, seitlich über eine markierte Linie zu springen. Es kann beide Richtungen ausprobieren.	- Das Kind landet mit beiden Füßen gleichzeitig und bleibt anschließend (nicht) stehen.	- Kann das Kind nach der Landung in der Position verharren? - Kann das Kind sein Gleichgewicht regulieren?
Das Kind versucht beidfüßig in Zick-Zacklinien vom Anfangspunkt einer markierten Linie bis zu dessen Ende zu springen.	- Das Kind zeigt folgende (keine) Mitbewegungen, um nach der Landung stehen zu bleiben...(z.B. Bewegungen mit den Armen, dem Oberkörper, der Hüfte...).	- Zeigt das Kind Ausgleichsbewegungen (z.B. mit den Armen, dem Oberkörper), um nach der Landung stehen zu bleiben?
Das Kind versucht über eine vorgegebene Zeitdauer von z.B. 10 Sekunden so oft es kann seitlich hin und her zu springen, dabei möglichst mit beiden Füßen gleichzeitig abzuspringen und zu landen.	- Das Kind springt X Sprünge hintereinander.	
Das Kind wird gefragt, was es meint, wie weit es aus dem Stand springen kann. Anschließend probiert es aus diese Weite zu springen.		- Kann das Kind die Sprungweite variieren?

Bewegung

Aus dem Stand in eine selbst gewählte Richtung (z.B. nach vorne, hinten, rechts, links) springen. Das Kind soll versuchen anschließend stehen zu bleiben. Es soll versuchen möglichst mit beiden Füßen gleichzeitig abzuspringen und zu landen.	- Die Sprungfolge wird X-mal unterbrochen. - Das Kind springt mit beiden Füßen gleichzeitig ab und landet mit beiden Füßen gleichzeitig in folgende Richtungen…(z.B. seitlich, nach vorne, nach hinten, schräg).	- Kann das Kind mit dem rechten und/oder linken Bein über eine vorgegebene Strecke hüpfen? - Kann das Kind die Sprungkraft gezielt dosieren (z.B. zu einem vorgegebenen Punkt unterschiedl. Weite springen)?
Aus dem Stand versucht das Kind in eine vorgegebene Richtung zu springen.		
Das Kind versucht auf dem Boden Wechselsprünge zu machen. Dazu kann es einen Fuß auf eine Teppichfliese und eine Stufe dahinter stellen. Dann wechseln die Füße jeweils von Teppichfliese zu Erdboden.	- Das Kind springt aus dem Stand über folgende Höhe… - Das Kind springt aus dem Stand über folgende Weite…	- Kann das Kind eine Sprungkraft entwickeln, um über eine Höhe zu springen? - Über welche Höhe springt das Kind?
Das Kind versucht auf einer Erhöhung Wechselsprünge zu machen. Dazu kann es einen Fuß z. B. auf eine $^1/_4$ umgedrehte Langbank und den anderen Fuß auf den Erdboden stellen. Dann wechseln die Füße jeweils von Langbank zu Erdboden.	- Das Kind springt mit beiden Füßen gleichzeitig auf jede, hintereinander liegende Teppichfliese und landet mittig (mit Berührungen der angrenzenden Teppichfliese).	- Kann das Kind beim Hüpfen Abweichungen des Körperschwerpunkts ausbalancieren?
Das Kind versucht aus dem Stand über eine frei gewählte Höhe (z.B. Seil) zu springen. Es kann dabei versuchen, nach der Landung stehen zu bleiben.	- Das Kind springt aus dem Stand folgende Drehungen…(z.B. $^1/_4$).	- Kann das Kind auf einem Bein springen? - Welches ist das Vorzugsbein (Präferenz)?
Das Kind versucht über eine vorgegebene Höhe zu springen.	- Das Kind hüpft mit dem rechten/linken Bein X Sprünge hintereinander.	- Welches ist das leistungsstärkere Bein (Dominanz)?
Das Kind versucht aus dem Stand verschiedene Drehungen zu springen und anschließend stehen zu bleiben (z.B. $^1/_4$, $^1/_2$, $^3/_4$, 1).	- Das Kind hüpft in folgendem Tempo: … - Das Kind ändert sein Tempo auf Aufforderung von … zu …	
Das Kind versucht auf einem Fuß durch den Raum zu hüpfen. Das Kind kann versuchen, beide Beine auszuprobieren.	- Das Kind springt X mal auf dem rechten Bein. - Das Kind springt X mal auf dem linken Bein.	
Das Kind versucht eine vorgegebene Strecke (z.B. 5 Meter) auf einem Fuß hüpfend zu überqueren.	- Das Kind springt zuerst auf dem rechten/linken Bein.	
Das Kind versucht, so schnell wie möglich auf einem Fuß über eine vorgegebene Strecke zu hüpfen, möglichst ohne mit dem anderen Fuß den Boden zu berühren.	- Das Kind springt X sec. auf dem rechten/linken Bein.	
Das Kind versucht, so langsam wie möglich auf einem Fuß über eine vorgegebene Strecke zu hüpfen, möglichst ohne mit dem anderen Fuß den Boden zu berühren.		
Hahnenkampf: zwei Kinder stehen sich auf einem Bein gegenüber; sie versuchen, sich gegenseitig aus dem Stand zu bringen; kann auch auf einem Bein hüpfend durchgeführt werden.		

Klettern und Springen
(Christina Reichenbach & Christina Lücking)

Angesprochene Entwicklungsbereiche und deren Schwerpunkte:	**Bewegung:** Gesamtkörperkoordination, Gelenkigkeit, Gleichgewicht, Grobmotorik, Kraft **Wahrnehmung:** visuell (Augen-Hand- und Augen-Fuß-Koordination), taktil-kinästhetisch (Bewegungsplanung, Körperorientierung), Raum-Zeit (Raumkoordination)
Material:	Klettergerüst, Weichbodenmatte, Alltagsgegenstände, evtl. Kleingeräte
Setting: Gruppen- und/oder Einzelsituation:	E + G
Ursprung der Aufgabe:	

Aufgabenstellung mit Differenzierungsmöglichkeiten	Mögliche Beobachtungen	Mögliche Fragen und Interpretationen
Das Kind klettert frei auf verschiedene Materialien und/oder Gegenstände. Das Kind klettert in verschiedene Höhen (z.B. Weichbodenmatte, Kastendeckel eines großen Kastens, Stuhl, Tisch, großer Kasten, Sprossenwand). In einer Gruppe können die Kinder ihre Vorgehensweisen vergleichen. Es können verschiedene Kletter- und Grifftechniken erprobt werden. Das Kind springt frei von verschiedenen Höhen. Die Höhe kann schrittweise gesteigert werden. Das Kind probiert verschiedene Sprungtechniken aus (z.B. auf beiden Füßen landen, auf dem Gesäß landen). Das Kind probiert das Springen in unterschiedliche Raumrichtungen aus (z.B. vorwärts, rückwärts, seitlich). Das Kind probiert von einer frei gewählten Höhe so auf eine Weichbodenmatte zu springen, dass es auf verschiedenen Körperteilen landet (z.B. auf den Füßen, auf dem Po, mit den Händen und den Knien gleichzeitig auf der Matte aufzukommen). Mehrere Kinder können gemeinsam auf verschiedenen Möglichkeiten von einer freien Höhe springen.	- Das Kind äußert sich bzw. reagiert wie folgt auf die spezielle Situation X ... (z.B. zeigt es Misstrauen, zögert es, fordert es Hilfe ein, äußert es sich zu der Schwere der Aufgabe oder zu Vorerfahrungen). - Das Verhalten des Kindes beim Klettern/Springen auf folgendes Material/Gerät... wirkt.... (z.B. sicher, zuversichtlich, ängstlich, zögerlich). - Das Verhalten des Kindes beim Klettern/Springen von folgendem Material/Gerät... wirkt: ... - Das Kind klettert in folgende Höhe: ... - Beim Klettern geht das Kind wie folgt vor...(z.B. Wechselschritte mit den Füßen, Nachstellschritte, Grifftechnik mit den Händen). - Das Kind macht durchgehend/überwiegend zuerst mit dem rechten/ linken Fuß den ersten Schritt. - In der erkletterten Höhe ändert das Kind seine Körperposition (nicht). - Das Kind landet mit folgendem Abstand zur Kletterwand. - Das Kind landet mit folgenden Körperteilen...(z.B. auf den Füßen, auf dem Po) auf der Weichbodenmatte.	- Kann das Kind auf verschiedene Höhen klettern? - Auf welche Gegenstände klettert das Kind? - Welche Höhen wählt das Kind? - Zeigt das Kind eine bestimmte Klettertechnik? Welche? - Kann das Kind seine Klettertechnik variieren bzw. ändern? - Zeigt das Kind eine bestimmte Grifftechnik? Welche? - Kann das Kind seine Grifftechnik auf einer Höhe ändern (z.B. um seine Körperposition zu ändern)? - Kann das Kind seine Sprungweite variieren? - Kann das Kind auf verschiedenen Körperteilen landen? - Kann das Kind auf vorher benannten Körperteilen landen? - Kann das Kind seinen Körper koordinieren? - Zeigt das Kind Angst vor Höhe und/oder Weite?

Balancieren
(Christina Reichenbach & Christina Lücking)

Angesprochene Entwicklungsbereiche und deren Schwerpunkte:	**Bewegung**: Gleichgewicht, Augen-Fuß-Koordination, Gelenkigkeit, Gesamtkörperkoordination, Grobmotorik, Tempo **Wahrnehmung**: visuell, Raum-Lage, taktil-kinästhetisch (Bewegungsplanung)
Material:	Weichbodenmatte, Kissen, Langbank, Kreppband, Seile, Rollbretter
Setting: Gruppen- und/oder Einzelsituation:	E + G
Ursprung der Aufgabe:	DESK, DMB, FITIFAX, KEV, Ledl, LVS, MOT 4-6

Aufgabenstellung mit Differenzierungsmöglichkeiten	Mögliche Beobachtungen	Mögliche Fragen und Interpretationen
Das Kind bekommt die Aufgabe, über verschiedene Untergründe zu gehen (z.b. Weichbodenmatten, im Sand, auf Kissen). Dabei kann es verschiedene Körperhaltungen für die Fortbewegung nutzen (z.b. krabbelnd, gehend, laufend) oder sich in verschiedenen Bewegungsrichtungen fortbewegen (z.b. vorwärts, rückwärts, seitlich) oder sich in verschiedenen Tempi fortbewegen (z.B. schnell, langsam) oder sich nicht sehend in verschiedenen Körperhaltungen über die Untergründe bewegen.	- Das Kind überquert folgende Untergründe… - Das Kind kann die Körperhaltung X beibehalten. - Das Kind überquert folgende Untergründe in folgenden Körperhaltungen…(z.b. gehend, krabbelnd, kriechend). - Das Kind zeigt folgende Ausgleichsbewegungen… (z.b. neigt Oberkörper nach vorne, hinten, rechts…; hält Arme seitlich ausgestreckt).	- Kann das Kind einen Untergrund in gleich bleibender Körperhaltung überqueren? Welchen Untergrund in welcher Körperhaltung? - Zeigt das Kind gezielte Ausgleichsbewegungen zur Aufrechterhaltung seiner Körperposition in der Bewegung und/oder im Stand?
Das Kind geht über wackelige Untergründe, z. B. eine Weichbodenmatte auf Rollbrettern liegend. Es geht darüber, nimmt verschiedene Körperhaltungen ein, versucht diese beizubehalten, während die anderen Kinder die Matte hin und her bewegen. Weiterhin kann das Kind versuchen, aus dem Sitzen in den Stand zu gelangen und möglichst lange stehen zu bleiben, während die anderen Kinder die Matte hin und her bewegen.	- Der Bewegungsablauf des Kindes wirkt… fließend, stockend, hektisch, kontrolliert, sicher). - Die Körperhaltung des Kindes wirkt… (z.B. angespannt, steif, beweglich, schlaff). - Das Kind äußert, dass es z. B. zuversichtlich, ängstlich, (un-)sicher, … ist.	- Wie gleicht das Kind sich aus? - Kann das Kind sein dynamisches Gleichgewicht aufrechterhalten? - Kann das Kind sein statisches Gleichgewicht aufrechterhalten?
Es wird eine Wippe gebaut (z.B. eine Langbank wird über eine andere oder einen kleinen Kasten gelegt). Das Kind versucht, verschiedene Körperhaltungen und Bewegungsmöglichkeiten auszuprobieren, in dem die Wippe überquert wird. Zwei Kinder begegnen sich auf der Wippe und versuchen aneinander vorbei zu kommen. Ein Kind kann dabei auch versuchen, die Augen zu schließen.	- Das Kind zeigt folgende Wege zur Bewältigung der Herausforderung X. - Das Kind entwickelt selbständig folgende Lösungsstrategien: … - Das Kind entwickelt selbständig verschiedene Handlungsmöglichkeiten:… - Das Kind geht zwischen zwei Begrenzungslinien mittig und berührt diese (nicht) X mal. - Das Kind schaut (durchgehend, gelegentlich,	- Welche Bewegungsabläufe kann das Kind koordinieren? - Kann das Kind seinen Krafteinsatz der entsprechenden Anforderung anpassen? - Welches Tempo wählt das Kind? - Bei welchem Tempo gelingt dem Kind die Aufgabe eher (weniger)?

Bewegung

Auf einer und/oder zwischen zwei Linien gehen. Ein Kind geht einen Weg unterschiedlicher Breite, welcher zum Beispiel mit Seilen gelegt ist. Das Kind versucht, auf einer Linie zu gehen (z.B. Kreppklebestreifen, Seil). Das Kind versucht, über einen Balken zu gehen (z.B. Langbank, umgedrehte Langbank). Es können vom Kind unterschiedliche Balken- bzw. Linienbreiten ausprobiert werden. Das Kind kann verschiedene Möglichkeiten des Balancierens ausprobieren (z. B. Nachstellschritt, Wechselschritt, Seitwärtsschritt). Weiterhin können verschiedene Bewegungsrichtungen ausprobiert werden (z.B. vorwärts, seitwärts, rückwärts). Das Tempo kann vom Kind variiert werden.	nicht) auf die Linie, auf der es geht. - Das Kind geht auf einer Linie. - Das Kind geht über einen Balken im Nachstell-/ Wechsel-/Seitwärtsschritt. - Das Kind probiert folgende Richtungen aus: ... - Das Kind geht in folgendem Tempo über das Hindernis: ... - Das Kind rutscht vom Balken (nach links/rechts) ab.	- Wie ist der Bewegungsfluss des Kindes? - Wie ist die Handlungsplanung? - Kann das Kind Begrenzungslinien visuell erkennen? - Spürt das Kind Unebenheiten auf dem Boden? - Findet das Kind Lösungsmöglichkeiten zur Bewältigung der Aufgabe?

119

Hampelmann
(Christina Reichenbach & Christina Lücking)

Angesprochene Entwicklungsbereiche und deren Schwerpunkte:	**Bewegung:** Gesamtkörperkoordination, Kraft, Tempo **Wahrnehmung:** taktil-kinästhetisch (Bewegungsplanung, Lateralität) **Kognition:** Aufmerksamkeit, Handlungsplanung
Material:	
Setting: Gruppen- und/oder Einzelsituation:	E + G
Ursprung der Aufgabe:	MOT 4-6

Aufgabenstellung mit Differenzierungsmöglichkeiten	Mögliche Beobachtungen	Mögliche Fragen und Interpretationen
Das Kind führt im Stand die Arme gleichzeitig über dem Kopf zusammen und führt sie anschließend seitlich am Oberkörper herunter. Das Kind springt auf der Stelle, öffnet und schließt die Beine abwechselnd beim Springen. Die Hände sind an der Hüfte. Das Kind springt auf der Stelle und führt dabei seitlich die Arme über dem Kopf zusammen und führt sie wieder herunter. Das Kind springt auf der Stelle, öffnet und schließt dabei abwechselnd die Beine. Gleichzeitig führt es seine Arme seitlich über dem Kopf zusammen und anschließend wieder auseinander. Die Arme sind über dem Kopf gestreckt, die Beine geschlossen. Das Kind öffnet und schließt die Beine und die Arme gleichzeitig. Die Arme hält das Kind seitlich ausgestreckt. Die Beine sind geschlossen. Das Kind schließt die Beine und öffnet die Arme gleichzeitig, öffnet die Beine und schließt die Arme gleichzeitig.	- Das Kind führt die Arme gleichzeitig seitlich über dem Kopf zusammen. - Das Kind führt die Arme gleichzeitig auseinander. - Das Kind springt aus dem Stand in den Grätschstand. - Das Kind springt aus dem Grätschstand mit beiden Füßen gleichzeitig in die Luft und landet mit geschlossenen Füßen. - Die Füße setzen zeitlich versetzt auf dem Boden auf. - Die Füße setzen gleichzeitig auf dem Boden auf. - Das Kind springt X Sprünge hintereinander. - Das Kind landet wechselnd mit geöffneten und geschlossenen Füßen. - Das Kind führt die Bewegungen mit den Armen und den Beinen gleichzeitig aus. - Das Kind führt die simultanen Bewegungen mit den Armen gleichmäßig aus. - Das Kind führt die Bewegungen mit den Armen mit Unterbrechungen aus.	- Kann das Kind simultan seine Arme über dem Kopf zusammenführen? - Kann das Kind simultan seine Arme über dem Kopf auseinanderführen? - Kann das Kind aus dem Stand mit beiden Füßen gleichzeitig in die Luft springen? - Kann das Kind aus dem Stand mit beiden Füßen gleichzeitig auf beiden Füßen wieder landen? - Kann das Kind simultan seine Arme und Beine schließen und öffnen? - Kann das Kind simultan seine Arme öffnen und die Beine schließen? - Kann das Kind simultan seine Arme schließen und die Beine öffnen? - Kann das Kind eine entgegengesetzte Bewegung mit den Armen und den Beinen ausführen?

Anmerkung: Jede Bewegungsabfolge sollte ca. zehn Mal hintereinander ausgeführt werden.

Abzählreime
(Christina Reichenbach & Christina Lücking)

Angesprochene Entwicklungsbereiche und deren Schwerpunkte:	**Kognition:** Merkfähigkeit/Gedächtnis, Wissen, Aufmerksamkeit **Sprache:** Prosodie, Sprachproduktion, suprasegmentale Komponente
Material:	Abzählreime *(vgl. http://www.kindergarten-workshop.de/index.html?/spiele/abzaehlreime/index.htm)*
Setting: Gruppen- und/oder Einzelsituation:	E + G
Ursprung der Aufgabe:	

Aufgabenstellung mit Differenzierungsmöglichkeiten	Mögliche Beobachtungen	Mögliche Fragen und Interpretationen
Das Kind wird gefragt, ob es für ein anstehendes Spiel einen Abzählreim kennt. Diesen kann es dann vortragen. Die Kinder können sich gegenseitig Abzählreime vorstellen. Die Aufgabe kann darin bestehen, dass ein neuer Abzählreim gemeinsam gesprochen wird. Ein neuer Abzählreim wird auswendig gelernt und anschließend vorgetragen. Beispiele: a) Eins, zwei, drei, die Henne legt ein Ei. Sie setzt sich auf das Ei hinauf, da schlüpft ein gelbes Küken raus. Eins, zwei, drei und du bist frei! b) Li, la, lo, fang den Floh! Fang die Maus! Du bist aus! c) Eine kleine Micky Maus, zog sich mal die Hose aus, zog sie wieder an, und du bist dran! d) Ene, mene, miste es rappelt in der Kiste. Ene, mene, meck und du bist weg.	- Das Kind erinnert einen Abzählreim und trägt diesen vor. - Das Kind trägt den Abzählreim X in einer logischen Reihenfolge vor. - Das Kind probt einen neuen Abzählreim. - Bei einem neuen Abzählreim schaut und/oder hört das Kind auf andere Personen. - Das Kind spricht den Reim nach X-mal hören (nicht) nach. - Das Kind sagt nach X-mal hören folgende Passagen des Abzählreimes auf: … - Das Kind wechselt den Rhythmus des Abzählens.	- Kennt das Kind einen Abzählreim? - Kann das Kind einen Abzählreim auswendig vortragen? - Kann das Kind die Reihenfolge des Abzählreims einhalten? - Braucht das Kind Hilfestellung zum Neuerlernen eines Abzählreims? Welche Hilfestellung? - Kann das Kind den Reim rhythmisch vortragen?

Zahlenreihen nachsprechen und Mengen erfassen
(Christina Reichenbach & Christina Lücking)

Angesprochene Entwicklungsbereiche und deren Schwerpunkte:	**Kognition:** Wissen, Merkfähigkeit, Vorstellungsvermögen, abstraktes Denken, Handlungsplanung, logisch-mathematische Fähigkeiten, räumliche Fähigkeiten **Sprache:** Sprachgedächtnis, Lexikon, Wortschatz, Artikulation
Material:	Symbolkarten für die Ziffern 0-9 (siehe Seite 127/128); verschiedene Kleinmaterialien (z.B. Stifte, Büroklammern, Anspitzer)
Setting: Gruppen- und/oder Einzelsituation:	E
Ursprung der Aufgabe:	DESK, ED

Aufgabenstellung mit Differenzierungsmöglichkeiten	Mögliche Beobachtungen	Mögliche Fragen und Interpretationen
Dem Kind werden verschiedene Zahlenreihen bis 3 vorgesprochen, die es anschließend nachsprechen soll (z.B. 2-3-1-0). Die vorgesprochene Zahlenreihe kann hinsichtlich der Höhe der verwendeten Zahlen zunehmend erweitert werden. Der nächste Schritt sind Zahlenreihen bis 5 (z.B. 4-5-2-1). Darauf folgend kommen Zahlenreihen bis 7 (z.B. 5-3-7-1). Das Kind spricht die Zahlenreihen jeweils nach. Das Kind ordnet den gesprochenen Zahlen Symbolkarten (z.B. Punkte, Ziffern, Striche) mit der entsprechenden Anzahl zu. Die Symbolkarten können bereits eine Struktur enthalten (z.B. Würfelblatt) oder quer durcheinander vorliegen. Es werden verschiedene Materialien hingelegt; das Kind ordnet der Zahlen- oder Ziffernreihe als Symbolkarten eine entsprechende Anzahl von verschiedenen Materialien zu. Es liegen verschiedene Materialien auf dem Tisch in unterschiedlicher Anzahl; das Kind wählt die Materialien so aus, dass die Anzahl jeweils der nachgesprochenen Zahlenreihe entspricht (z.B.: acht Büroklammern, drei Radiergummi, sechs Stifte und ein Anspitzer).	- Das Kind gibt die Zahlen wieder. - Das Kind gibt die Zahlen in der vorgesprochenen Reihenfolge wieder. - Das Kind wiederholt ausschließlich die erste Zahl. - Das Kind wiederholt ausschließlich die letzte Zahl. - Das Kind zeigt zu der gesprochenen Zahl die entsprechende Symbolkarte. - Das Kind ordnet eine bestimmte Anzahl von Materialien den Zahlen zu. - Das Kind legt das Material in eine Reihe und zählt. - Das Kind zählt selbständig bis ... in der entsprechenden Reihenfolge. - Das Kind lässt beim Zählen X Zahlen aus. - Das Kind zählt jedes Material einmal. - Das Kind zählt mit den Fingern. - Das Kind untermalt sein Zählen lautsprachlich (z.B. durch Sprechmelodie).	- Wie ist die Artikulation des Kindes? - Wie ist die Merkfähigkeit des Kindes? - Hat das Kind verinnerlicht, dass die zuletzt genannte Zahl die Menge bestimmt (Kardinalzahlprinzip)? - Kann das Kind eine Menge auf einen Blick erfassen? - Wie weit kann das Kind zählen? - Kann das Kind die Zahl dem Material 1:1 zuordnen? - Wie geht das Kind mit Mengen um? Begleitet das Kind das Zählen sprachlich? Schaut es die Menge länger an? - Verwendet das Kind einen Merkrhythmus? - Nutzt das Kind die Finger zum Zählen?

Kognition

Geometrische Formen
(Christina Reichenbach & Christina Lücking)

Angesprochene Entwicklungsbereiche und deren Schwerpunkte:	**Kognition:** abstraktes Denken, Wissen, Merkfähigkeit, Vorstellungsvermögen, Handlungsplanung **Wahrnehmung:** visuell (Raum-Lage, räumliche Beziehungen, Formkonstanz), taktil (Differenzierung, Lokalisation, Strukturierung, Körperorientierung), Raum-Zeit (Raumvorstellung, Lateralität) **Bewegung:** Graphomotorik, Feinmotorik
Material:	(Bild-)Karten mit geometrischen Formen, Formen als Material
Setting: Gruppen- und/oder Einzelsituation:	E + G
Ursprung der Aufgabe:	DESK

Aufgabenstellung mit Differenzierungsmöglichkeiten	Mögliche Beobachtungen	Mögliche Fragen und Interpretationen
Dem Kind werden geometrische Grundformen (z.B. Viereck, Rechteck, Quadrat, Dreieck, Kreis) auf Karten gezeigt. Das Kind benennt die Formen.	- Das Kind benennt die Formen: … - Das Kind zeigt auf der Vorlage die entsprechende Form. - Das Kind nennt X von Y auf den Rücken geschriebene Formen. - Das Kind gibt die Reihenfolge der abgebildeten Formen auf dem Rücken wieder. - Das Kind gibt X von Y abgebildeten Formen entsprechend ihrer Reihenfolge wieder.	- Verfügt das Kind über Kenntnis der Formen? - Hat das Kind ein Formenverständnis? - Hat das Kind ein Verständnis hinsichtlich der Eigenschaften der Formen? - Kann das Kind die Lage der Form im Raum erkennen? - Kann das Kind eine Form unabhängig seiner Größe zuordnen?
Wodurch zeichnen sich entsprechende Formen aus? Das Kind beschreibt die Merkmale der Formen.		
Begriffe nennen und/oder Karten zeigen und fragen, woher das Kind diese Formen kennt.		
Die Begriffe werden dem Kind genannt und es ordnet die entsprechende Karte zu.		
Die Begriffe werden dem Kind genannt und es zeichnet die Form.		
Dem Kind werden die Formen mit der Hand auf den Rücken gemalt. Es erkennt und benennt, um welche Form es sich handelt.		
Dem Kind werden drei bis fünf Formen gezeigt oder auf den Rücken gemalt. Es nennt die Reihenfolge der Abbildung oder bringt Bildkarten mit Formen in die entsprechende Reihenfolge.		

Kognition

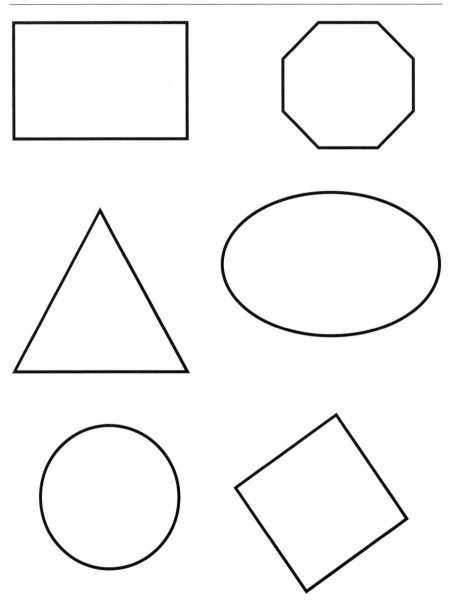

Kognition

Muster legen
(Christina Reichenbach & Christina Lücking)

Angesprochene Entwicklungsbereiche und deren Schwerpunkte:	**Kognition**: Aufmerksamkeit, Denkstrategien, Vorstellungsvermögen, Merkfähigkeit, Handlungsplanung, logisch-mathematische Fähigkeiten, räumliche Fähigkeiten, motorische Fähigkeiten **Wahrnehmung**: visuell (Raum-Lage, räumliche Beziehungen, Form-Konstanz, Augen-Hand-Koordination), Raum-Zeit (Lateralität, Raumvorstellung, Ordnung) **Bewegung**: Graphomotorik, Feinmotorik
Material:	Stäbchen in verschiedenen Farben, evtl. Bildkarten (siehe Seite 124/238/239)
Setting: Gruppen- und/oder Einzelsituation:	E
Ursprung der Aufgabe:	DES

Aufgabenstellung mit Differenzierungsmöglichkeiten	Mögliche Beobachtungen	Mögliche Fragen und Interpretationen
Die Pädagogin legt mit Holzstäbchen verschiedene Muster. Das Kind legt diese Muster nach, z.B.: Dreieck, Quadrat, Haus, Stuhl, Fantasiemuster. Das Kind legt die/das Muster unabhängig von den Farben der Stäbchen nach. Das Kind legt die/das Muster farbgetreu nach. Das vorgegebene Muster wird verdeckt und das Kind legt das Muster aus dem Gedächtnis heraus nach. Das Kind gibt dem Muster einen Namen. Das Kind zeichnet das/die Muster ab. Das Kind zeichnet selbst ein Muster. Das Kind überlegt sich selbst Muster, die es legt. Das Kind vergrößert das vorgegebene Muster, wie durch eine Lupe betrachtet. Das Kind verkleinert das vorgegebene Muster, wie aus weiter Ferne betrachtet. Ein Kind legt ein Muster. Ein anderes Kind legt das Muster nach.	- Das Kind legt einzelne oder verschiedene Muster nach. - Das Kind benennt einzelne oder verschiedene Muster mit Namen. - Das Kind legt die Muster mit entsprechenden Farbzuordnungen nach. - Das Kind erfindet selbst Muster. - Das Kind legt Muster größengetreu nach. - Das Kind variiert Muster in ihrer Größe. - Das Kind benennt die Farben: ...	- Wie ist die Merkfähigkeit des Kindes? - Wie ist die Kreativität und Fantasie? - Wie ist die Kenntnis hinsichtlich verschiedener Muster? - Kann das Kind den Pinzettengriff anwenden? - Welche Hand nutzt das Kind zum greifen? - Kann das Kind das vorgegebene Muster nachlegen? - Wie ist die Feinkoordination des Kindes? - Kann das Kind Farben unterscheiden und/oder benennen?

Kognition

Zählen von 0-9
(Christina Reichenbach & Christina Lücking)

Angesprochene Entwicklungsbereiche und deren Schwerpunkte:	**Kognition:** abstraktes Denken, Wissen, Aufmerksamkeit, logisch-mathematische Fähigkeiten, **Wahrnehmung:** visuell (Raum-Lage, räumliche Beziehungen), Raum-Zeit (Ordnung, Raumvorstellung, Lateralität
Material:	Karten mit Ziffern und/oder Symbolen, Kleinmaterialien, Bildvorlage Zifferngesichter
Setting: Gruppen- und/oder Einzelsituation:	E + G
Ursprung der Aufgabe:	DESK

Aufgabenstellung mit Differenzierungsmöglichkeiten	Mögliche Beobachtungen	Mögliche Fragen und Interpretationen
Das Kind zählt von 0-9. Dem Kind werden Karten mit Ziffern von 0-9 gezeigt, die es abliest. Karten mit Ziffern von 0-9 werden dem Kind gezeigt. Das Kind bringt die Karten in eine passende Reihenfolge. Das Kind ordnet jeder geschriebenen Ziffer von 0-9 eine entsprechende Anzahl von Materialien zu. Das Kind zeichnet die Ziffern von 0-9 von den Karten ab. Auf dem Boden liegen Symbolkarten von 0-9. Dem Kind werden Zahlen genannt und es stellt sich auf die Symbolkarte. Es werden dem Kind Bilder vorgelegt, in denen die Zahlen von 0-9 versteckt sind. Das Kind sucht die Zahlen und ummalt diese mit dem Finger (s. Bildvorlage W. Busch). Dem Kind werden auf den Rücken die Ziffern mit der Hand gemalt. Es soll erkennen und benennen, um welche Zahl es sich handelt. Dem Kind werden drei bis fünf Ziffern gezeigt oder auf den Rücken geschrieben. Es soll die Reihenfolge der Abbildung nennen. Die Anzahl der geschriebenen Ziffern kann gesteigert werden. Dem Kind werden Symbolkarten mit Punkten vorgelegt. Es ordnet die Ziffern den Punkt-Symbolen zu. Das Kind versucht, rückwärts zu zählen. Bitte zähle bis 10. Weiterhin sollen Folgen erkannt werden. Zum Beispiel: Welche Zahl kommt vor der 9? Welche Zahl kommt nach der 5? Welche Zahl kommt zwischen 6 und 8?	- Das Kind zählt von ... bis ... - Das Kind liest folgende Zahlen korrekt ab: ... - Das Kind bringt die Zahlen in eine passende Reihenfolge. - Bei der Reihenfolge wurden folgende Zahlen vertauscht: ... - Das Kind ordnet den Zahlsymbolen Materialien zu. - Das Kind zeigt auf der Vorlage die entsprechende Zahl. - Das Kind nennt die auf den Rücken geschriebene Zahl. - Das Kind ordnet Punkte Ziffern zu. - Das Kind zählt von 9-0 rückwärts.	- Verfügt das Kind über Kenntnis der Zahlen? - Kann das Kind die Zahlen in die korrekte Reihenfolge bringen? - Hat das Kind ein Zahlenverständnis? - Hat das Kind ein Mengenverständnis? - Kann das Kind Symbole Begriffen zuordnen? - Kann sich das Kind im Zahlenraum orientieren? - Weiß das Kind, welche Zahl vor und nach einer Zahl von Null bis Neun kommt?

Kognition

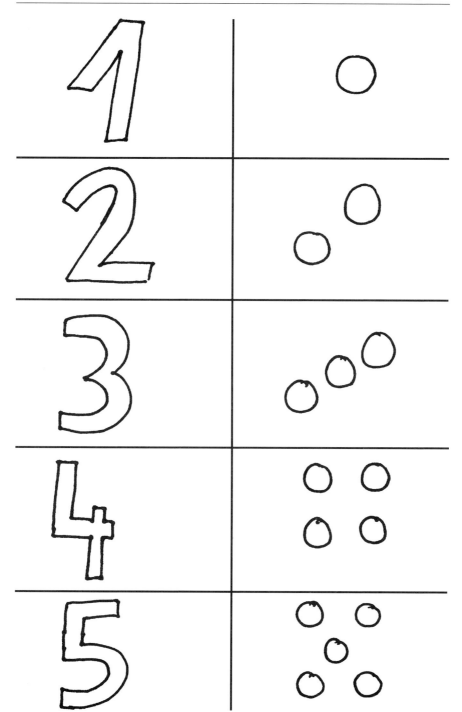

Kognition

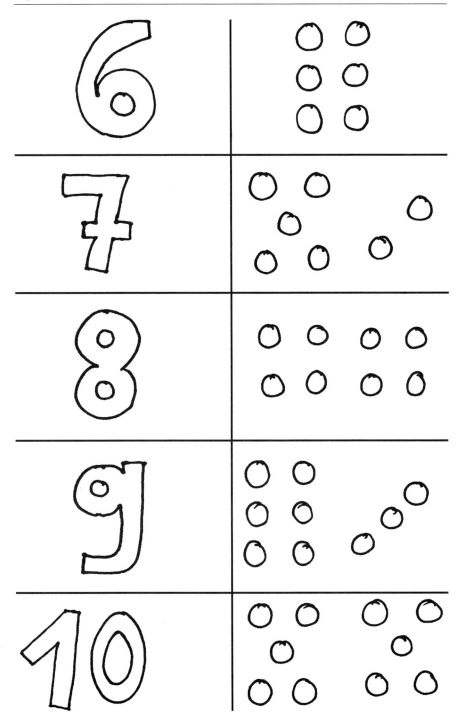

Kognition

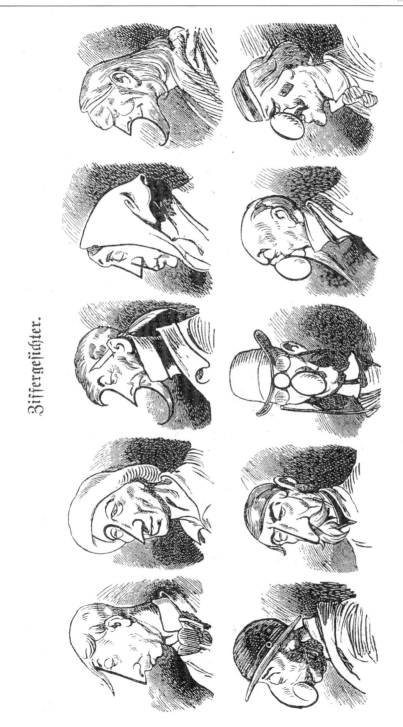

(Wilhelm Busch 1913)

Kognition

Mengen erfassen und vergleichen
(Christina Reichenbach & Christina Lücking)

Angesprochene Entwicklungsbereiche und deren Schwerpunkte:	**Kognition:** Wissen, Vorstellungsvermögen, Aufmerksamkeit, Abstraktionsfähigkeit, logisches Schlussfolgern, logisch-mathematische Fähigkeiten, räumliche Fähigkeiten **Wahrnehmung:** visuell (Differenzierung, Strukturierung, Form-Konstanz), Raum-Zeit (Raumvorstellung, Ordnung)
Material:	Unterschiedliche Anzahl (bis zu 7 pro Material) von Kleinmaterialien (z.B. Klammern, Murmeln, Kugeln); Karten mit Strichen und/oder Bilder mit Mengen
Setting: Gruppen- und/oder Einzelsituation:	E + G
Ursprung der Aufgabe:	BfdS, DESK, DES, ET 6-6, LVS

Aufgabenstellung mit Differenzierungsmöglichkeiten	Mögliche Beobachtungen	Mögliche Fragen und Interpretationen
Dem Kind werden verschiedene Materialien in unterschiedlicher Anzahl nacheinander gezeigt (z.B. 3 Klammern; 5 Murmeln). Die Aufgabe besteht darin, dass das Kind die Menge des Materials erfasst. Ehe das Material gezählt wird, wird es von dem Kind zum Spiel genutzt. Wenn die Materialien bekannt sind, kann das Kind aufgefordert werden, ein bestimmtes Material (Form, Farbe) zu geben. Gibt es verschiedene Materialien in unterschiedlicher Menge, kann das Kind das Material so ordnen, dass es das Meiste und das Wenigste unterscheidet. Es liegen zwei Reihen mit gleichen Materialien in unterschiedlicher Anzahl vor dem Kind (z.B. 3 Murmeln und 7 Murmeln). Das Kind zeigt, wo mehr und wo weniger Murmeln sind. Es liegen zwei Reihen mit gleichen Materialien in unterschiedlicher Anzahl vor dem Kind (z.B. 3 Murmeln und 7 Murmeln). Das Kind sortiert die Murmeln so, dass zwei gleich große Reihen entstehen. Es liegen zwei Reihen mit verschiedenen Materialien in unterschiedlicher Anzahl vor dem Kind (z.B. 3 große Kugeln und 7 kleine Murmeln). Das Kind zeigt, wo mehr und wo weniger Materialien sind. Es liegen zwei Reihen mit verschiedenen Materialien in unterschiedlicher Anzahl vor dem Kind (z.B. 3 große Kugeln und 7 kleine Murmeln). Das Kind sortiert die Materialien so, dass zwei gleich große Reihen/Mengen entstehen. Die jeweiligen Materialien können auch in unterschiedliche Positionen gebracht werden (z.B. in Kreisform, in die Breite gestreckt, in Halbkreisform, übereinander, weit auseinander gezogen). Das Kind wird angeregt zu erfahren, dass die Menge unabhängig von der Anordnung der Materialien gleich bleibt.	- Das Kind sortiert gleiche Materialien zusammen. - Das Kind benennt, von welchem Material es mehr und/oder weniger gibt. - Das Kind zeigt, wo es mehr und/oder weniger Materialien sieht. - Das Kind gibt an, dass sich die Menge (nicht) verändert hat. - Das Kind zählt die Materialien, in dem es sie nacheinander hinlegt. - Das Kind zählt die Materialien, in dem es die Finger beim Zählen nutzt. - Das Kind zählt die Materialien frei. - Das Kind zählt bis … - Die Reihenfolge der Zahlenwiedergabe ist korrekt. - Die Handlung des Kindes stimmt mit der Aufgabenstellung überein.	- Kann das Kind gleiche Materialien erkennen und/oder verschiedene Materialien unterscheiden? - Kann das Kind Mehr und Weniger erfassen? - Kann das Kind zählen? - Wie weit kann das Kind zählen? - Wie groß ist der Zahlenraum, in dem es zählen kann? - Besitzt das Kind Vorstellungsvermögen vom Zahlenraum? - Besitzt das Kind Mengenverständnis? - Kann das Kind mehrere Dimensionen (z.B. Farbe, Größe, Material) gleichzeitig erfassen und dementsprechend handeln?

Kognition

Die Pädagogin zeigt dem Kind z. B. Karten mit verschiedenen großen und kleinen, dicken und dünnen Strichen (s. u.). Das Kind ordnet die Karten nach ihrer Menge, das heißt z. B. alle Karten mit 5 Strichen gehören zusammen.	- Das Kind hält größere Materialien für „mehr" und kleinere Materialien für „weniger". - Das Kind setzt Relationen (groß/klein) mit Mengen (mehr/wenig) gleich.
Das Kind zählt eine vorgegebene Menge von Materialien, in dem es diese nacheinander auf eine Seite legt.	
Das Kind berührt das Material nicht und nutzt für das Zählen seine Finger.	
Das Kind berührt das Material nicht und zählt die Menge rein gedanklich aus.	
Bei unterschiedlichen Materialien: Das Kind findet heraus, wie viel von ein und dem gleichen Material vorhanden ist.	
Das Kind sieht sich im Raum um und findet für jede Zahl von 1 bis 10 eine entsprechende Menge. Z.B.: 1 Tafel, 2 Türen.	
Das Kind wählt aus einer Vielfalt von Materialien fünf davon aus.	
Das Kind zählt verschiedene Materialien in Alltagssituationen ab (z.B. Tassen beim Tischdecken).	
Das Kind wird aufgefordert, der Pädagogin verschiedene Materialien zu geben. Zum Beispiel: - alle Bleistifte - zwei große rote Klammern - drei gleiche Murmeln	

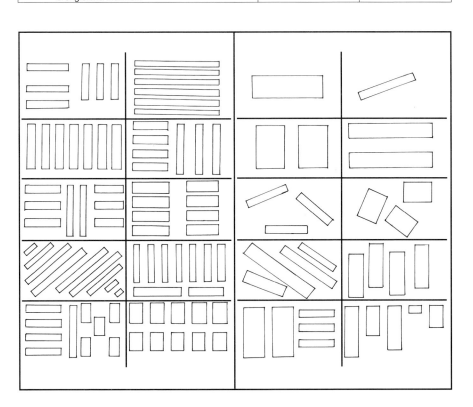

Kognition

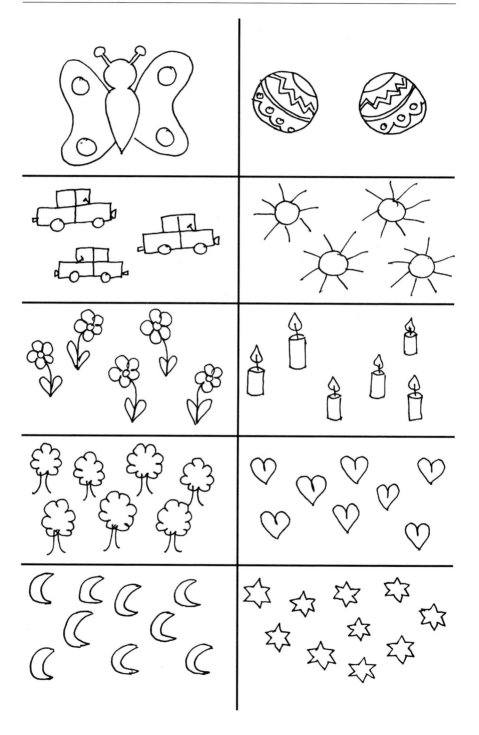

Größen vergleichen
(Christina Reichenbach & Christina Lücking)

Angesprochene Entwicklungsbereiche und deren Schwerpunkte:	**Kognition:** Wissen, Vorstellungsvermögen, abstraktes Denken, logisch-mathematische Fähigkeiten, räumliche Fähigkeiten **Sozial-emotionaler Bereich:** Selbstkonzept **Wahrnehmung:** visuell (Raum-Lage, räumliche Beziehungen), Raum-Zeit (Raumorientierung, Lateralität, Raumvorstellung), taktil-kinästhetisch (Differenzierung, Lokalisation, Strukturierung, Körperorientierung)
Material:	Unterschiedliche Anzahl von Kleinmaterialien (z.B. Stifte, Klammern, Murmeln, Kugeln, Flaschen, Uhren) verschiedener Größen und Breiten; Puppe und verschiedene Kleidungsstücke für die Puppe; Papier, Fingerfarbe
Setting: Gruppen- und/oder Einzelsituation:	E + G
Ursprung der Aufgabe:	SKI, WTA

Aufgabenstellung mit Differenzierungsmöglichkeiten	Mögliche Beobachtungen	Mögliche Fragen und Interpretationen
Dem Kind werden verschiedene Materialien gezeigt, die sich durch eine unterschiedliche Größe und/oder Breite auszeichnen. Zunächst kann das Kind gefragt werden, ob es die Materialien kennt. Das Kind wird gefragt, durch welche Eigenschaften sich die Materialien auszeichnen. Das Kind wird gefragt, durch welche äußeren Merkmale sich die Materialien unterscheiden. Das Kind sortiert das Material der Größe nach. Das Kind sortiert das Material der Breite nach. Das Kind benennt, welches Material am größten/am kleinsten, am schmalsten/am breitesten ist? Dem Kind wird eine Puppe gegeben oder es bringt seine eigene Puppe mit. Zusätzlich gibt es verschiedene Puppengarderobe in unterschiedlichen Größen. Die Aufgabe besteht darin, die Kleidung zu finden, die der Puppe am genauesten passt. Das Kind sucht 10 Dinge im Raum, die kleiner sind als sein eigener Daumen und nennt diese. In einer Gruppe schätzen die Kinder als Erstes spontan im Sitzen, wer von den Kindern am Größten und/oder am Kleinsten ist. Die Kinder stellen sich vor einen Spiegel und bringen sich in eine nach Größe sortierte Reihenfolge. Die Kinder stehen im Raum und bringen sich in eine nach Größe sortierte Reihenfolge.	- Das Kind benennt X von Y Materialien. - Das Kind nennt Eigenschaften von: … - Das Kind nennt äußere Merkmale wie Größe, Breite. - Das Kind sortiert die Materialien der Größe nach. - Das Kind sortiert die Materialien nach der Breite. - Das Kind macht Pausen beim Sortieren. - Das Kind benennt, welches der Materialien am größten/ kleinsten, schmalsten/ breitesten/gleich groß/gleich breit ist. - Das Kind zieht der Puppe zu große, passende oder/und zu kleine Sachen an. - Größen werden vom Kind im Allgemeinen passend eingeschätzt.	- Hat das Kind Erfahrungen mit verschiedenen Materialien? - Kann das Kind Eigenschaften von Materialien benennen? - Kann das Kind Größen und/oder Breiten unterscheiden? - Braucht das Kind Zeit zum Überlegen beim Sortieren? - Nimmt sich das Kind Zeit zum Sortieren? - Kann das Kind Größen zuordnen? - Kann das Kind körperferne Größen einschätzen? - Kann das Kind körpereigene Größen einschätzen?

Kognition

Das Kind kann weitere Ideen überlegen, was alles nach Größe sortiert werden kann. Z.B.: Hände, Füße – Abdrucke auf Papier und dann vergleichen. Z.B.: jedes Kind bringt eine Uhr mit – wer hat die größte/kleinste, schmalste/breiteste Uhr	- Das Kind äußert Ideen zum Vergleich von Größen.	- Sind dem Kind Relationen von größer/kleiner/ gleich bekannt?
Körpergröße einschätzen: Es wird ein Seil auf den Fußboden gelegt. Das Kind schätzt ein, wo ein zweites Seil hingelegt werden muss, damit es selbst vom Kopf bis zu den Füßen zwischen die beiden Seile passt. Anschließend steht das Kind auf und überlegt wie weit ein Seil verschoben werden muss, damit es selbst nun um 90° gedreht mit ausgestreckten Armen von Fingerspitzen zu Fingerspitzen zwischen den Seilen liegen kann. [Info: Das Seil muss eigentlich nicht verschoben werden.]	- das Kind zeigt Kenntnis von Größen, Maßen und Größenverhältnissen. - ein Vergleich von Größen erfolgt rein visuell und/oder handlungsorientiert... - Das Kind schätzt die Entfernung aus ...m ein. - Das Kind nimmt Korrekturen bei der Einschätzung vor. - Das Kind schätzt die Größe seiner Körperpositionen genau/ungenau ein.	- Nimmt das Kind seine eigene Körpergröße wahr? - Stimmen die geschätzte und die reale Körpergröße überein? - Geht das Kind planvoll vor? - Sucht sich das Kind Orientierungspunkte? - Korrigiert sich das Kind selbst? - Sind dem Kind Maßeinheiten bekannt?
Mehrere Kinder werden befragt, was sie glauben, wie viele Schuhe hintereinander gestellt werden müssen, damit es die Körperlänge von Kind X ergibt. Die Schuhe werden dann zusammengestellt, mit der Körperlänge verglichen und abgezählt.		
Das Kind schätzt von einer Entfernung von ca. 3 Metern ein, wie groß es ist. An diese Stelle klebt die Pädagogin einen Tesakreppstreifen an die Wand. Anschließend kann das Kind überprüfen, ob es seine Körpergröße korrekt eingeschätzt hat.		
Größenverhältnisse können auch eingeschätzt werden, in dem verschiedene Höhen variabel eingestellt werden können (z.B. mittels einem Seil oder Tuch) und das Kind sagt, wie die Höhe verändert werden muss, damit es in verschiedenen Körperpositionen durch passt (z.B. krabbelnd, seitwärts, mit ausgestreckten Armen).		
Das Kind wird gefragt, ob es Größenmaße kennt; Wenn ja, dann benennt das Kind diese; wenn nein, können die Maße mm, cm und m vorgestellt werden.		
Messen von verschiedenen Größen: das Kind sagt, was es gern ausmessen möchte und/oder der Pädagoge bringt Vorschläge ein. Z.B.: Malblock, Stift, Taschentuch, Körpergröße...		

Kognition

Kategorien bilden
(Christina Reichenbach & Christina Lücking)

Angesprochene Entwicklungsbereiche und deren Schwerpunkte:	**Kognition:** Aufmerksamkeit, Abstraktes Denken, Denkstrategien, Merkfähigkeit, logisches Schlussfolgern, Reflexionsfähigkeit, Wissen
Material:	Bildkarten als Vorlage oder verschiedene Materialien (z.B.: Besteck, Schreibutensilien, Spielzeug)
Setting: Gruppen- und/oder Einzelsituation:	E + G
Ursprung der Aufgabe:	ET6-6, LVS

Aufgabenstellung mit Differenzierungsmöglichkeiten	Mögliche Beobachtungen	Mögliche Fragen und Interpretationen
Dem Kind werden verschiedene Bildkarten gezeigt (ca. 20). Es findet heraus, welche Bildkarten zu einer Kategorie, das heißt zusammen gehören. Z.B.: Gib mir alle Karten, auf denen Dinge zum Essen sind. Gib mir alle Karten, auf denen Spielzeug ist.	- Das Kind legt die Karten einer Kategorie zusammen. - Das Kind benennt ein Material, welches nicht in die Reihe passt. - Das Kind benennt mehrere Materialien, die nicht in die Reihe passen. - Das Kind legt Materialien zusammen, die zusammen gehören. - Das Kind begründet, warum welche Materialien (nicht) zusammen gehören. - Das Kind benennt Kategorien/Oberbegriffe für ...:	- Wie ist das logische Denken? - Welches Erfahrungswissen zeigt das Kind? - Kennt das Kind alle Materialien? - Kann das Kind Kategorien bilden? - Wie ist der Wortschatz des Kindes?
Die Pädagogin legt jeweils vier bis fünf verschiedene Materialien oder Bildkarten auf den Tisch. Ein Material passt nicht zu den anderen (z.B. Messer, Gabel, Löffel, Puppe). Das Kind findet heraus, welches der Materialien nicht in die Reihe passt. Weitere Beispiele: Puppe-Matchbox-Löffel-Indianer; Stift-Zwergfigur-Papier-Radiergummi; Kasper-Katze-Hund-Maus; Das Kind legt die Materialien zusammen, die zusammen gehören.		
Die Pädagogin legt dem Kind Bildkarten oder Materialien einer Kategorie vor (z.B. Messer, Gabel, Löffel, Kuchengabel) und fragt „Das ist alles...?" – Antwort = „Besteck"		
Das Kind erzählt, warum welche Materialien zusammen gehören.		

Anmerkung: Die im Folgenden abgebildeten Bildkarten lassen sich für zahlreiche diagnostische Situationen, welche in diesem Buch beschrieben sind, verwenden.

Kognition

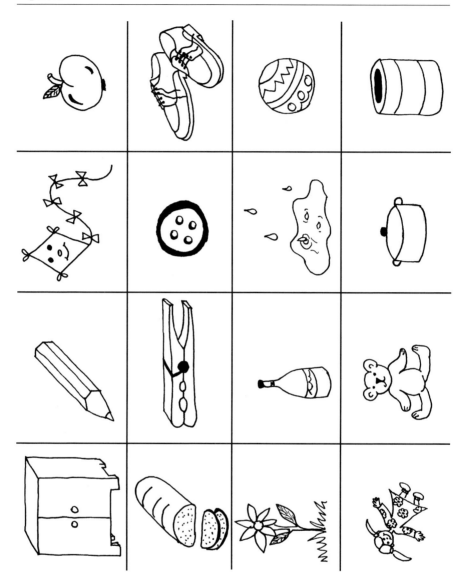

Kognition

Kognition

Kognition

Kognition

Malen nach Antworten
(Christina Reichenbach & Christina Lücking)

Angesprochene Entwicklungsbereiche und deren Schwerpunkte:	**Kognition**: Denken, Merkfähigkeit, Handlungsplanung, Aufmerksamkeit, Verständnis, Vorstellungsvermögen, Wissen **Wahrnehmung**: visuell (Raum-Lage, räumliche Beziehungen, Augen-Hand-Koordination), Raum-Zeit (Raumvorstellung) **Bewegung**: Graphomotorik
Material:	Papier; Stifte; Fragestellungen und Antwortkonsequenzen, die später ein Bild ergeben (s. u.)
Setting: Gruppen- und/oder Einzelsituation:	E + G
Ursprung der Aufgabe:	

Aufgabenstellung mit Differenzierungsmöglichkeiten	Mögliche Beobachtungen	Mögliche Fragen und Interpretationen
Das Kind malt ein Bild. Das Kind erhält eine Vorlage von einem Bild, die es abmalt. Das Kind überlegt sich selbst, was es zeichnen möchte. Dem Kind wird gesagt, was es zeichnen soll, z.B. einen Menschen, ein Tier oder ein Haus (ein Element!). Dem Kind werden immer zwei alternative Fragen vorgelesen. Je nach dem welche Frage mit „ja" beantwortet wird, malt es ein bestimmtes Ding. Zum Beispiel: Bist du ein Junge? Dann malst du ein Baumhaus. Bist du ein Mädchen? Dann malst du einen See mit einem Boot. Hast du ein Haustier? Dann malst du dieses Tier. Hast du kein Haustier? Dann malst du einen Baum. Hast du Geschwister? Dann malst du eine Sonne. Hast du keine Geschwister? Dann malst du eine Wolke. usw.	- Das Kind malt ein Bild grob/im Detail ab. - Das Kind äußert (keine) Ideen für ein eigenes Bild. - Die folgende Elemente des Bildes sind ohne Nachfrage gut erkennbar: …. - Das Kind erzählt zu den einzelnen Bildelementen etwas. - Das Kind ordnet den Fragen die passenden Antworten zu und zeichnet dementsprechend den angegebenen Gegenstand.	- Kann das Kind bestimmte Elemente gut/weniger gut malen? - Kann das Kind die Fragen beantworten? - Welche Reihenfolge wählt das Kind bei dem Malen der einzelnen Vorgaben (z.B.: von unten nach oben)? - Hat das Kind Erfahrungen mit dem gemalten Gegenstand? - Kennt das Kind die genutzten Begriffe?

Kognition

Situationsbericht
(Christina Reichenbach & Christina Lücking)

Angesprochene Entwicklungsbereiche und deren Schwerpunkte:	**Kognition:** Merkfähigkeit/Gedächtnis, Handlungsplanung, Wissen, logisches Schlussfolgern **Sprache:** Wortschatz, Satzbildung, Sprachverständnis, Sprechakte, suprasegmentale Komponente, Syntax
Material:	evtl. Bilderbuch
Setting: Gruppen- und/oder Einzelsituation:	E + G
Ursprung der Aufgabe:	DESK

Aufgabenstellung mit Differenzierungsmöglichkeiten	Mögliche Beobachtungen	Mögliche Fragen und Interpretationen
Das Kind berichtet von einer Situation in seinem Alltag. Alternativ kann das Kind auch eine zuvor gehörte Geschichte nacherzählen. Dem Kind werden spezielle Fragen zu einzelnen Sachverhalten gestellt. Das Kind malt zuerst ein Bild über eine frei gewählte Alltagssituation. Anschließend berichtet es darüber und beantwortet gestellte Fragen. Das Kind schildert eine Alltagssituation (z.B. Frühstück, Zu-Bett-Geh-Situation). Das Kind fasst den Inhalt seines Lieblingsbilderbuches zusammen. Das Kind spielt einen Reporter. Es interviewt mit einem Mikrofon ein anderes Kind zu einer bestimmten Situation (= Interview).	- Das Kind berichtet in einer logischen und zeitlichen Reihenfolge. - Das Kind gibt Abläufe in einer Grobform wieder. - Das Kind gibt Abläufe im Detail wieder. - Das Kind schmückt seine Erzählungen mit zusätzlichen Anmerkungen wie beispielsweise ... aus. - Das Kind spricht in ganzen Sätzen (4-Wort...-Sätze). - Das Kind formuliert folgende Fragen zu einer Situation: ... - Das Kind benennt einen Gegenstand X mit „Dings".	- Kann das Kind eine Situation logisch und zeitlich ordnen? - Kann das Kind zusammenfassend die wesentlichen Dinge einer Situation wiedergeben? - Kann das Kind Situationen detailgetreu wiedergeben? - Zeigt das Kind Fantasie bei der Erzählung von Situationen? - Wie ist die Artikulation des Kindes? - Wie ist die Betonung bei Frage- und/oder Aussagesätzen? - Wie ist der Wortschatz des Kindes?

Kognition

Erklären von Spielen
(Christina Reichenbach & Christina Lücking)

Angesprochene Entwicklungsbereiche und deren Schwerpunkte:	**Kognition:** Wissen, Vorstellungsvermögen, Merkfähigkeit, Abstraktes Denken, Aufgabenverständnis, Denkstrategien, Kreativität, Reflexionsfähigkeit **Sprache:** Lexikon/Wortschatz, Satzbildung, Sprachverständnis, Körpersprache
Material:	evtl. Symbolkarten erstellen
Setting: Gruppen- und/oder Einzelsituation:	E + G
Ursprung der Aufgabe:	DESK

Aufgabenstellung mit Differenzierungsmöglichkeiten	Mögliche Beobachtungen	Mögliche Fragen und Interpretationen
Das Kind erklärt der Pädagogin und/oder der Gruppe ein Spiel, welches es kennt. Das Spiel wird in einer Grobform beschrieben (Ziel, Vorgehen). Das Spiel wird in einer Feinform beschrieben (Ziel, Vorgehen, Regeln, Sanktionen, Taktik…). Das Spiel wird spannend erzählt, so dass es Andere neugierig macht. Das Kind überlegt sich Variationen für das Spiel. Es werden Symbolkarten zu Spielen erstellt. Welche Symbole eignen sich gut, um das Spiel zu erklären?	- Das Kind nennt ein Spiel, welches es beschreibt. - Das Kind beschreibt ein Spiel in groben Zusammenhängen. - Das Kind schmückt die Beschreibung des Spiels mit Details aus. - Das Kind beschreibt ein Spiel präzise. - Das Kind hebt ihm wichtige Aspekte (z.B. Regeln) besonders hervor. - Das Kind berichtet von Erfahrungen mit dem Spiel. - Das Kind erzählt das Spiel spannend. - Das Kind nennt Variationsmöglichkeiten für das Spiel. - Das Kind findet folgende Symbole … für folgende Regeln…	- Kann sich das Kind an ein Spiel erinnern? - Kann das Kind ein Spiel korrekt wiedergeben? - Kann das Kind ein Spiel in einer logischen und zeitlichen Reihenfolge wiedergeben? - Zeigt das Kind Fantasie hinsichtlich des Spannungsaufbaus? - Kennt das Kind Variationsmöglichkeiten für das Spiel?

Kognition

Bildergeschichte beschreiben und ordnen
(Christina Reichenbach & Christina Lücking)

Angesprochene Entwicklungsbereiche und deren Schwerpunkte:	**Kognition:** Aufmerksamkeit, Wissen, Denkstrategien, Handlungsplanung, Vorstellungsvermögen, Abstraktionsfähigkeit, Kreativität, Merkfähigkeit, logisches Schlussfolgern, Reflexionsfähigkeit **Sprache:** Satzbildung, Sprachgedächtnis, Sprachverständnis, Wortschatz, Sprechakte **Wahrnehmung:** Raum-Zeit (Raumvorstellung, Ordnung), visuell (räumliche Beziehungen, Raum-Lage)
Material:	Bildergeschichte
Setting: Gruppen- und/oder Einzelsituation:	E + G
Ursprung der Aufgabe:	BfdS, DESK, ET 6-6

Aufgabenstellung mit Differenzierungsmöglichkeiten	Mögliche Beobachtungen	Mögliche Fragen und Interpretationen
Dem Kind werden eine Bildergeschichte (ca. 4 Bilder) oder mehrere ungeordnete Bilder gezeigt. Anschließend äußert es sich zu dem Geschehen auf den Bildern. Was siehst du auf den Bildern (z.B. Personen, Figuren, …)? Es können konkrete Fragen zu den Bildern gestellt werden. Zum Beispiel: Wie viele … siehst du auf dem Bild 1? Wie schaut die Person X auf dem Bild? etc. Die Bilder liegen ungeordnet und werden vom Kind (chrono-)logisch geordnet. Mit welchem Bild fängt die Geschichte an und mit welchem Bild hört die Geschichte auf? Was ist auf den Bildern passiert? Das Kind findet heraus, was auf den Bildern dargestellt wird und erzählt dazu eine Geschichte mit seinen eigenen Worten während es die Bilder betrachtet. Was ist auf den Bildern passiert? Das Kind findet heraus, was auf den Bildern dargestellt wird und erzählt dazu eine Geschichte mit seinen eigenen Worten, ohne dass die Bilder angesehen werden. Nachdem die Bilder geordnet wurden, erzählt jedes Kind reihum einen Satz, so dass eine gemeinsame Geschichte entsteht.	- Das Kind beschreibt einzelne Bilder grob und/oder im Detail. - Das Kind gibt Gesehenes der Geschichte in einer erkennbaren Reihenfolge wieder. - Das Kind nutzt bei der Erzählung vielfältiges Vokabular. - Das Kind geht bei der Erzählung von Bild zu Bild. - Das Kind bringt die Bilder in eine passende Reihenfolge.	- Kann das Kind die einzelnen Situationen auf den Bildern beschreiben? - Wie ist die Kreativität und Fantasie? - Kann das Kind einen Zusammenhang zwischen den Bildern erkennen? - Kann das Kind kausale Abfolgen erfassen? - Kann das Kind die Bilder in eine (chrono-)logische Reihenfolge bringen? - Kann das Kind Schlussfolgerungen ziehen?

Kognition

144

Wieder erkennen von Bildern
(Christina Reichenbach & Christina Lücking)

Angesprochene Entwicklungsbereiche und deren Schwerpunkte:	**Kognition:** Aufmerksamkeit, Gedächtnis/Merkfähigkeit, räumliche Fähigkeiten **Wahrnehmung:** visuell (Differenzierung, Strukturierung; räumliche Beziehungen), Raum-Zeit (Ordnung)
Material:	Bildkarten oder andere Bildvorlagen (z.B. Postkarten, Fotos, Bilder aus Comics)
Setting: Gruppen- und/oder Einzelsituation:	E + G
Ursprung der Aufgabe:	ET 6-6

Aufgabenstellung mit Differenzierungsmöglichkeiten	Mögliche Beobachtungen	Mögliche Fragen und Interpretationen
Dem Kind werden ca. 4-6 Bildkarten gezeigt. Das Kind sieht sich die Karten an und merkt sich diese. Die Bildkarten werden nacheinander oder gemeinsam gezeigt. Die Dauer des Zeigens kann variiert werden: ca. 30-10 Sekunden. Das Kind erzählt, was ihm zu den einzelnen Bildkarten einfällt. Die Bildkarten werden nacheinander oder gemeinsam gezeigt. Die Dauer des Zeigens kann variiert werden: ca. 30-10 Sekunden. Anschließend werden die Bildkarten wieder eingesammelt. Das Kind sagt, welche Bildkarten es gesehen hat. Das Kind sagt, in welcher Reihenfolge die Bildkarten gezeigt wurden. Nach den ersten Bildkarten werden nochmals Bildkarten gezeigt, wobei es hier neue und bereits bekannte Bildkarten gibt. Das Kind soll sagen, welche Bildkarten es bereits beim ersten Zeigen gesehen hat.	- Das Kind schaut sich die Karten …sec. an - Das Kind äußert sich beim Betrachten der Karten… - Das Kind erzählt grob und/oder im Detail etwas zu einzelnen Karten. - Das Kind nennt nach der Verdeckung der Karten X von Y Motiven auf den Karten. - Das Kind gibt die Reihenfolge der gelegten Karten wieder. - Das Kind benennt Karten, die es bereits beim ersten Durchgang gesehen hat.	- Kann das Kind sich an Motive erinnern? - Welches Erfahrungswissen zeigt das Kind? - Kennt das Kind einzelne Motive? - Kann sich das Kind an eine Reihenfolge erinnern? - Kann sich das Kind auf die Aufgabe konzentrieren? - Merkt sich das Kind einzelne Motive? Wie viele?

Kognition

Planungen von Alltagssituationen
(Christina Lücking & Christina Reichenbach)

Angesprochene Entwicklungsbereiche und deren Schwerpunkte:	**Kognition:** Aufgabenverständnis, Aufmerksamkeit, Gedächtnis, Handlungsplanung, Problemlöseverhalten, Wissen **Sozial-emotionaler Bereich:** Selbständigkeit, soziale Kompetenzen, Kooperationsfähigkeit, Selbstwirksamkeit, Motivation, Verantwortungsbewusstsein, emotionale Belastbarkeit
Material:	eigene Fotos von Räumlichkeiten der Institution, eigene Bildkarten oder Fotos von Gegenständen bzw. Materialien in der Institution
Setting: Gruppen- und/oder Einzelsituation:	G + E
Ursprung der Aufgabe:	

Aufgabenstellung mit Differenzierungsmöglichkeiten	Mögliche Beobachtungen	Mögliche Fragen und Interpretationen
Es werden Alltagssituationen bzw. -handlungen ausgewählt, die mit dem Kind bzw. den Kindern hinsichtlich verschiedener Schwerpunkte bearbeitet werden können. Dabei kann es sich z.B. um folgende Situationen handeln: Organisation des Arbeitsplatzes, Planung, Gestaltung und Durchführung des Vorhabens, allein und/oder in einer Gruppe. Die Pädagogin bespricht mit dem Kind/den Kindern die ausgewählte (möglichst alltägliche) Handlungssituation (z.B. malen, basteln, Frühstücken, Gruppenarbeit…). Mögliche Fragen: An welchem Ort findet die Handlung statt? Welche Materialien werden für die Handlung gebraucht? Wo sind diese Materialien? Wie viele Materialien werden für die Handlung benötigt? Wie viele Personen werden gebraucht, um die Materialien zu holen? Wird Hilfe benötigt, um die Materialien zu holen? Wer soll helfen und warum?	- Das Kind benennt eigenständig folgende Materialien, die für die Handlung benötigt werden… - Das Kind zeigt auf folgende Gegenstände, die für die Handlung benötigt werden: … - Das Kind gibt folgende Gründe für die Auswahl der Materialien an: … - Das Kind nennt folgende Orte, an denen sich die genannten Materialien befinden: … - Das Kind holt selbständig die abgesprochenen Materialien. - Das Kind holt neben den abgesprochenen Materialien folgende weitere, zuvor nicht abgesprochene Materialien: … - Das Kind holt anstelle der vereinbarten Materialien folgende: …	- Kann das Kind entsprechend der Aufgabe Materialien auswählen? Wenn ja, welche wählt es aus? - Welches Aufgabenverständnis hat das Kind? - Weiß das Kind, wo es benannte Materialien im Raum finden kann? - Setzt das Kind die ihm übertragenen Aufgaben um? - Wie setzt das Kind eine Aufgabe um (z.B. allein, mit Hilfe)? - Kann sich das Kind auf einen gemeinsam vereinbarten Ablauf einlassen? Wenn ja, auf welchen? - Äußert das Kind eigene Ideen für die Planung und/oder Gestaltung des Ablaufs? Wenn ja, welche? - Kann das Kind alleine an der Umsetzung der Handlung arbeiten?

Kognition

Verschiedene Materialien/Dinge können auf Bildkarten oder Fotos den Kindern gezeigt werden. Die Kinder wählen entsprechende Materialien aus, die ihrer Ansicht nach benötigt werden. Die Orte, an denen sich die Materialien befinden, können von den Kindern benannt werden, darauf gezeigt oder auf einer Skizze vom Raum markiert werden. Die Kinder können die Bildkarten/Fotos untereinander aufteilen, so dass ein abgebildeter Gegenstand von dem jeweiligen Kind organisiert werden muss. Es kann beispielsweise auch eine zeitliche Vorgabe für die Organisation der Materialien vereinbart werden.	- Das Kind begründet das Holen weiterer oder anderer Materialien wie folgt: ... - Das Kind holt sich Hilfe von Person X für ... - Das Kind beteiligt sich folgendermaßen an der Planung der Handlung ... (z.B. verbal, schaut zu). - Das Kind tritt in folgender Weise in Kontakt mit den anderen Kindern ... (z.B. äußert verbal Ideen, greift Ideen anderer Kinder auf). - Das Kind beteiligt sich am Aufräumen (nicht). - Das Kind reagiert wie folgt auf eine gelungene Aktion bzw. einen gelungenen Aufbau: ... (z.B. Lachen).	- Kann das Kind in einer Gruppe von X Personen die Aufgabe entsprechend der Absprachen durchführen? - Kann das Kind Ablehnung und/oder Zustimmung gegenüber Ideen anderer Kinder äußern? - Wie äußert das Kind Ablehnung und/oder Zustimmung? - Zeigt das Kind Aufmerksamkeit? Über welchen Zeitraum? - Äußert sich das Kind zu den Situationen? Wenn ja, wie und in welcher Weise? - Kann das Kind Hilfe einfordern? Wenn ja, wie, in welcher Situation, von wem? - Ist das Kind motiviert? - Ist das Kind interessiert? Was interessiert es besonders? - Merkt das Kind, dass es selbst etwas bewirken kann? - Kann das Kind bevorstehende Handlungen selbständig und/oder gemeinsam planen?
Es wird abgesprochen, wer welche Materialien holt.		
Sind die Materialien an einem Ort wird das Vorhaben bzw. das Ziel der Handlung genau besprochen. Mögliche Leitfragen: Welche Materialien sollen wie an dem Ort angeordnet werden? Wer benötigt welche Materialien und wann? Welche Schritte sind für das Ziel der Handlung erforderlich? Welches Kind möchte was machen? Welches Kind möchte mit wem zusammen arbeiten? Wer hat welche Ideen? Welche Ideen möchten die Kinder umsetzen? Wie können verschiedene Ideen miteinander verbunden werden? Nach Beendigung der Handlung wird das Aufräumen des Handlungsortes gemeinsam besprochen. Die erfolgreiche Handlung/der erfolgreiche Aufbau wird mit dem Kind/den Kindern gefeiert, z. B. durch: - Jubelschrei - Jubelgeheul - Abklatschen („5" geben) - Applaudieren - Einen Kreis bilden, sich anfassen und einen Schlachtruf rufen, z.B.: „Wir sind gut, wir sind gut, wir sind gut!!!"		

Kognition

Bauen
(Christina Reichenbach & Christina Lücking)

Angesprochene Entwicklungsbereiche und deren Schwerpunkte:	**Kognition:** Aufmerksamkeit, Handlungsplanung, abstraktes Denken, Kreativität, Vorstellungsvermögen, Problemlöseverhalten, Reflexionsfähigkeit, räumliche Fähigkeiten **Bewegung:** Hand- und Fingerbeweglichkeit, Feinmotorik, Graphomotorik
Material:	Materialien zum Bauen; Papier; Stifte
Setting: Gruppen- und/oder Einzelsituation:	E + G
Ursprung der Aufgabe:	ET 6-6

Aufgabenstellung mit Differenzierungsmöglichkeiten	Mögliche Beobachtungen	Mögliche Fragen und Interpretationen
Dem Kind wird die Aufgabe gestellt etwas zu bauen (z.B. ein Haus, einen Spielplatz). Materialien (z.B. Legobausteine, Turnhallengeräte) zum Bau werden vorgegeben. Materialien zum Bau wählt sich das Kind selbst aus. Es wird dem Kind ein Bauplan vorgegeben. Das Kind erstellt einen eigenen „Bauplan", ehe es diesen vom Papier in den Raum überträgt. Die einzelnen Handlungsschritte werden mit dem Kind nacheinander besprochen und umgesetzt. Das Kind baut selbständig oder in Kooperation mit anderen Kindern.	- Das Kind äußert folgende Ideen für das Bauen: ... - Das Kind wählt folgende Materialien selbst aus: ... - Das Kind bindet X von Y ausgewählten Materialien in sein Bauvorhaben ein. - Das Kind berichtet von Erfahrungen mit dem Bauen. - Das Kind schaut sich einen Bauplan an. - Das Kind kommentiert den Bauplan inhaltlich. - Das Kind erstellt einen eigenen Bauplan. - Der eigene Bauplan ist übersichtlich gestaltet und gut nachvollziehbar. - Das Kind nutzt genau die Materialien in seinem Bauplan, die vorhanden sind. - Das Kind schlägt folgende Reihenfolge für das Erbauen vor: ... - Das Kind korrigiert sich selbst bei der Planung und begründet dies wie folgt: ...	- Welches Erfahrungswissen zeigt das Kind? - Zeigt das Kind Handlungsplanung? - Hält das Kind beim Bau eine bestimmte Reihenfolge ein? - Kann sich das Kind auf die Aufgabe konzentrieren? - Merkt sich das Kind die Inhalte des Bauplans? - Kommentiert das Kind sein Handeln? - Kann sich das Kind eine Vorstellung vom vorgegebenen Bauplan machen? - Kann das Kind den Bauplan in die Praxis umsetzen? - Kann sich das Kind mehrere aufeinander folgende Schritte merken?

Grimassentanz
(Christina Lücking & Christina Reichenbach)

Angesprochene Entwicklungsbereiche und deren Schwerpunkte:	**Sozial-emotionaler Bereich:** Gefühlsausdruck, emotionales Befinden, Mimik, Gestik, Körperhaltung **Kognition:** Kreativität, Gedächtnis, Reflexionsfähigkeit **Bewegung:** Feinmotorik
Material:	evtl. Gefühlskarten oder -bilder
Setting: Gruppen- und/oder Einzelsituation:	G + E
Ursprung der Aufgabe:	Kraus

Aufgabenstellung mit Differenzierungsmöglichkeiten	Mögliche Beobachtungen	Mögliche Fragen und Interpretationen
Bei diesem Spiel geht es darum, welche Grimassen mit dem eigenen Gesicht geformt werden können. Dazu kann das Kind z.B. vor einem Spiegel ausprobieren, welche Grimassen es schneiden kann.	- Das Kind zeigt folgende Grimasse: ... - Das Kind zeigt verschiedene Grimassen: ... - Das Kind probiert selbständig mögliche Grimassen aus. - Das Kind ahmt Ideen anderer nach. - Das Kind imitiert vorgemachte Grimassen. - Das Kind äußert folgende Gefühle: ... - Das Kind stellt Gefühle in Form von .... dar (z.B. beschreibend, mimisch, gestisch). - Folgenden Grimassen werden von dem Kind ... folgenden Gefühlen ... zugeordnet. - Folgende Körperhaltungen werden im Zusammenhang mit einer Grimasse bzw. einem vorher benannten Gefühl von dem Kind gesehen: ... - Die benannten Gefühle und gezeigten Grimassen werden von dem Kind wie folgt einzeln dargestellt: ... (z.B. Ausmaß der Darstellung, Intensität).	- Welche Grimassen sind dem Kind bekannt? - Welche Gefühle verbindet das Kind mit welcher Grimasse? - Kann das Kind eine oder mehrere Grimassen darstellen? - Kann das Kind ein Gefühl mimisch darstellen? - Kann das Kind sich über Gesten ausdrücken? - Wie kreativ ist das Kind beim Entwickeln von Grimassen? - Kann das Kind ein Gefühl mimisch wieder erkennen? - Welche Körperhaltungen wählt das Kind für welche Gefühle aus? - In welcher Form und in welchem Ausmaß stellt das Kind Gefühle körperlich dar?
Welche verschiedenen Positionen können einzelne Körperteile im Gesicht einnehmen (z.b. die Augen, der Mund, die Nase, die Stirn)?		
In einer Gruppe: Jedes Kind zeigt seine „Lieblingsgrimasse". Anschließend kann diese von den anderen Kindern nachgemacht werden.		
Das Kind wird gefragt, welche Gefühle es kennt. Erleichtert werden kann diese Frage, in dem dem Kind Bildkarten gezeigt werden und das Kind äußert sich zu diesen.		
Dem Kind werden Bildkarten oder Fotos von den eigenen Grimassen gezeigt und es überlegt, welches Gefühl zu welcher Grimasse passen könnte.		
Das Kind überlegt sich Bewegungen, die jeweils zu den Grimassen und dem Gefühl passen könnten?		
Das Kind überlegt, wie einzelne Körperteile verändert werden können (z.B. Armhaltung, Fingerhaltung), wodurch dem Körper ein anderer Ausdruck ermöglicht wird.		
Das Kind überlegt sich einen Tanz zu einem Gefühl, in dem es die vorher zugeordneten Bewegungen sowie Grimassen einbaut.		

Sozial-emotionaler Bereich

Sozial-emotionaler Bereich

Pantomime
(Christina Reichenbach & Christina Lücking)

Angesprochene Entwicklungsbereiche und deren Schwerpunkte:	**Sozial-emotionaler Bereich:** Gefühlsausdruck, emotionales Befinden, soziale Kompetenzen **Kognition:** Aufmerksamkeit, Abstraktes Denken, logisches Schlussfolgern, Vorstellungsvermögen, Reflexionsfähigkeit, Wissen **Sprache:** Sprachgedächtnis, Sprechakte, Körpersprache, Wortschatz, Kommunikationsfähigkeit **Bewegung:** Gesamtkörperkoordination
Material:	evtl. Bildkarten (s. Seite 151)
Setting: Gruppen- und/oder Einzelsituation:	E + G
Ursprung der Aufgabe:	Lichtenegger

Aufgabenstellung mit Differenzierungsmöglichkeiten	Mögliche Beobachtungen	Mögliche Fragen und Interpretationen
Es geht darum, verschiedene Gefühlsstimmungen und Szenen pantomimisch darzustellen. Dem Kind werden verschiedene Gefühlsstimmungen (z.B. traurig, fröhlich, erschrocken,…) nacheinander genannt (oder auf Bildkarten gezeigt), die es alle nacheinander pantomimisch darstellt.	- Das Kind stellt die benannten Gefühle wie folgt dar: … - Das Kind drückt sich vorwiegend über Mimik aus, z.B. … - Das Kind drückt sich vorwiegend über Gesten aus, z.B. … - Das Kind drückt sich vorwiegend über spezielle Körperhaltungen aus, z.B. …	- Kann das Kind genannte Gefühle mimisch darstellen? - Kann das Kind Gefühle gestisch darstellen? - Sind dem Kind Gesten bekannt? Wenn ja, welche?
Die Gefühlsstimmungen können in eine Geschichte eingebettet sein. Jedes mal, wenn ein Gefühl beschrieben wird, zeigt das Kind, wie dies aussieht. Hierbei kann der Schwerpunkt der Darstellung auf die Mimik, die Körperhaltung und/oder die Gestik gelegt werden.	- Das Kind entwickelt folgende Ideen bei der Darstellung des genannten Gefühls: … - Das Kind greift folgende Ideen für die Darstellung des genannten Gefühls der anderen Kinder auf: …	- Kann das Kind gezeigte Gesten und die damit verbundene Absicht erkennen? Wenn ja, welche?
In einer Gruppe: Die Kinder stellen jeweils pantomimisch Gefühle dar und beobachten sich gegenseitig. Dabei versuchen sie Gemeinsamkeiten sowie Unterschiede bei der Darstellung des benannten Gefühls herauszufinden.	- Folgende Gemeinsamkeiten bei der Darstellung eines Gefühls werden von dem Kind benannt: … - Folgende Unterschiede bei der Darstellung werden von dem Kind beschrieben: … - Folgende Gesten werden von dem Kind benannt: …	- Kann das Kind eigene Absichten mittels Gesten darstellen? Wenn ja, welche nutzt es? - Sind die Gesten auch im Alltag beobachtbar?
Zwei oder mehrere Kinder gehen zusammen und erhalten die Aufgabe, eine bestimmte Szene/Alltagssituation pantomimisch darzustellen (z.B. Zähne putzen, Prügelei, 11 Meter schießen..), welche von den anderen Kindern erraten wird. Anschließend überlegen die Kinder, wie die Situationen anders verlaufen könnte.	- Das Kind zeigt folgende Reaktionen auf die demonstrierte Geste X: …	- Woher kennt ein Kind bestimmte Gesten und/oder mimische Ausdrücke?
Die Pädagogin spielt eine Szene. Im Anschluss daran, versuchen die Kinder zu erkennen, was für eine Absicht mit der Szene verfolgt wurde (z.B. Finger auf die Lippen legen; mit den Händen alle Kinder zum Aufstehen animieren und dabei tanzen; mit geballter Faust auf ein Kind zugehen).	- Das Kind äußert folgende Vermutungen über die Absicht der gezeigten Geste X: … - Das Kind begründet seine Reaktion auf eine gezeigte Geste wie folgt: …	- Kann das Kind über Mimik und/oder Gestik kommunizieren? - Wie ist die Körpersprache des Kindes?
Die Kinder überlegen sich weitere, mögliche verschiedene Gesten für verschiedene Absichten, die dargestellt werden könnten.	- Folgende Gesten werden von dem Kind selbst demonstriert: …	

Sozial-emotionaler Bereich

Ein vorher vereinbartes Kind beginnt eine Geste gegenüber einem anderen Kind zu machen. Dieses Kind überlegt sich eine mögliche Folgegeste usw. Den Kindern wird eine Alltagssituation erzählt. Das Ende bleibt offen und die Kinder überlegen sich, wie die Szene enden und das Ende pantomimisch dargestellt werden könnte. Es können auch beispielsweise drei Enden vorgegeben werden, aus denen eins ausgesucht werden kann.	- Das Kind reagiert auf eine Geste X mit einer Folgegeste Y. - Das Kind findet mit Worten ein Ende für eine Situation. - Das Kind stellt ein Ende für eine Situation mit Gesten und seiner Mimik dar. - Das Kind entscheidet sich bei einer möglichen Auswahl von Enden für folgende: …	- Was kann das Kind mit seinem Körper ausdrücken?

Sozial-emotionaler Bereich

Das bin ICH
(Christina Reichenbach & Christina Lücking)

Angesprochene Entwicklungsbereiche und deren Schwerpunkte:	**Sozial-emotionaler Bereich**: Selbstkonzept, Gefühlsausdruck, Reflexionsfähigkeit **Kognition**: Reflexionsfähigkeit, Vorstellungsvermögen, personale Fähigkeiten
Material:	Plakat für jedes Kind, Stifte
Setting: Gruppen- und/oder Einzelsituation:	G + E
Ursprünge der Aufgaben:	Lichtenegger, SKI

Aufgabenstellung mit Differenzierungsmöglichkeiten	Mögliche Beobachtungen	Mögliche Fragen und Interpretationen
Die Aufgabe besteht darin, dass sich das Kind bewusster mit sich selbst auseinandersetzt. Es geht darum, herauszufinden, was jedem Kind individuell wichtig ist und was es besonders gerne macht. Dem Kind können verschiedene Materialien (z.B. Zeitschriften) zur Verfügung gestellt werden, oder es bringt eigene Materialien mit (z.B. Fotos). Das Kind erhält ein Plakat, welches in drei gleichgroße Felder unterteilt ist. Das Kind erhält die Aufgabe, in das erste Feld des Plakats einzutragen (zu malen, einzukleben), was ihm zu sich selbst einfällt (z.B. Lieblingsfarbe, Lieblingsessen, Personen (Lieblingsfußballspieler oder für das Kind wichtige Personen), Tiere (z.B. Haustier), Gegenstände (z.B. Fahrrad), Hobbys oder auch Beschreibungen, die etwas über es selbst aussagt bzw. ihnen wichtig sind). Das Kind erhält die Aufgabe, zwei Gegenstände, mit denen es besonders gerne spielt, in das zweite Feld des Plakates zu malen oder einzukleben. In das dritte Feld malt das Kind die zwei Dinge, die es glaubt besonders gut zu können. In einer Gruppe: Die Kinder vergleichen gemeinsam mit der Pädagogin die Plakate. Die Kinder können die Plakate hinsichtlich Gemeinsamkeiten und/oder Unterschiede betrachten. Vielleicht können sie noch Aussagen bzw. Angaben anderer Kinder entdecken, die sie noch auf ihr Plakat eintragen wollen, da es auch auf sie zutrifft.	- Das Kind gibt folgende Dinge zu sich selbst an... - Das Kind begründet die Auswahl der Angaben zu sich selbst wie folgt: ... - Das Kind hebt folgende Angaben zu sich selbst besonders hervor... (evtl. hierarchische Bewertung): ... - Das Kind gibt an, mit folgenden Dingen gerne zu spielen: ... - Das Kind begründet sein besonderes Interesse für die angegebenen Spielhandlungen wie folgt: ... - Das Kind gibt folgende Dinge an, die es glaubt besonders gut zu können: ... - Das Kind begründet sein Können wie folgt: ... - Das Kind erkennt folgende Gemeinsamkeiten zwischen sich und Person X: ... - Das Kind erkennt folgende Unterschiede zwischen sich und Person X: ... - Das Kind bewertet Gemeinsamkeiten und/oder Unterschiede von speziellen Angaben wie folgt: ...	- Kann das Kind Dinge aufzeigen bzw. Angaben machen, die ihm zu sich selbst einfallen? Wenn ja, welche? - Kann das Kind beschreiben, weshalb die Dinge für ihn so wichtig sind? Wenn ja, welche Gründe gibt es an? - Bewertet das Kind die eigenen Angaben zu sich selbst hierarchisch? Wenn ja, was ist dem Kind besonders wichtig? - Womit spielt das Kind gern? - Kann das Kind beschreiben, was es an den angegebenen Spielen besonders gerne mag? - Welche Gemeinsamkeiten findet das Kind zu Anderen? - Welche Unterschiede findet das Kind zu Anderen?

In der Situation fühle ich mich...
(Christina Reichenbach & Christina Lücking)

Angesprochene Entwicklungsbereiche und deren Schwerpunkte:	**Sozial-emotionaler Bereich**: Selbstwirksamkeit, Motivation, Gefühlsausdruck, emotionale Belastbarkeit, emotionales Befinden **Sprache**: Sprachgedächtnis, Satzbildung, Wortschatz, Körpersprache, Kommunikationsfähigkeit **Kognition**: Aufgabenverständnis, Aufmerksamkeit, Abstraktes Denken, Gedächtnis, Reflexionsfähigkeit, Wissen, Vorstellungsvermögen
Material:	Papier, Stifte
Setting: Gruppen- und/oder Einzelsituation:	E
Ursprung der Aufgabe:	Kelly

Aufgabenstellung mit Differenzierungsmöglichkeiten	Mögliche Beobachtungen	Mögliche Fragen und Interpretationen
Das Kind erhält zwei Blätter Papier. Auf dem ersten Blatt malt das Kind auf, in welchen Situationen und bei welchen Begebenheiten es sich besonders gut und wohl fühlt. Auf dem zweiten Blatt malt das Kind auf, in welchen Situationen und bei welchen Begebenheiten es sich nicht so gut bzw. wohl fühlt. Es können auch Fotos oder Bilder von alltäglichen Handlungen und Situationen gezeigt werden, die das Kind kennt. Das Kind kann auf die entsprechenden Bilder zeigen, in denen es sich wohl fühlt und in denen es sich weniger wohl fühlt. Das Kind sucht sich eine Situation aus, in dem es sich besonders wohl fühlt und eine Situation, in dem es sich sehr unwohl fühlt. Die Pädagogin erfragt, welche Bedingungen dem Kind gut gefallen und welche weniger, welche Erfahrungen das Kind bisher in den ausgewählten Situationen gesammelt hat, wie es mit den jeweiligen Bedingungen umgeht bzw. auf sie reagiert.	- Das Kind zeigt und/oder benennt folgende Situationen, in denen es sich wohl fühlt... - Das Kind zeigt und/oder benennt folgende Situationen, in denen es sich nicht so wohl fühlt... - Das Kind äußert folgendes Gefühl..., welches es in der Situation X hat... - Das Kind äußert folgende Erfahrungen, die es in der Situation X bisher gemacht hat... - Das Kind äußert folgende Gedanken..., die in der Situation X passieren könnten. - Das Kind begründet sein Verhalten in der Situation X wie folgt... - Das Kind benennt folgende Ideen, unter denen es sich besser fühlen würde... - Das Kind äußert unter folgenden Bedingungen... die Situation durchführen zu können.	- Kann das Kind Situationen benennen, in denen es sich wohl fühlt? Welche? - Kann das Kind Situationen benennen, in denen es sich unwohl fühlt? Welche? - Kann das Kind eigene Gefühle beschreiben? Welche? - Kann das Kind Ereignisse beschreiben, die es in der Vergangenheit in der Situation X erlebt hat? An welche? - Kann das Kind Befürchtungen äußern, die es in einer bestimmten Situation X hat? Welche? - Kann das Kind seine Reaktionen bzw. Verhaltensweisen benennen? - Kann das Kind seine Reaktionen bzw. Verhaltensweisen begründen? - Welche Gedanken äußert das Kind? - Welche Gefühle äußert das Kind?

Rollentausch
(Christina Reichenbach & Christina Lücking)

Angesprochene Entwicklungsbereiche und deren Schwerpunkte:	**Sozial-emotionale Entwicklung:** Soziale Kompetenzen, Reflexionsfähigkeit, soziales Selbst **Kognition:** Aufmerksamkeit, Denkstrategien, Gedächtnis, Handlungsplanung, Kreativität, Wissen **Sprache:** Körpersprache, Artefakte **Bewegung:** Gesamtkörperkoordination, Feinmotorik, Augen-Hand-Koordination
Material:	Kleiderkiste, Perücken, Zeitungspapier
Setting: Gruppen- und/oder Einzelsituation:	G
Ursprung der Aufgabe:	

Aufgabenstellung mit Differenzierungsmöglichkeiten	Mögliche Beobachtungen	Mögliche Fragen und Interpretationen
Bei diesem Spiel geht es darum, dass die Kinder verschiedene Rollen ausprobieren. Dies kann in unterschiedlicher Form geschehen.	- Das Kind gibt an, folgende Person(en) gerne darstellen zu wollen… - Das Kind stellt folgende Person dar: … - Das Kind zeigt zu der dargestellten Person X folgende Verhaltensweisen… (z.B. Gesten, sprachliche Äußerungen, Tonfall). - Das Kind äußert folgende Gedanken und Gründe für seine gewählte Darstellung: … - Das Kind äußert, an folgender Rolle besonders viel Freude zu haben: … - Das Kind benennt folgende Möglichkeiten, die es in der Rolle ausleben kann: … - Das Kind hat folgende Ideen für die Darstellung eines anderen Kindes aus der Gruppe: … - Das Kind bewertet die Verhaltensweisen des anderen Kindes wie folgt: … - Das Kind stellt folgende Eigenschaften dar: … - Das Kind setzt bewusst Mimik und Gestik im Rahmen der Rolle ein.	- Kann das Kind andere Rollen benennen? - Möchte das Kind in eine andere Rolle schlüpfen? - Wie stellt das Kind seine Rolle dar? - Kann das Kind das Verhalten der Rolle reflektieren? - Über welche Eigenschaften und typische Verhaltensweisen anderer Personen hat das Kind eine Vorstellung? - Hat das Kind Ideen darüber, wie es von anderen Kindern wahrgenommen wird? - Hat das Kind Ideen darüber, was die anderen Kinder an ihm mögen? Wenn ja, was? - Ist das Kind kreativ bei der Rollenübernahme? - Macht sich das Kind einen Plan, wie es die Rolle spielen will? - Welche körpersprachlichen Elemente nutzt das Kind?
Die Kinder stellen eine andere Person als sich selbst dar. Dazu suchen sie sich entsprechende Kleider heraus, die sie für diese Rolle brauchen und/oder fertigen sie selbst an. Die Kinder stellen jeweils dar, wie sich eine Person verhält.		
Die Rollen können vorgegeben oder selbst ausgewählt werden. Sie können anschließend erraten werden (z.B. durch die Darstellung oder anhand der Auswahl der Kleider) oder gemeinsam (zu zweit, zu dritt) überlegen, welche Kleider und welche Verhaltensweisen (Gesten, Mimik, Körperhaltung, sprachliche Äußerungen) zu der Person passen könnten.		
Die Kinder denken sich gemeinsam eine Szene aus (z.B. Vater, Mutter, Kind; Baustelle; Kaufladen; Klassenzimmer) und stellen diese gemeinsam dar. Jedes Kind übernimmt dabei eine an der Szene beteiligte Person.		
Ein Kind sucht sich ein anderes Kind aus der Gruppe aus und versucht es darzustellen, wie es sich aus seiner Sicht in einer bestimmten Situation darstellt und verhält (die bestimmte Situation kann vorgegeben, frei/selbst gewählt oder als typisch für die Person angesehen werden).		
Die Kinder sammeln gemeinsam Vor- und/oder Nachteile als auch Möglichkeiten und Grenzen einzelner Rollen.		

Was ich für Dich tun kann…
(Christina Reichenbach & Christina Lücking)

Angesprochene Entwicklungsbereiche und deren Schwerpunkte:	**Sozial-emotionale Entwicklung:** Selbstwirksamkeit, Selbstkonzept, Verantwortungsbewusstsein **Kognition:** personale Fähigkeiten, Reflexionsfähigkeit, Handlungsplanung
Material:	
Setting: Gruppen- und/oder Einzelsituation:	E + G
Ursprung der Aufgabe:	

Aufgabenstellung mit Differenzierungsmöglichkeiten	Mögliche Beobachtungen	Mögliche Fragen und Interpretationen
Da die folgende Situation auf individuelle Stärken eines Kindes ausgerichtet ist und individuelle Hilfen erbeten werden, sollte die Besprechung des Vorhabens ausschließlich mit dem entsprechenden Kind erfolgen. Es bietet sich für Kinder an, die aus der Sicht der Pädagogin in unterschiedlichen gemeinsamen Situationen eher bedürfnisorientiert handeln und/oder als lebhaft empfunden werden.	- Das Kind reagiert wie folgt auf die Aussagen X des Pädagogen zu seinen Stärken: … - Das Kind reagiert wie folgt auf die Bitte X des Pädagogen: … - Das Kind äußert folgende Möglichkeiten, wie es ein anderes Kind unterstützen kann: … - Das Kind äußert folgende Bedenken hinsichtlich der erfolgreichen Unterstützung des Kindes: … - Das Kind äußert folgende Gründe, warum es glaubt dem anderen Kind nicht helfen zu können: … - Das Kind verhält sich in der abgesprochenen Situation X wie folgt: … - Das Kind reagiert auf eine Bitte des anderen Kindes in der Situation wie folgt: … - Das Kind sagt, dass es dem Kind X (weniger) gern hilft.	- Kann das Kind die Sichtweise des Pädagogen annehmen? - Welche Reaktionen zeigt das Kind auf Lob? - Weiß das Kind um eigene Stärken? - Welche eigenen Stärken kennt das Kind? - Hat das Kind Ideen, wie es einem anderen Kind helfen könnte? Welche? - Möchte das Kind einem anderen Kind helfen? - Kann das Kind sich auf Vereinbarungen einlassen? Auf welche? - Hält das Kind abgesprochene Hilfsangebote ein? - Weiß das Kind, dass es selbst wirksam sein kann bzw. ist? - Kann das Kind Verantwortung übernehmen? - Kann das Kind sein Handeln reflektieren? - Macht sich das Kind einen Plan für die angestrebte Unterstützung? - Zeigt das Kind Kreativität?
Die Pädagogin bittet ein Kind aus der Gruppe um Hilfe.		
Die Pädagogin benennt dem Kind konkrete Verhaltensweisen, die es an dem Kind beobachtet hat, die es als seine besonderen Stärken erlebt und schätzt.		
Sie erklärt ihm eine bestimmte Situation, in welcher ein anderes Kind ohne Unterstützung noch nicht so gut zu Recht kommt (z.B. selbständig ausziehen, selbständig Materialien besorgen, selbständig den Tisch aufräumen,…).		
Sie fragt das Kind, ob es sich zutraut, die Verantwortung für ein anderes Kind in der beschriebenen Situation zu übernehmen (z.B. am Frühstückstisch, beim Klettern, beim Malen).		
Die Pädagogin vereinbart mit dem Kind konkrete Hilfen, mit denen das Kind dem anderen Kind helfen könnte. Der Zeitraum für die jeweilige Hilfestellung sollte mit dem Kind individuell vereinbart werden (z.B. 1 Tag, 1 Woche, 1 Monat).		

Ein Raum für mich und/oder für uns...
(Christina Lücking & Christina Reichenbach)

Angesprochene Entwicklungsbereiche und deren Schwerpunkte:	**Sozial-emotionaler Bereich:** Gefühlsausdruck, Beziehungsgestaltung, emotionales Befinden, Kooperationsfähigkeit **Kognition:** Aufmerksamkeit, Gedächtnis, Handlungsplanung, Reflexionsfähigkeit
Material:	Papier, Stifte, ein Raum
Setting: Gruppen- und/oder Einzelsituation:	E + G
Ursprung der Aufgabe:	

Aufgabenstellung mit Differenzierungsmöglichkeiten	Mögliche Beobachtungen	Mögliche Fragen und Interpretationen
Die Kinder gestalten ihren Raum nach ihren eigenen und gemeinsamen Vorstellungen so, dass sie sich alle wohl fühlen. Die Kinder stellen sich vor, dass der Raum, in dem sie sich überwiegend aufhalten (z.B. Gruppenraum, Klassenzimmer) ganz leer geräumt ist. Die Kinder gestalten diesen Raum nun nach ihren Vorstellungen neu und richten ihn neu ein. Das kann beispielsweise durch ein Gespräch in der Gruppe geschehen. Andere Möglichkeiten sind: durch individuelle Zeichnungen oder durch Magnete/Bildkarten von Gegenständen, die an die gewünschte Stelle einer Skizze vom Raum gelegt werden können. Die Kinder stellen sich vor, dass eine Ecke in diesem Raum nur ihnen selbst zur Verfügung steht und über die sie frei bestimmen können. Mögliche Fragen: Welche Gegenstände sind in diesem Raum? Wer von den anderen Kindern dürfte dich dort besuchen? Wen würdest du erst einmal nicht in deine Ecke hineinlassen? Was müsste derjenige ändern, so dass du ihn doch in deine Ecke lassen würdest? Welche Regeln gelten in deinem Raum?	- Das Kind nennt folgende Gegenstände, die es sich in dem gemeinsamen Raum wünscht: ... - Das Kind teilt den Raum in folgende Bereiche ein: ... - Das Kind benennt folgende Gründe für die gewünschte Einteilung des Raumes: ... - Das Kind äußert Interesse für folgende Ideen anderer Kinder: ... - Das Kind lehnt folgende Ideen anderer Kinder ab: ... - Das Kind begründet seine Ablehnung gegenüber einzelner Ideen anderer Kinder wie folgt: ... - Das Kind äußert folgende Vorschläge, wie seine Idee mit die eines anderen Kindes verknüpft werden könnte: ... - Das Kind äußert seine Wünsche gegenüber folgenden Personen: ... - Das Kind äußert seine Ablehnung gegenüber folgenden Personen: ... - Das Kind nennt folgende Bedingungen, in denen es sich gemeinsam mit den anderen Kindern wohl fühlt:... - Das Kind nennt folgende Bedingungen, in denen es sich gemeinsam mit den anderen Kindern weniger wohl fühlt: ...	- Äußert das Kind seine Wünsche? Welche? - Kann das Kind eigene Entscheidungen treffen? - Kann das Kind eigene Ideen äußern? - Kann das Kind seine Veränderungswünsche begründen? - Kann das Kind beschreiben, was durch die Veränderungen für das Kind anders/besser wird? - Kann das Kind beschreiben, was dazu beiträgt, dass es sich wohl fühlt? - Kann das Kind beschreiben, was dazu beiträgt, dass es sich weniger wohl fühlt? - Kann das Kind eigene Wünsche und Bedürfnisse anderen Kindern gegenüber benennen? - Kann das Kind Kompromisse hinsichtlich der Gestaltung eines gemeinsamen Raumes finden? Welche? - Kann das Kind seine Emotionen äußern? - Hat das Kind einen Plan und handelt es demnach?

Erzählen zu einem Bild
(Christina Reichenbach & Christina Lücking)

Angesprochene Entwicklungsbereiche und deren Schwerpunkte:	**Sozial-emotionaler Bereich:** Gefühlsausdruck, Reflexionsfähigkeit, Regelverständnis, Selbstkonzept, soziales Selbst **Sprache:** Satzbau, Wortschatz, Kommunikationsfähigkeit, Körpersprache **Kognition:** Abstraktes Denken, Aufmerksamkeit, Gedächtnis, Reflexionsfähigkeit, Vorstellungsvermögen
Material:	Bild vom Spielplatz
Setting: Gruppen- und/oder Einzelsituation:	E + G
Ursprung der Aufgabe:	KEV

Aufgabenstellung mit Differenzierungsmöglichkeiten	Mögliche Beobachtungen	Mögliche Fragen und Interpretationen
Ein Bild von Kindern auf einem Spielplatz wird gezeigt. Mögliche Leitfragen: Welche Situationen siehst du? Welche Situationen hast du selbst schon einmal ausprobiert? Welche würdest du gerne mal ausprobieren und welche eher nicht? Welche Spielsituationen magst du besonders gerne? Welche Spielsituationen magst du weniger gerne? Welche Spielsituationen gefallen Dir besonders und welche weniger? Was könnten die Kinder, die du in der Situation X siehst denken? Was könnte in der Situation X alles passieren? In welcher Spielsituation befindest du dich am Häufigsten? Was hast du schon mal erlebt? Kannst du mir erzählen, was du in einzelnen Situationen schon erlebt hast? Beschreibe, was du alles sehen kannst und erzähle deine Gedanken zu den Situationen. Suche Dir eine abgebildete Spielsituation aus. Wie sollte die Situation aussehen, so dass sie für Dich sehr angenehm ist? Welche Situation fändest du unangenehm?	- Das Kind äußert sich von sich aus zu dem Bild. - Das Kind äußert sich auf Nachfrage zu dem Bild. - Das Kind beschreibt folgende Spielsituationen: ... - Das Kind berichtet von seinen Erfahrungen: ... - Das Kind benennt eigene Empfindungen und Eindrücke zu einzelnen Situationen. - Das Kind beschreibt individuelle Bedeutungen und Erfahrungen in einzelnen Handlungssituationen. - Das Kind verknüpft eigene Erlebnisse mit den abgebildeten Situationen. - Das Kind stellt einen Zusammenhang dar, zwischen bekannten situativen Regeln und den gesehenen Situationen. - Das Kind äußert Ideen über Ereignisketten, z.B.: ... - Das Kind benennt situationsspezifische eigene Verhaltensweisen. - Das Kind sagt, was es gern und/oder weniger gern mag. - Das Kind erzählt frei zu folgender Situation:	- Welche Situationen sind dem Kind bekannt? - Kann das Kind die dargestellten Situationen erkennen? - Wie bewertet es einzelne Situationen? - Welche Erfahrungen hat das Kind in einzelnen Situationen bisher gesammelt? - Welche Gefühle bringt das Kind zum Ausdruck? - Welche eigenen Verhaltensweisen beschreibt das Kind in einzelnen Spielsituationen? - Zeigt das Kind Reflexionsvermögen? - Was mag das Kind gern? - Was mag das Kind weniger gern? - Welche Begründungen benennt das Kind für seine geäußerten Verhaltensweisen bzw. Reaktionen? - In welcher Form erfasst das Kind situationsspezifische Zusammenhänge? - Was spielt das Kind am häufigsten?

Sozial-emotionaler Bereich

Konfliktkarten
(Christina Reichenbach & Christina Lücking)

Angesprochene Entwicklungsbereiche und deren Schwerpunkte:	**Sozial-emotionaler Bereich:** Selbstkonzept, Reflexionsfähigkeit, Emotionales Befinden, Regelverständnis **Kognition:** Aufgabenverständnis, Denkstrategien, Problemlöseverhalten, Vorstellungsvermögen, Abstraktes Denken, Handlungsplanung **Sprache:** Satzbildung, Sprechakte, Körpersprache, Kommunikationsfähigkeit
Material:	Karten mit spezifischen Konfliktsituationen → *können auch aus vorhandenen Comics, Bilderbüchern, Fotos genutzt werden*
Setting: Gruppen- und/oder Einzelsituation:	E + G
Ursprung der Aufgabe:	Lichtenegger

Aufgabenstellung mit Differenzierungsmöglichkeiten	Mögliche Beobachtungen	Mögliche Fragen und Interpretationen
Mit den Kindern werden einzelne Konfliktkarten nacheinander gemeinsam besprochen. Diese können individuell und anlassbezogen ausgesucht werden. Das Kind beschreibt, was es auf der Karte sieht. Das Kind überlegt, ob es erkennt, wie sich die Personen auf der Karte fühlen könnten. Dabei kann das Kind auf die Körpersprache, die Mimik oder die Gestik der Figuren/Personen aufmerksam gemacht werden. Dem Kind wird ein Bild gezeigt. Das Kind überlegt, ob es Ideen hat, was <u>vor</u> der auf dem Bild gezeigten Situation passiert sein könnte. Dem Kind wird ein Bild gezeigt. Das Kind überlegt, wie die einzelnen Personen <u>nach</u> der auf dem Bild gezeigten Situation reagieren könnten. Das Kind wird aufgefordert eigene Erlebnisse zu schildern, die einer auf einem gezeigten Bild demonstrierten Situation ähneln. Das Kind überlegt dann, was es in diesen Situationen bei den eigenen Erlebnissen gefühlt hat. Das Kind wird gefragt, wie es auf die eigene beschriebene Situation reagiert hat.	- Die dargestellte Situation wird von dem Kind wie folgt beschrieben: … - Das Kind reagiert wie folgt beim Betrachten der Situationen: … - Das Kind benennt folgende Gefühle, die die einzelnen dargestellten Personen haben könnten: … - Das Kind begründet seine Vermutungen über Gefühlsstimmungen der dargestellten Personen durch folgende Angaben …. (z.B. eigene Erlebnisse, Mimik, Gestik). - Das Kind benennt folgende Ereignisse, die es selbst erlebt hat: … - Zu dem eigenen Erlebnis äußert das Kind folgende Gefühle: … - Das Kind benennt folgende „Ursachen" für die eigenen Gefühle und die beschriebenen Reaktionen: … - Das Kind äußert folgende Strategien, wie die dargestellte Situation gelöst werden könnte: …	- Kann das Kind Gefühle verbalisieren? - Kennt das Kind verschiedenartige Gefühle? - Kann das Kind die abgebildete Situation beschreiben? - Kann das Kind seine Vermutungen über mögliche Gefühlsstimmungen der abgebildeten Personen äußern? - Findet das Kind Begründungen für gezeigtes Verhalten? - Zeigt das Kind Verständnis und Empathie gegenüber möglichen, vorgebenen Reaktionen? Wenn ja, für welche…? - Hat das Kind bisher mit Konfliktsituationen (positive/negative) Erfahrungen gemacht? Wenn ja, welche…? - Hat das Kind Ideen über mögliche Ursachen zu den selbst erlebten und/oder dargestellten Konflikten?

Sozial-emotionaler Bereich

Dem Kind wird ein Bild gezeigt und es werden verschiedene Reaktionen der einzelnen abgebildeten Personen vorgegeben, die auf die dargestellte Situation folgen könnten, z.B.: schlagen, weg laufen, freuen.... Welche Reaktion könnte es sich für sich am ehesten vorstellen, das heißt, wie würde es selbst handeln? Und was würde dadurch passieren?	- Das Kind zeigt nonverbale Zustimmung bei folgender Situation: ... - Das Kind stimmt folgenden vorgegebenen Reaktionen einer abgebildeten Person zu und begründet dies mit folgenden „Vorteilen"... - Das Kind lehnt folgende vorgegebenen Reaktionen einer abgebildeten Person ab und begründet dies mit folgenden „Nachteilen": ... - Das Kind gibt folgende Gründe für die bevorzugten Reaktionen an: ...	- Kann das Kind eigene erlebte Gefühle beschreiben und wiedergeben? Wenn ja, in welcher Form...? - Hat das Kind ein Verständnis von Regeln? - Kann das Kind Lösungsstrategien benennen? Wenn ja, wie sehen diese aus...?
Dem Kind wird ein Bild gezeigt. Eine der abgebildeten Person werden verschiedene Gefühlsstimmungen unterstellt. Welche Ideen hat das Kind, um die Situation zu lösen?		

Der Ritter
(Christina Reichenbach & Christina Lücking)

Angesprochene Entwicklungsbereiche und deren Schwerpunkte:	**Sozial-emotionaler Bereich:** Gefühlsausdruck, Beziehungsgestaltung, soziale Kompetenzen, Selbstwirksamkeit, Verantwortungsgefühl **Sprache:** Kommunikationsfähigkeit **Kognition:** personale Fähigkeiten
Material:	Verschiedene Kleinmaterialien (Tücher, Korken, Zeitungspapier, Klorollen,…)
Setting: Gruppen- und/oder Einzelsituation:	G
Ursprung der Aufgabe:	

Aufgabenstellung mit Differenzierungsmöglichkeiten	Mögliche Beobachtungen	Mögliche Fragen und Interpretationen
Das Spiel Ritter kann in Kleingruppen oder in einer großen Gruppe durchgeführt werden. Die Anzahl der Ritter kann variieren. Fünf Kinder oder mehr stehen im Kreis und halten sich an den Händen. Sie sind die Burgwächter. Ein Kind (= der Ritter) steht außerhalb des Kreises und versucht in die Burg zu gelangen. Dies gelingt ihm dadurch, dass er sich ein Kind (Burgwächter) aussucht, das es berührt. Sind die Berührungen für das Kind angenehm lässt es den Ritter in die Burg.	- Das Kind lässt sich von Person X an folgenden Körperteilen berühren… - Das Kind zeigt Körperteil X als Körperteil X oder Y berührt wurde. - Das Kind benennt folgende Körperteile, an denen es berührt wurde: … - Das Kind äußert sich hinsichtlich verschiedener Berührungsintensitäten wie folgt: …	- Nimmt das Kind Berührungen am eigenen Körper wahr? - Zeigt das Kind die Körperteile, an denen es berührt wurde? - Gibt es Unterschiede bei der Reaktion des Kindes auf unterschiedliche Intensitäten von Berührung (z.B. bei unterschiedlichen Materialien, Druck, Dauer, Personen)?
Die Kinder berühren sich gegenseitig mit verschiedenen Materialien und/oder über direkten Körperkontakt und beschreiben anschließend und/oder zeigen, welche Art der Berührungen sie besonders gerne mochten und an welchen Körperteilen sie gerne berührt wurden. Zudem können sie benennen, welche Berührungen und Berührungsintensitäten sie weniger mochten. Dies kann beispielsweise auf einer Selbstzeichnung markiert und für jedes einzelne Kind festgehalten werden.	- Das Kind zeigt auf oder nennt folgende Materialien, dessen Berührungen es als angenehm empfindet: … - Das Kind zeigt auf oder nennt folgende Materialien, dessen Berührungen es als unangenehm empfindet: … - Das Kind benennt folgende Materialien, dessen Berührungen es mochte: … - Das Kind benennt folgende Materialien, dessen Berührungen es nicht mochte: …	- Kann das Kind die Körperteile an denen es berührt wird benennen? - Zeigt das Kind Empfindung bei Berührungen? Wenn ja, in welcher Form? - Kann das Kind seine Empfindungen beschreiben? - Kann das Kind Reaktionen anderer Kinder auf verschiedene Berührungen beschreiben? Wenn ja, welche?
Zwei Kinder gehen zusammen und berühren ein drittes Kind an verschiedenen Körperteilen und mit verschiedenen Materialien und Druckintensitäten. Sie entscheiden nach jeder Berührung selbst, ob sie glauben, dass die Berührung für das Kind angenehm oder eher unangenehm war.	- Die Mimik des Kindes lässt sich bei folgenden Berührungen so beschreiben: … - Das Kind reagiert auf Berührung…wie folgt: … - Das Kind äußert folgende Ideen, woran man erkennen kann, ob jemand eine Berührung mag oder nicht: …	- Kann das Kind bestimmte Reaktionen von Kindern auf bestimmte Berührungen mit einem Gefühl in Verbindung bringen?

Sozial-emotionaler Bereich

Die Kinder können vorher oder im Anschluss gemeinsam Überlegungen sammeln, woran sie erkennen können, ob jemand eine Berührung mag oder nicht. Es können weiterhin dahingehend Überlegungen gesammelt werden, wie sie glauben und/oder wissen zu reagieren, wenn sie Berührungen nicht mögen bzw. als unangenehm empfinden, was sie mit verschiedenen Berührungen verbinden (z.B. Angst, Ärger, Enge…), wie sie mit ihrem Gefühl zu einer Berührung umgehen (z.B. weggehen, hauen).	- Das Kind äußert folgende Ideen darüber, wie ein Kind reagieren könnte, wenn es Gefühl X bei einer Berührung empfindet: … - Das Kind benennt folgendes Gefühl …bei der Berührung X. - Das Kind reagiert auf die Reaktion X eines berührten Kindes wie folgt: …	- Kann das Kind eigene Gefühle über Mimik und/oder Gestik ausdrücken? - Nimmt das Kind Rücksicht auf die Gefühle Anderer?

Anmerkung: Um sicher zu gehen, ob Kinder Berührungen, unabhängig von den Personen, die sie berühren, mögen, kann dieses Spiel auch mit geschlossenen Augen gespielt werden.

Kräfte messen
(Christina Lücking & Christina Reichenbach)

Angesprochene Entwicklungsbereiche und deren Schwerpunkte:	**Sozial-emotionaler Bereich:** Verantwortungsbewusstsein, Regelverständnis, Frustrationstoleranz, Selbstkonzept **Kognition:** personale Fähigkeiten, Handlungsplanung **Bewegung:** Kraft, Gelenkigkeit, Gesamtkörperkoordination
Material:	Eine dicke Weichbodenmatte oder zwei kleine Matten, die nebeneinander gelegt werden
Setting: Gruppen- und/oder Einzelsituation:	G
Ursprung der Aufgabe:	Beudels/Anders

Aufgabenstellung mit Differenzierungsmöglichkeiten	Mögliche Beobachtungen	Mögliche Fragen und Interpretationen
Zwei oder mehrere Kinder kämpfen, unter Einhaltung vorgegebener Regeln, gegeneinander. Der Kampf endet, wenn ein Kind/mehrere Kinder nicht mehr auf der Matte sind. Als Erstes erfolgt die Begrüßung, in dem die Kinder die Handflächen vor ihrem Oberkörper zusammen führen und sich voreinander verbeugen. Dieses Ritual wird nach dem Kampf wiederholt. Ein vorher bestimmter Schiedsrichter gibt das Signal zum Start und ist für einen regelgerechten Ablauf verantwortlich. Folgende <u>Regeln</u> sind empfehlenswert: - alle am Kampf beteiligten Personen müssen knien und dürfen nicht aufstehen - die beteiligten Personen dürfen ausschließlich durch Schieben/Drücken versuchen, den/die anderen von der Matte zu bringen - alle Berührungen am Körper sind, Einverständnis der Beteiligten vorausgesetzt, erlaubt, bis auf Berührungen am Kopf - sagt ein Beteiligter „Stopp", wird der Kampf unterbrochen <u>Durchführungsvarianten:</u> Zwei Kinder kämpfen gegeneinander. Drei Kinder kämpfen gegeneinander. Zwei Kinder kämpfen gegen ein anderes Kind. Eine beliebige Anzahl von Kindern kämpft mit verbundenen Augen gegeneinander. Alle Kinder kämpfen gegen die Pädagogin. Die Kampfdauer wird vorher bestimmt (z.B. 1Minute).	- Das Kind hält sich während des Kampfes an folgende vorher vereinbarte Regel(n): ... - Das Kind verstößt im Kampf gegen folgende, vorher vereinbarte Regel(n): ... - Das Kind reagiert auf den Regelverstoß von Person X wie folgt: ... - Das Kind reagiert auf eine Schiedsrichterentscheidung X von Person X wie folgt: ... - Das Kind verhält sich als Schiedsrichter wie folgt: ... (Verhaltensweisen, Äußerungen, Aufmerksamkeit). - Das Kind wählt folgende Strategie, um ein anderes Kind von der Matte zu schieben: ... - Das Kind ändert seine Strategie als ... - Das Kind geht bei einem Teamkampf wie folgt vor: ... (z.B. Absprachen). - Das Kind reagiert auf Erfolg wie folgt: ... - Das Kind reagiert auf Misserfolg wie folgt: ... - Das Kind äußert folgende Ursachen für Erfolg: ... - Das Kind äußert folgende Ursachen für das Misslingen eines Kampfes: ...	- Kann das Kind sich an vorher vereinbarte Regeln halten? Wenn ja, an welche und unter welchen Bedingungen? - Kann das Kind Entscheidungen eines anderen Kindes und/oder Schiedsrichters akzeptieren? Welche? Welche nicht? - Kann es empfundene Ungerechtigkeiten benennen und/oder begründen? - Kann das Kind Ursachen für einen Erfolg erkennen? Welche? - Kann das Kind Ursachen für einen Misserfolg erkennen? Welche? - Wie hoch ist die Frustrationstoleranz? - Kann das Kind Ideen entwickeln, wie es unter Einhaltung der Regeln zu einem Erfolg kommen könnte? - Kann das Kind mit einem anderen Kind zusammen agieren? - Welche Strategien wählt das Kind? - Kann das Kind einen Handlungsablauf planen? - Merkt das Kind, dass es selbst etwas bewirkt? - Wie kommuniziert das Kind mit Anderen? - Kann das Kind das Handlungsgeschehen reflektieren?

Zusammen an einem Gegenstand
(Christina Lücking & Christina Reichenbach)

Angesprochene Entwicklungsbereiche und deren Schwerpunkte:	**Sozial-emotionaler Bereich:** Kooperationsfähigkeit, Regelverständnis, soziale Kompetenzen **Kognition:** Abstraktes Denken, Aufgabenverständnis, Denkstrategien, Gedächtnis, Handlungsplanung, Kreativität, Problemlöseverhalten, Reflexionsfähigkeit, Wissen, Vorstellungsvermögen **Sprache:** Sprechakte, Satzbildung, Wortschatz, Kommunikationsfähigkeit
Material:	vorhandenes Kleinmaterial (z.B. Ball, Seil, Reifen)
Setting: Gruppen- und/oder Einzelsituation:	G
Ursprung der Aufgabe:	

Aufgabenstellung mit Differenzierungsmöglichkeiten	Mögliche Beobachtungen	Mögliche Fragen und Interpretationen
Drei bis vier Kinder erhalten einen Gegenstand. Die Kinder sollen sich überlegen, wie und was sie gemeinsam mit dem Gegenstand spielen können. Jedes Kind aus der Gruppe erhält zunächst jeweils das gleiche Material, mit dem sie später gemeinsam eine Spielidee entwickeln. Die Kinder können zunächst individuell das Material hinsichtlich seiner Eigenschaften und Möglichkeiten betrachten und ausprobieren. Die Gruppe erhält gemeinsam ein Material. Die Kinder sammeln ihre Spielideen mit dem Material. Dabei kann für jede Spielidee ein Symbol auf eine Karte gemalt werden. Es können auch vorher von der Pädagogin verschiedene Spielideen, die mit dem Gegenstand ausgeführt werden können, auf Karten gemalt und den Kindern gezeigt werden. Die Kinder entscheiden gemeinsam, welche Spielidee(n) sie umsetzen möchten. Die Gruppe sucht eine Spielidee aus ihren gesammelten Ideen aus, welche gewährleistet, dass alle Kinder der Gruppe mitspielen können. Die Kinder bestimmen ein Ziel des Spiels, einen Spielablauf sowie entsprechende Regeln, die ihrer Ansicht nach für eine erfolgreiche Durchführung ihrer festgelegten Aufgabe erforderlich sind.	- Das Kind probiert folgende Dinge mit dem Material aus: … - Das Kind benennt folgende Spielideen: … - Das Kind zeigt in folgender Weise seine Zustimmung und/oder Ablehnung gegenüber Ideen anderer Kinder: … - Das Kind reagiert auf Zustimmung und/oder Ablehnung gegenüber eigener Ideen durch Andere wie folgt: … - Das Kind reagiert auf Ideen anderer Kinder wie folgt: … - Das Kind beteiligt sich folgendermaßen an der Umsetzung der Aufgabe: … - Das Kind benennt folgende Regeln, die es für die Umsetzung der Aufgabe als erforderlich ansieht: … - Das Kind reagiert auf die benannte Regel X von Person X wie folgt: … - Das Kind besteht auf folgende Regeln: … - Das Kind macht folgende Kompromissvorschläge: … - Das Kind stimmt folgenden Kompromissen…in folgender Art zu: … - Das Kind gibt folgende Spielidee wieder: …	- Kann das Kind mit den anderen Kindern in Kontakt treten? - Wie tritt das Kind mit Anderen in Kontakt (z.B. Blickkontakt)? - Kann das Kind eigene Ideen äußern? Welche? - Ist das Kind kreativ? - Kann das Kind sich auf Ideen anderer Kinder einlassen? Auf welche und unter welchen Bedingungen? - Wie geht das Kind mit Ablehnungen seiner Ideen um? - Bringt das Kind Vorschläge/Ideen ein? - Kann das Kind Zustimmung äußern und/oder zeigen? - Kann das Kind gemeinsam mit anderen Kindern in einem Spiel wirken? - Sind Bedingungen für ein gemeinsames Spiel erforderlich? - Verfügt das Kind über Regelverständnis? - Kann das Kind einen Handlungsablauf planen?

Wir entwickeln aus einem alten ein neues Spiel
(Christina Lücking & Christina Reichenbach)

Angesprochene Entwicklungsbereiche und deren Schwerpunkte:	**Sozial-emotionaler Bereich:** Beziehungsgestaltung, Frustrationstoleranz, Kooperationsfähigkeit, Motivation, Regelverständnis **Kognition:** Abstraktes Denken, Aufgabenverständnis, Denkstrategien, Gedächtnis, Kreativität, Problemlöseverhalten, Reflexionsfähigkeit, Wissen **Sprache:** Sprechakte, Kommunikationsfähigkeit
Material:	
Setting: Gruppen- und/oder Einzelsituation:	G
Ursprung der Aufgabe:	

Aufgabenstellung mit Differenzierungsmöglichkeiten	Mögliche Beobachtungen	Mögliche Fragen und Interpretationen
Drei bis vier Kinder erhalten die Aufgabe, ein ihnen bekanntes Spiel (z.B. ein Brettspiel, Kartenspiel, Fangspiel) anders zu gestalten. Sie sammeln Ideen, einigen sich dann auf eine Idee und überlegen folgend, wie sie das Spiel gestalten können, damit es unter der anderen Idee durchgeführt werden kann. Die Kinder überlegen zunächst, wie das Spiel ursprünglich gespielt wird (z.B. an welchem Ort, mit wie vielen Personen, mit welchem Ziel, unter welchen Regeln…). Die Kinder können dabei beispielsweise durch die Pädagogin unterstützt werden, welche gezielt Leitfragen stellt oder die geäußerten Angaben der Kinder visuell auf einem Plakat festhält. Die Kinder überlegen gemeinsam, was ihnen an dem Spiel gut gefällt und was ihnen weniger gefällt. Die Kinder sammeln Ideen, wie und in welcher Form die Dinge, die ihnen an dem Spiel nicht so gut gefallen, verändert werden können (z.B. statt drei Personen sollen alle Kinder teilnehmen, statt eines Gewinners sollen alle Sieger sein, statt jeder gegen jeden alle gegen die Pädagogen). Die Kinder suchen sich aus ihren Ideen über mögliche Veränderungen eine aus, die sie umsetzen möchten.	- Das Kind äußert folgende Gedanken bzgl. des Gelingens der Aufgabe… - Das Kind benennt folgende Regeln, die für das ursprüngliche Spiel gelten… - Das Kind benennt folgende Ziele, die für das ursprüngliche Spiel gelten… - Das Kind benennt folgende formelle Strukturen, die für das Spiel gelten… - Das Kind äußert folgende Angaben zu dem ursprünglichen Spiel von sich aus… - Das Kind macht folgende Bewertungen zu dem ursprünglichen Spiel… - Das Kind nennt folgende Dinge „gut" an einem Spiel: … - Das Kind nennt folgende Dinge „weniger gut" an einem Spiel: … - Das Kind äußert folgende Gründe für seine jeweiligen Bewertungen… - Das Kind zeigt (verbal/nonverbal) wie folgt seine Zu- und/oder Ablehnung gegenüber gesammelten Ideen: … - Das Kind reagiert auf Ablehnung seiner Ideen durch die anderen Kinder wie folgt: …	- Kann sich das Kind auf die vorgegebene Aufgabe einlassen? - Kann das Kind gemeinsam mit den anderen Kindern überlegen? - Bringt sich das Kind in die Bearbeitung der Aufgabe ein? Wenn ja, wie und in welcher Form? - Äußert das Kind eigene Ideen gegenüber den anderen Kindern? Welche? - Kann das Kind einem Erwachsenen gegenüber seine Ideen äußern? - Welche Rolle nimmt das Kind im Spiel ein? - Wie ist das Kind zu der Rolle gekommen? - Kann das Kind seine Rolle bei der Bearbeitung der Aufgabe akzeptieren? - Kann das Kind Ablehnung gegenüber seinen geäußerten Ideen akzeptieren? - Findet das Kind selbständig Kompromisse? Welche?

Sozial-emotionaler Bereich

Die Kinder überlegen, welche Bedingungen und Regeln notwendig sind, damit das vereinbarte Ziel erreicht wird.	- Das Kind äußert folgende Ideen für die Umsetzung der neuen Idee: … - Das Kind beteiligt sich wie folgt aktiv an der Umsetzung der Aufgabe: … - Das Kind nimmt von sich aus folgende Rolle bei der Bearbeitung der Aufgabe ein… (z.B. Zuhörer, Ideen Sammler, Konstrukteur, Sprachführer,…). - Das Kind reagiert auf Schwierigkeiten X bei der Durchführung der neu entwickelten Spielidee wie folgt: …	- Kann sich das Kind auf vorgeschlagene Kompromisse einlassen? - Wie erfolgen Absprachen mit anderen Kindern? - Ist das Kind kreativ? - Welches Regelverständnis hat das Kind? - Kann das Kind Ereignisse reflektieren?

Memory
(Christina Lücking & Christina Reichenbach)

Angesprochene Entwicklungsbereiche und deren Schwerpunkte:	**Sozial-emotionaler Bereich:** Regelverständnis, emotionale Belastbarkeit, Frustrationstoleranz, Kooperationsfähigkeit **Kognition:** Aufmerksamkeit, Merkfähigkeit, Gedächtnis, Handlungsplanung **Wahrnehmung:** visuell (Figur-Grund, Form-Konstanz, Augen-Hand-Koordination)
Material:	Memory-Spiel
Setting: Gruppen- und/oder Einzelsituation:	G
Ursprung der Aufgabe:	

Aufgabenstellung mit Differenzierungsmöglichkeiten	Mögliche Beobachtungen	Mögliche Fragen und Interpretationen
Ein vorhandenes Memory-Spiel wird mit einem und/oder mehreren Kindern auf unterschiedliche Weise durchgeführt. Die Karten werden offen ausgebreitet. Das Kind sucht sich vier verschiedene Karten jeweils eines Bildpaares aus und legt sie offen vor sich hin. Anschließend werden die übrigen Karten umgedreht und gemischt. Die Kinder suchen nach einer vorher vereinbarten Vorgehensweise nun die entsprechenden Bildpaare ihrer ausgewählten Karten aus den umgedrehten Karten heraus (z.B. jedes Kind sucht seine eigenen Bildpaare oder zwei bzw. alle Kinder arbeiten zusammen), so dass ein entsprechendes Bild seines Partners weitergegeben wird. Die Karten des Memorys enthalten zwei (oder mehrere) Bildmotive (z.B. Tiere und Pflanzen oder Menschen und Gegenstände). Jeweils ein Kind (oder eine Gruppe von Kindern) darf ausschließlich ein vorher vereinbartes Motiv sammeln. Alle Karten werden verdeckt vor den Kindern gemischt und ausgebreitet. Die Kinder spielen gegeneinander. Gewinner ist derjenige, der die meisten oder aber auch die wenigsten Bildpaare aufgedeckt hat.	- Das Kind benennt folgende Ziele für das Spiel: … - Das Kind stimmt verbal und/oder nonverbal folgenden vorgegebenen Regeln zu: … - Das Kind gibt folgende Regeln des Spiels wieder: … - Das Kind gibt folgende Begründungen für den Sinn der Regeln an: … - Das Kind benennt folgende Regeln, die es als besonders wichtig erachtet: … - Das Kind benennt folgende eigene Regeln/Ideen für die Umsetzung des Spiels: … - Das Kind hält sich durchgehend an folgende vorher vereinbarte Spielregeln: … - Das Kind ändert folgende Dinge im Verlauf der Durchführung des Spiels: … - Das Kind reagiert auf Begebenheiten X (z.B. Zeitdauer von … min.; Wartezeit von … min (z.B. wenn mehrere Kinder mitspielen); Erfolg vs. Nicht-Erfolg wie folgt: …	- Kann das Kind ein Ziel des Spiels wiedergeben? - Kann das Kind ein Ziel und damit verbundene Durchführungsregeln des Spiels selbst bestimmen? - Kann sich das Kind Regeln merken? - Behält das Kind das Ziel vor Augen? - Kann sich das Kind auf vorgegebene Regeln und Ziele einlassen? Wenn ja, auf welche und welcher Art sind diese (z.B. Anzahl und Art der Regeln bzw. der Durchführung)? - Kann sich das Kind durchgehend an die vereinbarten Regeln halten? Wenn ja, an welche? Wenn nein, an welche weniger/nicht? - Ändert sich das Ziel des Kindes im Verlauf der Durchführung? Wenn ja, inwiefern?

Sozial-emotionaler Bereich

Zwei oder mehrere Kinder stellen selbst Memorykarten her (z.B. malen, basteln, fotografieren). Die Karten geben Handlungsabläufe bzw. eine Spielsituation wieder. Anschließend kann das Ziel des Spiels darin bestehen, dass die Kinder gemeinsam nur die Bildpaare entsprechend ihrer Handlungsreihe bzw. ihres Verständnis vom Spielablauf nacheinander herausnehmen dürfen.		- Kann das Kind eigenständig die vereinbarten Regeln beschreiben? - Ist dem Kind der Sinn der Regeln bewusst? Wenn ja, welche werden von dem Kind benannt?
Das Spiel kann ebenso mit Geräuschen und/oder Bewegungen gespielt werden. Dabei finden sich Kinder zu zweit zusammen und bilden ein Paar. Sie vereinbaren gemeinsame Geräusche (z.B. Körpergeräusche wie Schnipsen, prusten) oder Mimen (z.B. Lächeln, Stirn runzeln) oder Gesten (z.B. Daumen nach oben, Kopf schütteln). Die zwei zuvor bestimmten Spieler erfassen nun durch Berührung von jeweils zwei Kindern welche „Karten" sie aufgedeckt habe.		

<u>Anmerkung:</u> Memory ist allein ein Beispiel für ein Regelspiel. Es kann im Alltag jedes andere Regelspiel genutzt werden, um zu beobachten, wie ein Kind sich im Rahmen vorgegebener Regeln und Strukturen innerhalb einer Gruppe verhält.

Nachsprechen von viersilbigen „Zauberwörtern"/Pseudowörtern
(Christina Reichenbach & Christina Lücking)

Angesprochene Entwicklungsbereiche und deren Schwerpunkte:	**Sprache:** Sprach-/Sprechfähigkeit, Artikulation, Sprachgedächtnis, Lautbildung, suprasegmentale Komponente **Bewegung:** Rhythmus
Material:	Eigene Zusammenstellung von „Zauberwörtern", evtl. Papier und Stift
Setting: Gruppen- und/oder Einzelsituation:	E + G
Ursprung der Aufgabe:	BISC, DESK, S-ENS

Aufgabenstellung mit Differenzierungsmöglichkeiten	Mögliche Beobachtungen	Mögliche Fragen und Interpretationen
Das Kind spricht vorgegebene „Zauberworte" nach, z. B.: Bo-du-la-mi; Do-ku-ne-sa; Ti-ja-wo-hu [Hinweis: Bei der Wortauswahl ist es wichtig, Wörter mit verschiedenartigen Konsonantenverbindungen zu wählen, um die Verwendung dieser auch beobachten zu können.]	- Das Kind spricht X von Y vorgegebenen Zauberworten nach. - Das Kind zeigt Schwierigkeiten bei einem bestimmten Wort und/oder bei bestimmten Lautverbindungen.	- Wie ist die Merkfähigkeit des Kindes? - Kann das Kind seine Aufmerksamkeit auf die gesprochene Sprache richten?
Dem Kind werden zwei- und/oder dreisilbige Zauberwörter vorgesprochen, deren einzelne Silben länger sind, um verschiedene Konsonantenverbindungen zu berücksichtigen. z.B. Tau-tram-kis	- Das Kind erfindet selbständig viersilbige Worte - Das Kind bringt verschiedene Silben in eine neue Reihenfolge.	- Kann das Kind die vorgegebenen Silben artikulieren? - Kann das Kind alle Silben vollständig sprechen?
Das Kind erfindet selbst viersilbige Worte. Wenn das Kind schreiben kann, kann es diese aufschreiben.	- Dem Kind fallen zu X Silben Worte ein. - Das Kind lässt Silben an folgenden Stellen aus: ….	- Kann das Kind einen Sprachrhythmus aufbauen?
Es werden zwei bis vier Silben vorgegeben, die dann vom Kind in unterschiedliche Reihenfolgen gebracht werden.	- Das Kind bildet Wörter die sich dem ursprünglichen Zauberwort ähneln oder sich mit diesem Reimen.	- Kann sich das Kind an einen vorgegebenen Rhythmus anpassen?
Zu jeder Silbe bildet das Kind ein sinnvolles Wort (z.B. von Ta = Tante oder Tram = Trampolin).	- Das Kind verbindet X von Y Silben.	- Kann das Kind ausgesprochene Silben und Bewegungselemente miteinander verknüpfen?
Das Aussprechen von Silben wird durch Klatschen unterstützt, wobei jeder Klatscher einer Silbe entspricht. Anstelle zu klatschen können auch Instrumente oder andere geräuschvolle Begleitbewegungen (z.B. stampfen, schnipsen) genutzt werden.	- Das Kind spricht eine Silbe zu einem begleitenden Rhythmus. - Das Kind spricht eine Silbe und klatscht dabei synchron.	
Es werden 2-4 Teppichfliesen im Raum hintereinander gelegt und/oder verteilt. Das Kind hat die Aufgabe über die Teppichfliesen zu laufen. Jede Teppichfliese steht für eine Silbe, so dass die Verbindung der Silben deutlich wird.	- Das Kind verbindet X von Y Silben und passt dabei die Schritte so an, dass ein Schritt gleich eine Silbe ist.	
Das Kind hüpft auf einem Minitrampolin, wobei bei jedem Sprung eine Silbe laut gesagt wird. Die fließenden Hüpfbewegungen können dabei zum einen den Sprachrhythmus unterstützen und zum anderen eine Verbindung der Silben deutlich machen.	- Das Kind verbindet X von Y Silben und passt dabei die Hüpfer so an, dass ein Hüpfer gleich eine Silbe ist.	

Nachsprechen von Wörtern
(Christina Reichenbach & Christina Lücking)

Angesprochene Entwicklungsbereiche und deren Schwerpunkte:	**Sprache:** Artikulation, Sprachproduktion, Wortsemantik, Sprachverständnis; Lautbildung **Kognition:** Merkfähigkeit, Wissen, sprachliche Fähigkeiten
Material:	Symbolkarten (siehe Seite 136-139): z.B. Schrank, Stift, Drachen, Apfel, Brot, Klammer, Knopf, Schuhe usw.
Setting: Gruppen- und/oder Einzelsituation:	E
Ursprung der Aufgabe:	BfdS, DESK, LvS

Aufgabenstellung mit Differenzierungsmöglichkeiten	Mögliche Beobachtungen	Mögliche Fragen und Interpretationen
Dem Kind werden einzelne Worte vorgesprochen, die es jeweils anschließend nachsprechen soll. Z.B.: Kinder, Schule, Garten, Ranzen, Stift, Fach, Lachen, Latschen, Lutscher, kleiner, Klopapier, Dreibein, Drachen, Dromedar	- Das Kind gibt die Worte wieder. - Das Kind nennt die Begriffe zu den Abbildungen auf den Symbolkarten. - Das Kind spricht die Worte mit „sch" aus. - Das Kind spricht die Worte mit „ch" aus. - Das Kind spricht die Worte mit „dr" aus. - Das Kind spricht die Worte mit „kl" aus. - Das Kind spricht die Worte mit „pf" aus. - Das Kind spricht die Worte mit „…" aus. - Das Kind spricht die einzelnen Laute und/oder Konsonantenverbindungen aus. - Das Kind spricht folgende Konsonantenverbindungen X wie folgt aus: …	- Wie ist die Artikulation des Kindes? - Erkennt das Kind Konsonantenverbindungen? - Kann das Kind die beinhalteten Laute aussprechen? - Kann das Kind die beinhalteten Konsonantenverbindungen aussprechen? - Benötigt das Kind eine überdeutliche Aussprache als Vorbild, um Konsonantenverbindung X/ die Zischlaute Y exakt auszusprechen?
Dem Kind werden Symbolkarten mit Begrifflichkeiten oder direkt Materialien gezeigt, die es benennen soll: **B-Bl-P-F:** Badehose, Blume, Flasche, Pfütze **pf-M-mm-W:** Topf, Murmel, Hammer, Wagen **T-tt-D-Dr:** Tonne, Bett, Dose, Drachen **L-ll-N-nn:** Leiter, Ball, Nudel, Pfanne **S-s-ss-s:** Sonne, Vase, Essen, Gras **Sch-Schm-Schw-sch:** Schirm, Schmetterling, Schwamm, Frosch **H-G-K-Kl:** Hund, Geld, Käfer, Kleid **Kn-Ki-Kr-R:** Knochen, Kiste, Kranz, Rose		
Das Kind überlegt sich selbst Worte mit genannten Buchstabenverbindungen (z.B.: „sch", „ch", „dr" und „kl")		
Das Kind spricht Zischlaute und spezielle Konsonantenverbindungen separat aus („sch", „ch", „dr" und „kl").		
Was ist das Erste, was dem Kind selbst beim Hören der Zischlaute und/oder Konsonantenverbindungen einfällt? Kind äußert Ideen, die mit den Lauten in Verbindung stehen.		
Das Kind probiert aus, wo sich die Zunge/Zungenspitze bei Aussprache bestimmter Zischlaute, Konsonantenverbindungen befindet und wie die Lippen aussehen (z.B. in einem Spiegel anschauen).		

Nachsprechen von Sätzen
(Christina Reichenbach & Christina Lücking)

Angesprochene Entwicklungsbereiche und deren Schwerpunkte:	**Sprache:** Artikulation, Grammatik, Syntax, Sprachverständnis; Lautbildung, Satzbildung, Sprachgedächtnis, Sprachverständnis, Sprachproduktion **Kognition:** Merkfähigkeit/Gedächtnis, Sprachliche Fähigkeiten, Wissen, Aufmerksamkeit
Material:	Eigenerstellung von Sätzen zum Nachsprechen.
Setting: Gruppen- und/oder Einzelsituation:	E + G
Ursprung der Aufgabe:	BfdS, DES, ED, S-ENS

Aufgabenstellung mit Differenzierungsmöglichkeiten	Mögliche Beobachtungen	Mögliche Fragen und Interpretationen
Dem Kind werden Sätze umgangssprachlich vorgesprochen. Jeweils anschließend soll der Satz genau so nachgesprochen werden. Die Anzahl der Sätze kann individuell variiert und langsam gesteigert bzw. erweitert werden. z.B.: der Fuß ist nass z.B.: der Vogel piept laut z.B.: ein Fußballer muss schnell schießen; zwei Spieler drängeln einen dritten weg; der Ball kracht an den Pfosten; nach dem Spiel gibt es ein frisches Getränk Z.B.: ein Freund feiert heute seinen Geburtstag; der Junge zieht sich schön an; die Mutter schneidet Blumen für einen Strauß; das Geburtstagskind dreht sich im Kreis auf dem Teppich; es freut sich über die vielen schönen Geschenke	- Das Kind gibt die Sätze wieder. - Das Kind spricht Zischlaute aus. - Das Kind spricht Konsonantenverbindungen aus. - Das Kind gibt die Sätze in der vorgegebenen Reihenfolge wieder. - Das Kind verändert die Reihenfolge der Sätze wie folgt: … - Das Kind gibt X Wörter des Satzes Y wieder. - Das Kind gibt die ersten eins/zwei/drei Wörter des Satzes wieder. - Das Kind gibt die letzten eins/zwei/drei Wörter des Satzes wieder.	- Wie ist die Artikulation des Kindes? - Wie ist das Verständnis der gesprochenen Sprache? - Wie ist die Lautbildung? - Wie ist die Merkfähigkeit? - Welche Spontansprache zeigt das Kind? - Kann das Kind die vorgegebene Reihenfolge eines Satzes einhalten? - Kann das Kind Fragen zu dem Satz beantworten? - Welche Vorerfahrungen hat das Kind? - Spricht das Kind den Satz nach? - Hat das Kind den Sinn des Satzes erfasst?
Die Sätze werden insgesamt vorgesprochen und das Kind gibt die wesentlichen Inhalte wieder.		
Das Kind spielt einen Nachrichtensprecher; ein anderes Kind/die Pädagogin gibt als Regisseur einen Satz vor, den das Kind in den Nachrichten anschließend vorträgt.		
Dem Kind wird ein Satz vorgesprochen. Anschließend beantwortet das Kind Fragen zu dem nachgesprochenen Satz.		

Reime erkennen und Reime bilden
(Christina Reichenbach & Christina Lücking)

Angesprochene Entwicklungsbereiche und deren Schwerpunkte:	**Sprache**: Morphologie, Phonologie, Sprachverständnis, Lexikon, Wortschatz, Sprachgedächtnis, suprasegmentale Komponente, Wortsemantik **Kognition**: Verständnis, Gedächtnis **Wahrnehmung**: auditiv (Differenzierung, Strukturierung)
Material:	Bildkarten (siehe Seite 136-139)
Setting: Gruppen- und/oder Einzelsituation:	E + G
Ursprung der Aufgabe:	BfdS, BISC, DES

Aufgabenstellung mit Differenzierungsmöglichkeiten	Mögliche Beobachtungen	Mögliche Fragen und Interpretationen
Das Kind hat die Aufgabe, aus einer Auswahl von Worten zu erkennen, welche Worte sich reimen. Z.B.: Panne-Tanne-Wasser-Wanne	- Das Kind benennt Reime.	- Wie ist die Begriffsbildung?
Das Kind wird gefragt, ob es weiß, was Reime sind; wenn ja, dann nennt es selbst ein Beispiel; wenn nein, dann Erklärung.	- Das Kind findet Worte, die sich (nicht) reimen. - Das Kind beschreibt, was Reime sind.	- Kennt das Kind die Worte? - Wie ist der aktive Wortschatz?
Dem Kind wird ein Wort gegeben und es findet ein Wort, das sich reimt.	- Das Kind findet selbständig Worte, die sich reimen.	- Wie ist der passive Wortschatz?
Dem Kind wird ein Wort gegeben und es findet mehrere Worte, die sich reimen.	- Die von dem Kind gefundenen Reimwörter sind aus unserem Wortschatz.	- Kann das Kind reimende Wortteile analysieren bzw. erkennen?
Dem Kind werden Bildkarten gezeigt und es findet heraus, welche der dargestellten Begriffe/Worte sich reimen.	- Die von dem Kind gefundenen Reimwörter sind Wortneuschöpfungen.	- Erkennt das Kind gleiche (unterschied-liche) Worte?
In einer Gruppe von Kindern bekommt jedes Kind eine Bildkarte mit einem Symbol (z.B. Haus, Tisch, Hut, Maus). Kinder mit sich reimenden Bildern finden sich zusammen. Das Kind kann selbst seinen Begriff nennen und fragen: „Ich bin ein Haus, passt du zu mir?"	- Das Kind findet entsprechendes Wort für abgebildetes Symbol.	- In wie weit kann das Kind die Wörter auf den Wortklang hin analysieren?
In einer Gruppe von Kindern bekommt jedes Kind ein Wort gesagt. Kinder mit sich reimenden Worten finden sich zusammen. Das Kind geht durch den Raum und nennt dem Kind, welches ihm begegnet, seinen Begriff. Sie entscheiden, ob sie zusammenpassen.	- Das Kind findet ein Wort, das sich auf das abgebildete Symbol reimt.	
Dem Kind werden entweder zwei gleiche oder zwei ähnlich klingende Worte vorgesprochen (ca. 15 Beispiele). Dann soll es sagen, ob die Worte sich „gleich" oder „anders" anhören. Z.B.: Keller – Keller (gleich) oder Keller – Teller (ähnlich)	- Das Kind sagt, dass sich sein Wort X, auf das Wort Y reimt.	
Dem Kind werden gleiche oder ähnlich klingende Worte vorgesprochen. Bei ungleichen Worten steht das Kind auf und benennt den unterschiedlichen Laut. Bei gleichen Lauten bleibt das Kind sitzen.	- Das Kind benennt X von Y Worten als gleich/unterschiedlich.	

Anmerkung: Bildkarten können auch als Puzzleteile angefertigt werden. Die sich reimenden Wörter können zusammengesteckt werden. Andere Puzzleteile passen nicht. So besteht die Möglichkeit, dass das Kind seine Idee selbständig überprüfen kann.

Fingerspiele
(Christina Reichenbach & Christina Lücking)

Angesprochene Entwicklungsbereiche und deren Schwerpunkte:	**Sprache**: Sprachverständnis, Lexikon, Wortschatz, Sprachgedächtnis, Artikulation, suprasegmentale Komponente, Paralinguistik **Kognition**: abstraktes Denken, Aufmerksamkeit/Gedächtnis, Handlungsplanung, Vorstellungsvermögen
Material:	Fingerspiele (vgl. *http://www.kindergarten-workshop.de/index.html?/fingerspiele/index.htm*)
Setting: Gruppen- und/oder Einzelsituation:	E + G
Ursprung der Aufgabe:	

Aufgabenstellung mit Differenzierungsmöglichkeiten	Mögliche Beobachtungen	Mögliche Fragen und Interpretationen
Es werden Fingerspiele eingeführt. Zu den Fingerspielen werden bestimmte Sätze und/oder Reime gebildet. [Hinweis: Bei der Auswahl der Fingerspiele sollte aus unserer Sicht darauf geachtet werden, dass zu dem Reim auch wirklich Bewegungen gefunden werden können.] Bsp. 1: *Im Garten steht ein Baum, der hat viele Äste.* *Und jeden Tag hat der Baum auch viele Gäste:* *Käfer krabbeln zu ihm hinauf,* *Vöglein setzen sich oben drauf,* *Bienchen fliegen um ihn herum und singen immer sum, sum, sum und dann kommt der Wind und schüttelt die Äste* *husch fort sind alle lieben Gäste.* Bsp. 2: *Zehn kleine Mäusekinder lauern im Versteck.* *Zehn kleine Mäusekinder werden plötzlich keck.* *Eins, zwei, drei und vier und fünf, sie kommen ohne Schuh und Strümpf.* *Sechs, sieben, acht, nun ist es fast schon Nacht.* *Und zum Schluss die neun und zehn, es wird Zeit zum Schlafen gehn.* *Da kommt die Katze, welch ein Schreck!* *Und alle Mäuschen laufen weg.* Das Kind überlegt eigene Bewegungen und/oder Geräusche. Das Kind stellt eigene Fingerspiele vor.	- Das Kind benennt Reime. - Das Kind findet selbständig Worte, die sich reimen. - Dem Kind sind Fingerspiele bekannt. - Das Kind spricht den Text (un-)vollständig mit. - Das Kind begleitet die Sprache mit Bewegungen. - Das Kind gibt vereinbarte Bewegungen zum Text (nicht) wieder. - Das Kind schaut während des Fingerspiels zu anderen Kindern und folgt deren Bewegungen. - Das Kind spricht das Fingerspiel rhythmisch mit. - Das Kind ordnet Wort und Bewegungen 1:1 zu.	- Wie ist die Begriffsbildung? - Kennt das Kind die Worte? - Wie ist der aktive Wortschatz? - Wie ist der passive Wortschatz? - Wie ist die Artikulation? - Kann das Kind einen Rhythmus aufrechterhalten? - Kann das Kind Worte und Bewegungen gleichzeitig ausführen? - Kann das Kind Worte bestimmten Bewegungen zuordnen?

Zungenbrecher
(Christina Reichenbach & Christina Lücking)

Angesprochene Entwicklungsbereiche und deren Schwerpunkte:	**Sprache**: Artikulation, Merkfähigkeit, Sprachgedächtnis, Lautbildung, Morphologie, Phonologie, Satzbildung, Wortsemantik **Kognition**: Merkfähigkeit/Gedächtnis, Aufmerksamkeit, sprachliche Fähigkeiten
Material:	Zungenbrecher
Setting: Gruppen- und/oder Einzelsituation:	E + G
Ursprung der Aufgabe:	

Aufgabenstellung mit Differenzierungsmöglichkeiten	Mögliche Beobachtungen	Mögliche Fragen und Interpretationen
Dem Kind werden so genannte Zungenbrecher vorgestellt, die nachgesprochen werden sollen. Die Freude an derartigem Experimentieren mit Sprache und dem Tempo von gesprochener Sprache sollte hierbei im Mittepunkt stehen. Beispiele: a) „Zwischen zwei Zwetschgenbäumen zwitschern zwei Schwalben" b) „Der Cottbuser Postkutscher putzt den Cottbuser Postkutschkasten" c) „Der Metzger wetzt sein Metzgermesser" d) „Blaukraut bleibt Blaukraut und Brautkleid bleibt Brautkleid" e) „Die Katze tritt die Treppe krumm" f) „Keiner konnte Kümmelkerne kauen, Kümmelkerne konnte keiner kauen" g) „Fischers Fritze fischt frische Fische" h) „Stinkende Schwarzfische spritzen" Das Kind kann eigene bekannte Zungenbrecher vorstellen. Das Tempo kann variiert werden (langsamer oder schneller). Die einzelnen markanten Laute können besonders betont werden.	- Das Kind gibt die Worte in der vorgegebenen Reihenfolge wieder. - Das Kind spricht die einzelnen Laute und/oder Konsonantenverbindungen aus. - Das Kind versucht, das Tempo zu variieren. - Das Kind spricht fließend. - Ein oder mehrere Zungenbrecher bereiten dem Kind Schwierigkeiten hinsichtlich der Artikulation und/oder der Merkfähigkeit.	- Wie ist die Artikulation des Kindes? - Wie ist das Verständnis der gesprochenen Sprache? - Kann das Kind die beinhalteten Laute aussprechen? - Kann das Kind die beinhalteten Konsonantenverbindungen aussprechen? - Hat das Kind ein Gefühl für Tempiwechsel? - Liegen die Inhalte der Zungenbrecher im Wortschatz des Kindes? - Kann das Kind die Zungenbrecher gut artikulieren? - Kann sich das Kind die Zungenbrecher merken?

Wie heißt das Wort? – Wörter ergänzen!
(Christina Reichenbach & Christina Lücking)

Angesprochene Entwicklungsbereiche und deren Schwerpunkte:	**Sprache:** Sprachverständnis, Begriffsbildung, Lexikon, Wortschatz, phonologische Bewusstheit, Sprachproduktion **Kognition:** Wissen, Merkfähigkeit/Gedächtnis, Aufmerksamkeit, Vorstellungsvermögen, sprachliche Fähigkeiten **Wahrnehmung:** auditiv (Differenzierung, Lokalisation, Strukturierung)
Material:	evtl. Bildkarten (siehe auch Seite 136-139), eigene Zusammenstellung von zu ergänzenden Wörtern
Setting: Gruppen- und/oder Einzelsituation:	E
Ursprung der Aufgabe:	S-ENS

Aufgabenstellung mit Differenzierungsmöglichkeiten	Mögliche Beobachtungen	Mögliche Fragen und Interpretationen
Dem Kind wird ein Wort vorgelesen, bei dem an einer oder zwei Stellen ein Buchstabe fehlt. Das Kind sagt, wie das Wort komplett heißt. Z.B.: Schul**X**üte; Spa**X**etti; Schoko**X**üsse; Fu**X**ball; …	- Das Kind nennt folgende Worte komplett: … - Das Kind benötigt Bildkarten zur Unterstützung. - Das Kind nennt die Buchstaben/die Laute, die fehlen. - Das Kind findet zu einem Nomen ein zweites, so dass sich ein zusammengesetztes Wort ergibt. - Das Kind spricht unvollständige Worte nach. - Das Kind überlegt sich folgende Worte selbständig: … - Das Kind lässt folgende(n) Buchstaben bewusst aus: …	- Wie ist die Begriffsbildung? - Kennt das Kind die Worte (Wortschatz)? - Kann das Kind die fehlenden Buchstaben ergänzen und diese einzeln benennen? - Kann das Kind Worte ergänzen und/oder neu zusammensetzen? - Kann das Kind Worte in seine Bestandteile zerlegen (segmentieren)? - Kann das Kind den fehlenden Buchstaben ergänzen? - Kann das Kind den fehlenden Buchstaben benennen? - Kann das Kind das unvollständige Wort aussprechen?
Dem Kind werden Bildkarten vorgelegt, so dass es eine visuelle Unterstützung hat.		
Dem Kind wird der erste Teil des Wortes gesagt (Fuß….) und das Kind soll ein zweites Wort finden (…Ball), so dass sich ein zusammengesetztes Wort (Fuß-Ball) ergibt.		
Das Kind nennt den Buchstaben, der fehlt.		
Das Kind erzählt etwas zu dem gesuchten Wort.		
Dem Kind wird das Wort mit der Leerstelle gezeigt.		
Dem Kind wird ein Wort vorgesprochen. Das Kind hat die Aufgabe den „S-Laut" bei den genannten Worten jeweils beim Nachsprechen auszulassen. Zum Beispiel: Suppe = _uppe; Salat = _alat; Der auszulassende Buchstabe kann variiert werden.		
Das Kind überlegt sich bis zu zehn Worte, wobei es einen selbst gewählten Buchstaben auslässt (z.B. _isch = Tisch oder Saf_ = Saft). Die Pädagogin hat die Aufgabe, den verschwundenen Buchstaben zu finden.		

Fantasiewort oder nicht?
(Christina Reichenbach & Christina Lücking)

Angesprochene Entwicklungsbereiche und deren Schwerpunkte:	**Sprache:** Sprach-/Sprechfähigkeit, aktiver und passiver Wortschatz, Sprachgedächtnis, Wortsemantik/Begriffsbildung
Material:	eigene Zusammenstellung von Fantasiewörtern; evtl. Erstellung von Bildkarten zu realen und Fantasiebegriffen (z.B. ein Huhn mit Hufen, ein Haus und eine Tür)
Setting: Gruppen- und/oder Einzelsituation:	E + G
Ursprung der Aufgabe:	

Aufgabenstellung mit Differenzierungsmöglichkeiten	Mögliche Beobachtungen	Mögliche Fragen und Interpretationen
Bei dieser Aufgabe geht es darum, dem Kind verständlich zu machen, dass einzelne Worte zusammengefügt werden können. Außerdem ist das Ziel, dass ein Kind erkennt, welche Worte zusammenpassen (= reale Worte) und welche Worte nicht zusammenpassen (= Fantasieworte). Dazu können Bildkarten mit einzelnen Symbolen von Begriffen dem Kind gezeigt werden. Die Pädagogin legt zwei Bildkarten zusammen (z.B. Ente und Baum); sie benennt die Begriffe einzeln und fügt sie anschließend zusammen (= Entenbaum oder Baumente). Das Kind sagt, ob es das Wort gibt, oder nicht.	- Das Kind gibt die Worte zu den Symbolkarten wieder. - Das Kind sagt, welche Worte real und welche aus der Fantasie sind. - Das Kind legt selbst folgende reale Worte: …. - Das Kind legt selbst folgende Fantasieworte: … - Das Kind kennt X Worte und erkennt Y Worte als Fantasieworte. - Das Kind erklärt die Bedeutung der Worte. - Das Kind erfindet selbst Fantasieworte. - Das Kind kennt ungewöhnliche Worte. - Die erfundenen Fantasiewörter ähneln bekannten Wörtern unseres Wortschatzes. - Das Kind orientiert sich an den Reaktionen und/oder Äußerungen eines anderen Kindes. - Das Kind reagiert auf höhere Lautstärke schneller als auf niedrigere Lautstärke. - Das Kind sucht den Platz auf, der auf das gesprochene Wort passt.	- Wie ist die Artikulation des Kindes? - Wie ist der Wortschatz des Kindes? - Welche Spontansprache zeigt das Kind? - Benötigt das Kind eine deutliche Aussprache als Vorbild? - Kann das Kind die Morpheme in der vorgegebenen Reihenfolge wieder geben? - Kann das Kind Fantasieworte bilden? - Kann das Kind reale Worte bilden? - Kann das Kind zwischen Fantasieworten und realen Worten unterscheiden?
Die Bildkarten werden vor das Kind gelegt. Das Kind benennt einzelne Symbole. Anschließend legt es reale Wörter zusammen und folgend Fantasieworte.		
Dem Kind werden verschiedene Worte genannt und es sagt, welche der Worte es kennt und welches der Worte „Fantasieworte" sind. Zum Beispiel: Helau, Holio, Einkaufskorb, Elefantenauto, Flaschenbadewanne, Korbtüte, Fledermaus.		
Dem Kind werden Worte vorgesprochen, die es anschließend nachspricht. Was bedeuten die Worte? Das Kind erzählt, woher es das Wort kennt.		
Das Kind erfindet selbst Fantasieworte.		
Das Kind sucht ungewöhnliche/ulkige Worte, die es kennt, jedoch nicht jedes andere Kind.		
Zwei Plätze im Raum werden ausgesucht. Der eine Platz (z.B. Tafel oder Spielecke) wird von den Kindern aufgesucht, wenn es sich bei dem Wort, welches die Pädagogin in den Raum ruft, um ein Wort handelt, welches es gibt. Der andere Platz (z.B. Tisch oder Tür) wird von den Kindern aufgesucht, wenn es sich bei dem gerufenen Wort um ein Fantasiewort handelt.		
Die Kinder laufen durch den Raum. Die Pädagogin ruft im Abstand von 5-10 sec. ein Wort. Handelt es sich dabei um ein reales Wort, bleiben die Kinder stehen; handelt es sich dabei um ein Fantasiewort, laufen die Kinder weiter. Die Rollen können gewechselt werden, so dass ein Kind die Rolle des Rufers einnimmt.		

Stimmt der Satz oder stimmt der Satz nicht?
(Christina Reichenbach & Christina Lücking)

Angesprochene Entwicklungsbereiche und deren Schwerpunkte:	**Sprache:** Sprachverständnis, Satzsemantik/Satzbildung, Sprachgedächtnis, Wortschatz, Wortsemantik **Kognition:** Denken; Gedächtnis/Aufmerksamkeit, Kreativität, Vorstellungsvermögen, Wissen
Material:	zweifarbige Zustimmungs-/Ablehnungskarten
Setting: Gruppen- und/oder Einzelsituation:	E + G
Ursprung der Aufgabe:	Pizzamiglio

Aufgabenstellung mit Differenzierungsmöglichkeiten	Mögliche Beobachtungen	Mögliche Fragen und Interpretationen
Dem Kind werden verschiedene Sätze vorgesprochen und es soll sagen, ob das stimmt oder nicht. z.B.: Die Katze macht quak. Der Vogel macht piep. Vor dem Aufstehen putzt man sich die Zähne. Ein Kreis hat vier Ecken. ...	- Das Kind unterscheidet, was stimmt und was nicht stimmt.	- Wie ist das Sprachverständnis des Kindes?
In einer Gruppe können Karten für Zustimmung oder Ablehnung verteilt werden, die die Kinder dann zeitgleich hochhalten.	- Das Kind äußert eigene Gedanken zu den Sätzen.	- Wie ist die Fantasie des Kindes?
In einer Gruppe kann sich jedes Kind einen Satz ausdenken mit der Frage, ob das stimmt oder nicht.	- Das Kind begründet, warum eine Aussage nicht stimmt.	- Wie begründet ein Kind seine Vermutung?
Das Kind soll den Satz so zu Ende führen oder korrigieren, dass er einen Sinn ergibt.	- Das Kind erkennt, ob der Satz stimmt oder nicht stimmt und kann diesen anschließend (nicht) korrigieren.	- Hält das Kind an seiner Einschätzung fest?
Als Spiel zur Erkennung von wahren oder unwahren Aussagen, kann das Spiel „Alle Tauben/Kinder fliegen hoch" gespielt werden. Dabei sitzen die Kinder im Kreis und trommeln mit den Händen auf den Tisch oder den Oberschenkeln. Die Pädagogin ruft z.B. „alle Kinder sitzen auf einem Stuhl"; stimmt die Aussage, heben die Kinder die Arme in die Luft, wenn nicht, wird weiter getrommelt.	- Das Kind kann den Satz korrigieren, so dass er einen Sinn ergibt.	- Lässt sich das Kind von anderen Kindern hinsichtlich der Antwort beeinflussen?
Stille Post: ein Satz wird leise von Kind zu Kind weitergegeben. Das letzte Kind in der Reihe entscheidet, ob die Aussage stimmt oder nicht stimmt.	- Das Kind orientiert sich an den Reaktionen anderer Kinder.	- Welche Vorerfahrungen hat das Kind (z.B. Eltern, Geschwister...)?
Dem Kind wird ein Satz gesagt, z.B. „der Ball liegt neben dem Baum". Dazu werden dem Kind zwei Bilder gezeigt. Auf einem Bild liegt der Ball neben dem Baum, auf dem anderen Bild liegt der Ball hinter dem Baum. Das Kind zeigt auf das Bild, zu dem die Aussage passt (s. Kopiervorlage Seite 190).	- Das Kind benennt X Sätze, die einen Sinn ergeben. - Das Kind äußert folgende Fantasiesätze: ... - Das Kind ändert seine Aussage, nachdem andere Kinder ihre Sicht gesagt haben. - Das Kind begründet seine Zustimmung wie folgt: ... - Das Kind begründet seine Ablehnung wie folgt: ...	

Nonverbale Äußerungen
(Christina Reichenbach & Christina Lücking)

Angesprochene Entwicklungsbereiche und deren Schwerpunkte:	**Sprache:** Sprachverständnis, Mimik, Gestik, Körpersprache, Kommunikationsfähigkeit. Paralinguistik **Kognition:** abstraktes Denken, Aufmerksamkeit/ Gedächtnis, Kreativität, Vorstellungsvermögen **Sozial-emotionaler Bereich:** Gefühlsausdruck, emotionales Befinden, Reflexionsfähigkeit,
Material:	Gefühlskarten (siehe Seite 151)
Setting: Gruppen- und/oder Einzelsituation:	E + G
Ursprung der Aufgabe:	

Aufgabenstellung mit Differenzierungsmöglichkeiten	Mögliche Beobachtungen	Mögliche Fragen und Interpretationen
Um zu erfahren, welche nonverbalen Kommunikationsformen ein Kind kennt, kann gefragt werden, wie man sich am besten ausdrückt, wenn man keine Stimme hätte. Das Kind versucht, sich zu einem Sachverhalt zu äußern, in dem es Mimik und/oder Gestik einsetzt und auf das Sprechen verzichtet. Dem Kind werden Gefühlskarten gezeigt, die es benennen soll. Welche Gefühle kennt das Kind? Es werden pantomimisch verschiedene Gefühle vor- und nachgemacht. Es können individuelle Gefühlskarten erstellt werden, in dem ein Kind verschiedene Gefühle zeigt und es dann fotografiert wird. Wie verhält sich das Kind im Alltag? Beobachtungen des Kindes im Alltag. Nach der Veranschaulichung von nonverbalen Gefühlsäußerungen geht es darum, diese auch zu verbalisieren. Das Kind wird gefragt, welche Worte es für bestimmte Gefühlsausdrücke findet. Z.B. Welche fallen dir für Freude/Wut/Trauer… ein (z.B. Freude = fröhlich, glücklich; Wut = böse, ärgerlich; Trauer = unglücklich, bedrückt).	- Das Kind findet Möglichkeiten, sich nonverbal auszudrücken. - Das Kind drückt sich über seine Gestik aus. - Das Kind drückt sich über seine Mimik aus. - Das Kind drückt sich über seine Körperhaltung aus. - Das Kind sucht und/oder hält (keinen) Blickkontakt. - Das Kind nimmt eine Körperhaltung X gegenüber Y ein. - Das Kind sucht zu anderen Kindern/Erwachsenen Nähe und/oder Distanz. - Das Kind spricht schnell/langsam. - Das Kind spricht hoch/tief (Tonhöhe). - Das Kind seufzt, lacht, … (Situation beschreiben).	- Wie ist der nonverbale Ausdruck des Kindes? - Hat das Kind ein Gefühl für Tempiwechsel? - Welche sprachbegleitenden Äußerungen sind in alltäglichen Situationen beobachtbar? - Wie ist die Körpersprache des Kindes? - Setzt das Kind (un-) bewusst seine Mimik ein? - Setzt das Kind (un-) bewusst seine Gestik ein?

Geräusche produzieren
(Christina Reichenbach & Christina Lücking)

Angesprochene Entwicklungsbereiche und deren Schwerpunkte:	**Sprache**: Paralinguistik, Körpersprache **Bewegung**: Feinmotorik **Wahrnehmung**: auditiv (Differenzierung, Strukturierung)
Material:	Spiegel
Setting: Gruppen- und/oder Einzelsituation:	E + G
Ursprung der Aufgabe:	Adams/Struck/Tillmanns-Karus

Aufgabenstellung mit Differenzierungsmöglichkeiten	Mögliche Beobachtungen	Mögliche Fragen und Interpretationen
Mit dem Mund können Geräusche produziert werden. Hier können bestimmte Laute und/oder Konsonantenverbindungen besonders erprobt werden. z.B.: prusten, pusten, schnalzen, küssen…	- Das Kind erzeugt Geräusche mit dem Mund. - Das Kind nimmt eine -… Körperhaltung gegenüber … ein? - Das Kind verändert die Lautstärke.	- Welche sprachbegleitenden Äußerungen sind beobachtbar? - Wie ist die Körpersprache des Kindes? - Setzt das Kind (un-)bewusst seine Mimik ein?
Das Kind kann sich beim Erzeugen der Laute selbst im Spiegel betrachten.		
Die Lautstärke kann variiert werden.		
Das Kind überlegt Geräusche mit dem Mund, die es besonders gern hört oder macht.		
Es können weiterhin spezielle Aufgaben zur Mundmotorik durchgeführt werden (vgl. Ursprung der Aufgabe).		

Laute hören
(Christina Reichenbach & Christina Lücking)

Angesprochene Entwicklungsbereiche und deren Schwerpunkte:	**Sprache**: Lautbildung, Phonologie **Wahrnehmung**: auditiv (Differenzierung, Lokalisation, Strukturierung), Raum-Zeit (Raumvorstellung, Ordnung) **Kognition**: Aufmerksamkeit
Material:	Auswahl von Wörtern, Bildkarten (siehe Seite 136-139)
Setting: Gruppen- und/oder Einzelsituation:	E + G
Ursprung der Aufgabe:	BISC

Aufgabenstellung mit Differenzierungsmöglichkeiten	Mögliche Beobachtungen	Mögliche Fragen und Interpretationen
Dem Kind werden Worte gesagt und es erkennt, ob ein bestimmter Laut in den jeweiligen Worten vorkommt. z.B.: In welchem Wort hörst du ein „E" – Esel, Elefant, Brot, Blume	- Das Kind benennt, in welchen Worten es einen vorgegebenen Laut hört. - Das Kind benötigt eine betonte Aussprache der Worte als Vorbild. - Das Kind denkt sich selbst X Worte zu bestimmten Lauten aus. - Das Kind zeigt X von Y mal korrekt an, dass es ein Laut/Buchstabe gehört hat. - Das Kind benennt X von Y mal die Position des vorgegebenen Lautes in einem Wort korrekt.	- Wie ist die Lautbildung des Kindes? - Wie ist die Merkfähigkeit des Kindes? - Wie ist die Aussprache des Kindes? - Kann das Kind ähnlich klingende Laute voneinander unterscheiden? - Kann das Kind die Lage des Lautes/Buchstabens im Wort bestimmen?
Dem Kind werden Worte gesagt und es erkennt, ob ein bestimmter Laut in den jeweiligen Worten vorkommt. z.B.: In welchem Wort hörst du ein „M" – Mama, Jahr, Monat		
Das Kind spricht die Worte zunächst nach. Dabei wird der Laut betont.		
Die Pädagogin nennt nacheinander einzelne Begriffe. Das Kind hat die Aufgabe einen zuvor vereinbarten Laut oder Buchstaben zu erkennen. Wenn das Kind den Laut oder den Buchstaben in dem Wort entdeckt, z.B. hebt es die Hand/hüpft einmal in die Höhe. Ist der Laut oder der Buchstabe nicht in dem Wort zu hören, z.B. bleibt das Kind ruhig sitzen.		
Das Kind findet Worte, in denen ein bestimmter Laut vorkommt.		
In einem Korb liegen verschiedene Materialien (z.B.: Osterei, Dose, Hose, Apfel, Stift). Die verschiedenen Materialien werden benannt. Wenn das Kind ein „O" hört, soll es schnell auf den Tisch klopfen.		
Dem Kind werden Bilder gezeigt und das Kind findet heraus, in welchem der abgebildeten Begriffe der entsprechende Laut vorkommt (z.B.: Milch, Maus, Oma, Tasse).		
Dem Kind werden Bildkarten mit Begriffen gezeigt. Das Kind findet heraus, wo der Buchstabe vorkommt (z.B. Milch, Musik, Note).		
Dem Kind werden Bilder gezeigt und das Kind findet heraus, in welchem der abgebildeten Begriffe der entsprechende Laut vorkommt. Zunächst sollte sich auf die Anlaute beschränkt werden.		
Dem Kind werden Bilder gezeigt und das Kind findet heraus, in welchem der abgebildeten Begriffe der entsprechende Laut vorkommt.		
Dem Kind werden Bilder gezeigt und das Kind findet heraus, in welchem der abgebildeten Begriffe der entsprechende Laut vorkommt. Die Bilder können gemischt werden, so dass der entsprechende Laut in allen drei Wortpositionen zu finden ist.		
Dem Kind wird ein Wort durch die Pädagogin genannt. Das Kind versucht zu erkennen, wo die zuvor vereinbarte Laut oder Buchstabe sich in dem Wort befindet: Anfang, Mitte, Ende.		
Das Kind bildet Worte mit einem vereinbarten Laut, wobei der Laut mal am Anfang, mal in der Mitte und mal am Ende steht.		

Anlaute erkennen
(Christina Reichenbach & Christina Lücking)

Angesprochene Entwicklungsbereiche und deren Schwerpunkte:	**Sprache**: Lautbildung, Phonologie, Sprachgedächtnis, Wortschatz **Kognition**: Aufmerksamkeit/Gedächtnis, Kreativität, sprachliche Fähigkeiten **Wahrnehmung**: auditiv (Differenzierung, Lokalisation, Strukturierung)
Material:	Bildkarten (siehe Seite 136-139)
Setting: Gruppen- und/oder Einzelsituation:	E + G
Ursprung der Aufgabe:	DES

Aufgabenstellung mit Differenzierungsmöglichkeiten	Mögliche Beobachtungen	Mögliche Fragen und Interpretationen
Das Kind findet heraus, mit welchem Laut ein Wort beginnt. z.B.: das ist eine Ampel; was hörst du am Anfang von „Ampel"? … Antwort = „Aaaaa"	- Das Kind benennt, mit welchem Laut ein Wort beginnt. - Das Kind benötigt eine betonte Aussprache der Worte als Vorbild. - Das Kind hört Vokale als Anlaute gut heraus. - Das Kind hört Konsonanten als Anlaute gut heraus. - Das Kind ordnet die Bilder zusammen, die mit dem gleichen Anlaut beginnen. - Das Kind denkt sich selbst X Worte zu bestimmten Anlauten aus. - Das Kind beschreibt den Anlaut des Wortes, indem es auf ein anderes Wort mit dem gleichen Anlaut verweist („…so, wie in Affe). - Das Kind gibt folgende Vokale wieder… - Das Kind gibt folgende Konsonanten wieder… - Das Kind fügt X Wörter mit gleichem Anlaut zu einem Satz zusammen.	- Wie ist die Lautbildung des Kindes? - Wie ist die Merkfähigkeit des Kindes? - Wie ist die Aussprache des Kindes? - Kann das Kind gemeinsame Anlaute erkennen? - Kann das Kind ähnlich klingende Laute voneinander unterscheiden? - Wie viele Worte kann das Kind mit gleichen Anlauten zusammen fügen?
Dem Kind werden Bildkarten gezeigt und gefragt, mit welchem Laut ein Wort beginnt. Zuerst Vokale: Affe, Esel, Igel… Dann Konsonanten: Löwe, Meer, Sonne…		
Es können verschiedene Bildkarten mit gleichen Lauten beginnen. Das Kind kann diese zusammenlegen.		
Das Kind überlegt sich selbständig Worte, die mit bestimmten Lauten beginnen.		
Das Kind spricht das Wort nach und überlegt sich einen Satz zu diesem Wort.		
Verschiedene Bildkarten werden auf dem Tisch verteilt. Dann können mindestens zwei Spieler „ich sehe was, was du nicht siehst, und das beginnt mit dem Buchstaben/Laut…." spielen.		
Das Kind versucht Sätze aus zwei bis vier Worten mit gleichen Anlauten zu bilden. Z.B. **I**da **I**sst/**E**lke **E**rzählt **E**wig/ **A**lle **A**meisen **A**rbeiten **A**bends/ **R**iesige **R**ampen **R**ollen **R**ückwärts/ **F**röhliche **F**rösche **F**angen **F**liegen		

Singspiele
(Christina Reichenbach & Christina Lücking)

Angesprochene Entwicklungsbereiche und deren Schwerpunkte:	**Sprache**: Morphologie, Sprachgedächtnis, suprasegmentale Komponente **Kognition**: Aufmerksamkeit/Gedächtnis, Wissen, musische Fähigkeiten **Wahrnehmung**: auditiv (Differenzierung, Strukturierung)
Material:	Auswahl von Kinderliedern bzw. Singspielen
Setting: Gruppen- und/oder Einzelsituation:	E + G
Ursprung der Aufgabe:	

Aufgabenstellung mit Differenzierungsmöglichkeiten	Mögliche Beobachtungen	Mögliche Fragen und Interpretationen
Es werden mit den Kindern verschiedene Lieder gesungen. Zu den Liedern können passende Bewegungen ausgeführt werden. Bestimmte Silben und/oder Laute können in den Liedern besonders hervorgehoben werden. Jedes Kind kann für einen bestimmten Laut oder eine bestimmte Silbe „verantwortlich" sein, das heißt, bei Auftreten dessen, das Kind in den Vordergrund rückt und dieses ganz laut äußert/aufsteht. Die Lieder können durch ein Klatschen begleitet werden. Singspiele können besonders dazu geeignet sein, dass sich die Kinder zu den Liedern bewegen. Das Kind kann sich entsprechend des Rhythmus im Raum bewegen, je schneller das Lied wird, desto schneller kann sich das Kind im Raum bewegen. Bei Erlischen der Musik soll das Kind stehen bleiben.	- Das Kind singt das Lied „..." mit. - Das Kind gibt den Text korrekt wieder. - Das Kind gibt den Text in folgender Reihenfolge wieder... - Das Kind gibt den Text wieder, verändert die Reihenfolge dabei wie folgt... - Das Kind hält den Rhythmus ein. - Das Kind klatscht den vorgegebenen Rhythmus mit. - Das Kind klopft den Rhythmus mit Händen und/oder Füßen. - Das Kind benötigt eine betonte Aussprache der Worte als Vorbild. - Das Kind passt sich den verschiedenen Tempi an. - Das Kind achtet auf das Erlischen der Musik.	- Wie ist die Lautbildung? - Wie ist die Artikulation? - Wie ist die Merkfähigkeit? - Wie ist das Rhythmusgefühl? - Kann das Kind einen Text wiedergeben? - Kann sich das Kind dem Rhythmus des Liedes anpassen?

Eigenschaften von Wörtern erkennen: lang oder kurz?
(Christina Reichenbach & Christina Lücking)

Angesprochene Entwicklungsbereiche und deren Schwerpunkte:	**Sprache:** Sprachverständnis; Begriffsbildung; Lexikon; Wortschatz; Morphologie, phonologische Bewusstheit, Sprachgedächtnis **Kognition**: abstraktes Denken, Verständnis, Gedächtnis/Merkfähigkeit, Wissen, Vorstellungsvermögen, sprachliche Fähigkeiten **Wahrnehmung**: auditiv (Differenzierung, Strukturierung)
Material:	Evtl. Wortkarten
Setting: Gruppen- und/oder Einzelsituation:	E
Ursprung der Aufgabe:	

Aufgabenstellung mit Differenzierungsmöglichkeiten	Mögliche Beobachtungen	Mögliche Fragen und Interpretationen
Dem Kind werden jeweils ein langes und ein kurzes Wort vorgesprochen. Es soll anschließend sagen, welches Wort lang und welches kurz ist. Z.B.: Schulranzen-Brot; Pausenhof-Rad; Tor-Spielecke	- Das Kind unterscheidet welches Wort lang oder kurz ist. - Das Kind benötigt Wortkarten zur Unterstützung. - Das Kind bildet selbständig kurze und lange Worte. - Das Kind zieht das Gummi bei langen Wörtern in die Länge. - Das Kind verlängert ein Wort durch andere Wörter (sinnvoll). - Das Kind gliedert das Wort X in Y Silben.	- Wie ist die Begriffsbildung? - Kennt das Kind die Worte? - Wie ist das Wortverständnis? - Wie ist der Wortschatz? - Kann das Kind Wörter sinnvoll verlängern? - Kann das Kind sich über die Anzahl der Silben die Länge des Wortes erschließen? - Kann das Kind ein Wort aus zwei Substantiven zusammensetzen? - Kann das Kind unterscheiden, ob es mehr oder weniger Sprünge gemacht hat?
Das Kind wiederholt die Wortpaare. Dem Kind werden die Worte zusätzlich auf Wortkarten gezeigt.		
Das Kind soll ein Gummi bei einem langen Wort lang ziehen und bei einem kurzen Wort in der Kürze lassen.		
Das Kind bildet selbständig Worte und sagt, welches Wort länger oder kürzer ist.		
Aus dem kurzen Wort wird ein langes Wort. Z.B.: **Tor**hüter, Weiß**brot**, Drei**rad**		
Das Kind soll ein Wort um mehrere Worte verlängern. Z.B.: Ball Ballspiel Ballspielplatz Ballspielplatzwärter		
Die Worte können auf Bildkarten dem Kind gezeigt werden und/oder das Kind zieht zwei Bildkarten und überlegt, ob sich diese zusammenfügen lassen.		
Das Kind springt die Silben beider Worte auf dem Trampolin: pro Silbe = ein Sprung. Das Kind sagt anschließend, bei welchem Wort es häufiger gesprungen ist.		

Nachklatschen von Wörtern
(Christina Reichenbach & Christina Lücking)

Angesprochene Entwicklungsbereiche und deren Schwerpunkte:	**Sprache:** Suprasegmentale Komponente, Prosodie **Kognition:** Merkfähigkeit, Aufmerksamkeit, Wissen **Bewegung:** Rhythmus, Koordination, Feinmotorik
Material:	Auswahl von ein-, zwei-, drei- und viersilbigen Worten
Setting: Gruppen- und/oder Einzelsituation:	E + G
Ursprung der Aufgabe:	BfdS, BISC, DESK, DES

Aufgabenstellung mit Differenzierungsmöglichkeiten	Mögliche Beobachtungen	Mögliche Fragen und Interpretationen
Das Kind hat die Aufgabe, zwei- und dreisilbige Worte nachzuklatschen. Die Pädagogin spricht ein Wort vor und zeigt dabei gleichzeitig, wie es in Silben geklatscht wird. Z.B.: Lö-we; Ku-gel; Ka-len-der; Schul-ran-zen …	- Das Kind klatscht die vorgegebenen zweisilbigen Worte nach. - Das Kind klatscht die vorgegebenen dreisilbigen Worte nach. - Das Kind klatscht die vorgegebenen viersilbigen Worte nach. - Das Kind klopft den Silbenrhythmus mit Händen und/oder Füßen. - Der Klatschrhythmus entspricht dem Silbenrhythmus. - Das Kind benötigt eine betonte Aussprache der Worte als Vorbild. - Das Kind benötigt ein Vorbild, um dieses nachzuahmen. - Das Kind denkt sich selbst x-silbige Worte aus. - Die Lautstärke des Klatschens ist für das Kind unbedeutend. - Die Lautstärke des Sprechens ist für das Kind unbedeutend. - Das Kind klatscht sein Lieblingswort in Silben.	- Wie ist die Lautbildung des Kindes? - Wie ist die Merkfähigkeit des Kindes? - Wie ist das Rhythmusgefühl? - Kann das Kind den Sprachrhythmus dem Klatschrhythmus anpassen? - Kann das Kind den Klatschrhythmus seinem Sprachrhythmus anpassen? - Wie ist die Koordinationsfähigkeit des Kindes?
Klatschen von einzelnen Silben (z.B.: la, li, lu, mo, ma).		
Anstelle mit den Händen zu klatschen, wird mit den Händen auf dem Tisch geklopft oder mit den Füßen auf den Boden.		
Es wird ein Wort betont, gemäß der Silben gesprochen und das Kind klatscht anschließend (ohne Vorbild).		
Es wird ein Wort unbetont gesprochen und das Kind klatscht anschließend (ohne Vorbild).		
Es werden jeweils ein ein-, zwei-, drei- und viersilbiges Wort ausgewählt und dazu geklatscht; In einem weiteren Schritt erkennt das Kind allein am Klatschen, um welches Wort es sich handelt (z.B.: Kind; Kin-der; Kin-der-fest; Kin-der-gar-ten oder Hand; Ku-chen; Ker-zen-licht; Som-mer-ur-laub)		
Das Kind denkt sich selbst zwei- und dreisilbige Worte aus.		
Das Kind erzählt etwas zu dem Wort, welches es geklatscht hat.		
Die Lautstärke des Klatschens und/oder Sprechens variiert.		
Frage nach Lieblingswort und wie dieses geklatscht werden müsste.		
Das Kind klatscht und/oder trommelt einen vorgegebenen Rhythmus nach.		
Ratespiel: Das Kind beantwortet eine Frage mit Hilfe einer Vorlage, auf der die Anzahl der Silben der Antwort zu sehen sind. Z.B.: In welchem Monat ist Weihnachten?: _ _ _ [De-zem-ber].		

Benennung von Nomen und Verben
(Christina Reichenbach & Christina Lücking)

Angesprochene Entwicklungsbereiche und deren Schwerpunkte:	**Sprache:** Sprachverständnis, Sprachgedächtnis, Begriffsbildung, Lexikon, Wortschatz, Morphologie, Grammatik, Syntax, Kommunikationsfähigkeit, phonologische Bewusstheit, Satzsemantik, Sprachproduktion **Kognition:** Aufmerksamkeit/Gedächtnis, Wissen
Material:	Bildkarten mit einzelnen Gegenständen (ca. 25) und mit Handlungssituationen (ca. 10) (siehe Seiten 136-139; 146)
Setting: Gruppen- und/oder Einzelsituation:	E + G
Ursprung der Aufgabe:	SFD

Aufgabenstellung mit Differenzierungsmöglichkeiten	Mögliche Beobachtungen	Mögliche Fragen und Interpretationen
Dem Kind werden mehrere Bilder (ca. 25) aus Alltagssituationen oder mehrere Alltagsgegenstände gezeigt, wobei das Kind jeweils bestimmte Worte benennen soll (Substantive, Verben, Artikel) z.B.: DIE Zahnbürste, DAS Sofa, DER Fernseher	- Das Kind benennt X von Y Substantiven. - Das Kind ordnet die entsprechenden Artikel den Substantiven zu. - Das Kind umschreibt Begriffe. - Das Kind drückt sich grammatikalisch gut aus. - Das Kind benennt Verben. - Das Kind erzählt frei in mindestens 5-Wort-Sätzen. - Das Kind umschreibt X Situationen. - Das Kind benennt die Situationen, die es kennt. - Das Kind bildet die Vergangenheitsform von folgenden Wörtern: …	- Wie geht das Kind sprachlich mit dem (Bild-)Material um? - Kann es die Gegenstände benennen? - Kann es den passenden Artikel zuordnen? - Kann es die passende Tätigkeit bzw. das passende Verb zuordnen? - Wie ist das Wortverständnis? - Wie ist der Wortschatz? - Wie ist die Artikulation? - Drückt sich das Kind grammatikalisch passend aus? - Kann das Kind Präteritum und Präsenz bilden?
Das Kind nennt zunächst ausschließlich das Substantiv, ohne Artikel.		
Dem Kind werden einzelne Bildkarten vorgelegt und es sagt, welche Gegenstände es (nicht) kennt.		
Unbekannte Begriffe werden von dem Kind umschrieben.		
Das Kind schaut sich die Bildkarten an und erzählt, welche Gegenstände für es selbst (un-)wichtig sind.		
Es werden Bilder/Bildkarten mit Situationen gezeigt. Das Kind erzählt, was auf dem Bild zu sehen ist. Dabei ist insbesondere auf die Verwendung der Verben zu achten. Z.B.: Das Kind *putzt* seine Zähne. Der Vater *guckt* fern. Die Mutter *liegt* auf dem Sofa.		
Es werden Bilder/Bildkarten mit Situationen gezeigt. Das Kind erzählt, was auf dem Bild zu sehen ist. Dabei ist insbesondere auf die Verwendung der Verben in der Vergangenheit (Präteritum) zu achten. Z.B.: Das Mädchen *warf* den Ball. Der Vater *angelte* einen Fisch. Die Mutter *wusch* Wäsche.		
Das Kind erzählt von sich aus, was es auf dem Bild sieht.		
Das Kind blättert ein Buch durch und sucht sich verschiedene Situationen aus, die es näher beschreiben möchte.		
Eine der im Buch oder auf dem Bild dargestellten Situation wird im Spiel nachgestellt, so dass das Kind handelt und spricht bzw. Sprache versteht.		
Das Kind erzählt, welche Situationen es von den Bildern kennt. Welche Situationen mag es (weniger) gern?		

Bilden von Einzahl und Mehrzahl
(Christina Reichenbach & Christina Lücking)

Angesprochene Entwicklungsbereiche und deren Schwerpunkte:	**Sprache**: Grammatik, Lexikon, Morphologie, Phonologie, Sprachgedächtnis, Sprachverständnis **Kognition**: Denkstrategie, Gedächtnis, logisches Schlussfolgern, Wissen, sprachliche Fähigkeiten
Material:	Bildkarten (siehe Seite 136-139)
Setting: Gruppen- und/oder Einzelsituation:	E + G
Ursprung der Aufgabe:	BfdS

Aufgabenstellung mit Differenzierungsmöglichkeiten	Mögliche Beobachtungen	Mögliche Fragen und Interpretationen
Dem Kind werden einzelne Bilder gezeigt, auf denen Gegenstände abgebildet sind. Anschließend wird das Kind gefragt, wie es heißt, wenn mehrere Gegenstände davon vorhanden sind. Z.B.: Buch-Bücher; Kind-Kinder, Schuh-Schuhe; Keks-Kekse; Auto-Autos; Haus-Häuser [Hinweis: Bei der Wortauswahl ist es wichtig, Wörter mit verschiedenen Pluralendungen zu wählen, um die Verwendung dieser auch beobachten zu können.]	- Das Kind nennt die Begriffe auf den Bildkarten (Singular). - Das Kind bildet den Plural bei X von Y Wörtern. - Das Kind drückt sich verständlich aus. - Das Kind nennt ohne bildliche Veranschaulichung den Plural bei einem gehörten Wort. - Das Kind bildet den Plural von X Begriffen folgendermaßen.	- Wie ist die Artikulation des Kindes? - Wie ist das Verständnis der gesprochenen Sprache? - Kann das Kind Plural bilden? - Ist dem Kind der Unterschied zwischen Singular und Plural deutlich? - Kann das Kind Begriffe bilden? - Kann das Kind den Unterschied zwischen Singular und Plural erklären?
Dem Kind wird ein Bild gezeigt. Anschließend wird das Kind nach der Anzahl einzelner auf dem Bild abgebildeter Gegenstände befragt.		
Dem Kind wird ein Wort ohne bildliche Veranschaulichung genannt und es bildet dann den Plural.		
Dem Kind wird ein Plural (Mehrzahl) von einem Gegenstand/Material benannt. Es bildet anschließend den Singular (Einzahl) von dem genannten Begriff.		
Das Kind sucht im Raum selbst Gegenstände aus und bildet den Plural.		
Das Kind soll jeweils zwei Bildkarten (z.B. Bildkarte 1: eine Katze, Bildkarte 2: mehrere Katzen) finden und diese dann benennen (Memory).		

Kenntnis von Präpositionen
(Christina Reichenbach & Christina Lücking)

Angesprochene Entwicklungsbereiche und deren Schwerpunkte:	**Sprache**: Sprachverständnis, Sprachgedächtnis, Lexikon, Wortschatz, Syntax, Kenntnis von Präpositionen (örtlich und zeitlich), phonologische Bewusstheit **Kognition**: abstraktes Denken, Verständnis, räumliche Fähigkeiten, Wissen, Gedächtnis, Handlungsplanung, Vorstellungsvermögen **Wahrnehmung**: Raum-Zeit (Lateralität, Raumkoordination, Raumvorstellung)
Material:	Bildkarten mit einzelnen Abbildungen zu Präpositionen, evtl. Lied
Setting: Gruppen- und/oder Einzelsituation:	E + G
Ursprung der Aufgabe:	BfdS, Fit in Deutsch

Aufgabenstellung mit Differenzierungsmöglichkeiten	Mögliche Beobachtungen	Mögliche Fragen und Interpretationen
Dem Kind wird z.B. eine Puppe/Figur namens X gegeben, mit der es bestimmte Aufgaben umsetzen soll. z.B.: X sitzt AUF dem Stuhl; X geht neben dem Kind; X geht UNTER den Tisch; ZWISCHEN zwei Stühlen ruht sich X aus; …	- Das Kind setzt X von Y Anweisungen um. - Das Kind zeigt die Raumdimensionen. - Das Kind erklärt seinen Weg und nutzt dabei verschiedene Raumdimensionen. - Das Kind umschreibt folgende: … Raumdimensionen. - Das Kind verwendet gleiche Präpositionen für unterschiedliche Orte.	- Kann das Kind die Präpositionen zuordnen? - Kann das Kind die Präpositionen benennen? - Kann das Kind der genannten Präposition die entsprechende Handlung zuordnen? - Wie ist das Wortverständnis? - Wie ist der Wortschatz? - Wie ist die Anwendung von Präpositionen? - Wie ist das Satzverständnis?
Das Kind zeigt ohne Puppe/Figur die Raumdimensionen.		
Die Pädagogin bewegt die Puppe/Figur und das Kind benennt deren Raumdimension.		
Das Kind macht das Gleiche wie die Puppe/Figur.		
Das Kind führt die Aufgaben selbständig ohne Puppe/Figur aus.		
Das Kind überlegt sich selbst einen Weg und Handlungen im Raum und begleitet diese sprachlich.		
Dem Kind werden Bildkarten gezeigt, auf dem sich ein Gegenstand oder ein Tier in unterschiedlichen Positionen befindet. Dem Kind wird dann ein Satz vorgesprochen „Der Hut ist auf dem Schrank" und das Kind soll auf die entsprechende Bildkarte zeigen.		
Das Kind soll verschiedene Karten, auf denen sich verschiedene Gegenstände in der gleichen Positionen befinden, zusammenstellen.		
In der Gruppe führt ein Kind die Handlung aus und ein anderes Kind beschreibt die Handlung.		
Mit dem Kind oder den Kindern kann auch ein Lied gesungen werden, in dem Präpositionen vorkommen. Dabei werden dann Worte mit Bewegungshandlungen verknüpft. Zum Beispiel folgendes Lied: *(zur Verfügung gestellt von Ute Nahrgang)* ICH HOL` MIR EINE LEITER UND STELL SIE AN DEN APFELBAUM und kletter immer weiter bis oben hin hinauf. Ich pflücke, ich pflücke, mal über mir, mal unter mir, mal vor mir, mal hinter mir, das ganze Körbchen voll. Ich kletter immer weiter und halt mich an den Zweigen fest und setz mich dann gemütlich auf einen dicken Ast. Ich wippe, ich wippe, diwipp, diwapp, diwipp, diwapp und falle nicht herab. Auf einmal geht es knix knax schwapp und der ganze Ast bricht ab. Bums.		

Sprache und Kommunikation

Sätze zu Ende führen
(Christina Reichenbach & Christina Lücking)

Angesprochene Entwicklungsbereiche und deren Schwerpunkte:	**Sprache**: Grammatik, Lexikon, Syntax, Morphologie, Phonologie, Satzbildung, Sprachgedächtnis **Kognition**: Verständnis, logisches Schlussfolgern, Vorstellungsvermögen, sprachliche Fähigkeiten
Material:	Bildkarten (siehe Seiten 136-139)
Setting: Gruppen- und/oder Einzelsituation:	E + G
Ursprung der Aufgabe:	

Aufgabenstellung mit Differenzierungsmöglichkeiten	Mögliche Beobachtungen	Mögliche Fragen und Interpretationen
Dem Kind wird ein Bild mit einem Gegenstand gezeigt und das Kind findet dazu einen Satz.	- Das Kind bildet Sätze mit entsprechenden Worten. - Das Kind bildet einen grammatikalisch korrekten Satz. - Das Kind hat einen sinnvollen Satz erstellt. - Die vom Kind gebildeten Sätze sind Zwei-, Drei- oder Mehrwortsätze.	- Wie ist die Artikulation des Kindes? - Wie ist das Verständnis der gesprochenen Sprache? - Wie ist die Grammatik? - Welche Länge haben die vom Kind gebildeten Sätze (Zwei-, Drei- oder Mehrwortsätze)?
Dem Kind wird ein Bild mit einer speziellen Situation (z.B. das Kind im Kinderzimmer) gezeigt. Das Kind formuliert zu der Situation ein Satz (z.B. Das Kind ist in seinem Kinderzimmer).		
Dem Kind wird ein Wort gesagt und es bildet daraus einen ganzen Satz.		
Das vorgegebene Wort steht am Anfang des Satzes.		
Das vorgegebene Wort kann irgendwo im Satz stehen.		
Die Anzahl der vorgegebenen Wörter kann variieren.		

Bildergeschichte
(Christina Reichenbach & Christina Lücking)

Angesprochene Entwicklungsbereiche und deren Schwerpunkte:	**Sprache**: Sprachverständnis, Begriffsbildung, Lexikon, Grammatik, Wortschatz, Morphologie, Phonologie, Satzsemantik, Sprachgedächtnis, suprasegmentale Komponente, Syntax **Kognition**: abstraktes Denken, Aufmerksamkeit, Denkstrategie, Gedächtnis/Merkfähigkeit, Handlungsplanung, logisches Schlussfolgern, Vorstellungsvermögen, Wissen
Material:	Bildergeschichte in Bildkarten (siehe auch Seite 162)
Setting: Gruppen- und/oder Einzelsituation:	E + G
Ursprung der Aufgabe:	BfdS, Fit in Deutsch, KEV

Aufgabenstellung mit Differenzierungsmöglichkeiten	Mögliche Beobachtungen	Mögliche Fragen und Interpretationen
Dem Kind wird eine Bildergeschichte oder mehrere Bilder gezeigt. Anschließend äußert es sich zu dem Geschehen auf den Bildern. Was siehst du auf den Bildern? Was gibt es für Dinge auf den Bildern, die du kennst? Die Bilder liegen ungeordnet und werden vom Kind geordnet. Das Kind sortiert die wichtigsten Bilder heraus, so dass die Geschichte dennoch den Sinn beibehält. Das Kind bildet aus einer Bildergeschichte zwei Geschichten mit unterschiedlichem Inhalt. Das Kind legt die fertige Bildergeschichte zu einer neuen Bildergeschichte mit einem anderen Inhalt um. Dem Kind wird eine kurze Geschichte erzählt. Das Kind malt zu der Geschichte Bilder (als Bildergeschichte).	- Das Kind gibt Gesehenes der Geschichte in einer erkennbaren Reihenfolge wieder. - Das Kind nutzt bei der Erzählung vielfältiges Vokabular. - Das Kind geht bei der Erzählung von Bild zu Bild. - Das Kind drückt sich grammatikalisch gut aus. - Das Kind malt Bilder zum gehörten Inhalt anhand derer es die Geschichte selbst nacherzählt.	- Findet das Kind die Worte für seine Erzählungen? - Wie ist das Wortverständnis? - Wie ist der aktive Wortschatz? - Wie ist die Kreativität und Fantasie? - Kann das Kind die bedeutungstragenden Bilder aus der Geschichte isolieren? - Spricht das Kind in ganzen Sätzen. - Ordnet das Kind die Bilder/den Inhalt in einer chronologisch sinnvollen Reihenfolge?

Sprache und Kommunikation

Wiedergabe einer Alltagssituation
(Christina Reichenbach & Christina Lücking)

Angesprochene Entwicklungsbereiche und deren Schwerpunkte:	**Sprache**: Sprachverständnis, Lexikon, Wortschatz, Morphologie, Grammatik, Syntax, phonologische Bewusstheit, Satzsemantik, Sprachgedächtnis, suprasegmentale Komponente, Körpersprache, Paralinguistik, Sprechakte **Kognition**: abstraktes Denken, Aufmerksamkeit/Gedächtnis, Handlungsplanung, Reflexionsfähigkeit, Vorstellungsvermögen, Wissen, sprachliche Fähigkeiten
Material:	Bild Spielplatz oder andere Bilderkarten (siehe Seite 160)
Setting: Gruppen- und/oder Einzelsituation:	E + G
Ursprung der Aufgabe:	DESK, KEV

Aufgabenstellung mit Differenzierungsmöglichkeiten	Mögliche Beobachtungen	Mögliche Fragen und Interpretationen
Um zu erfahren, welche Kommunikationsformen ein Kind nutzt, kann das Kind in alltäglichen Situationen beobachtet werden. Wie verhält sich das Kind im Alltag? Gute Beobachtungssituationen: Spiel mit anderen Kindern. Lösen einer Aufgabe. Einkaufen gehen.	- Das Kind bildet bis zu Fünfwortsätze. - Das Kind gibt die Ereignisse in einer zeitlichen Reihenfolge wieder. - Das Kind äußert Wünsche. - Das Kind gibt Wesentliches aus einer erzählten Situation wieder. - Das Kind findet eine Möglichkeit sich sprachlich auszudrücken. - Das Kind sucht und/oder hält (keinen) Blickkontakt. - Das Kind seufzt, lacht,... (Situation beschreiben). - Das Kind drückt sich über seine Mimik aus. - Das Kind drückt sich über seine Körperhaltung aus. - Dem Kind fällt spontan eine Alltagssituation ein. - Das Kind erzählt eine Alltagssituation in der Reihenfolge der Bildkarten. - Das Kind spielt folgende Alltagssituation: ...	- Wie ist der (non-) verbale Ausdruck des Kindes? - Welche sprachbegleitenden Äußerungen sind beobachtbar? - Wie ist die Körpersprache des Kindes? - Setzt das Kind (un-) bewusst seine Gestik/Mimik ein? - Ergreift das Kind Initiative und bringt sich in die Kommunikation Anderer ein? - Wie ist die Begriffsbildung? - Findet das Kind die Worte für seine Erzählungen? - Kann das Kind Situationen beschreiben? - Kann das Kind Situationen umschreiben? - Wie ist das Wortverständnis? - Wie ist der Wortschatz? - Kann das Kind Zusammenhänge sprachlich fließend wiedergeben? - Beschreibt das Kind Details? Welche? - Nutzt das Kind Adjektive bei der Erzählung? - Hat das Kind einen umfangreichen Wortschatz?
Das Kind wird gebeten eine Alltagssituation zu erzählen.		
Dem Kind wird ein Bild von einer Alltagssituation gezeigt (z.B. Spielplatz). Das Kind erzählt frei, was ihm zu den Situationen auf dem Bild einfällt.		
Es wird eine Alltagssituation vorgegeben, die vom Kind beschrieben wird (z.B.: Badsituation, Frühstück, Ausruhen, Spielplatz).		
Das Kind wählt eine Alltagssituation seiner Wahl aus.		
Das Kind erzählt eine Alltagssituation anhand von Bildkarten.		
Das Kind berichtet in einer zeitlichen Abfolge (chronologisch), was es am letzten Wochenende getan hat.		
Das Kind erzählt, wie es sein Wochenende am liebsten verbringen würde.		
Dem Kind wird eine Alltagssituation erzählt. Anschließend soll es diese inhaltlich wiedergeben.		
Das Kind spielt eine Alltagssituation vor, z.B. Zähne putzen und ein anderes Kind berichtet als Reporter über diese Situation.		

Geschichte vorlesen
(Christina Reichenbach & Christina Lücking)

Angesprochene Entwicklungsbereiche und deren Schwerpunkte:	**Sprache**: Grammatik, Sprachverständnis, Begriffsbildung, Lexikon, Wortschatz, Morphologie, Phonologie, Satzsemantik, Sprachgedächtnis, Sprachproduktion, suprasegmentale Komponente, Syntax, Körpersprache **Kognition**: Gedächtnis/Merkfähigkeit, Vorstellungsvermögen, Wissen, sprachliche Fähigkeiten, Aufmerksamkeit **Wahrnehmung**: Raum-Zeit (Ordnung)
Material:	Geschichte, Bildkarten zu der Geschichte (siehe auch Seite 144; 162)
Setting: Gruppen- und/oder Einzelsituation:	E + G
Ursprung der Aufgabe:	DES,SFD

Aufgabenstellung mit Differenzierungsmöglichkeiten	Mögliche Beobachtungen	Mögliche Fragen und Interpretationen
Es wird eine Kurzgeschichte (max. 15 Sätze) vorgelesen, die anschließend inhaltlich wieder gegeben werden soll. Die Geschichte kann mit Bildern begleitet werden. Nach der Geschichte werden dazu drei Bilder gezeigt, die das Kind in eine Reihenfolge bringen soll. Das Ende der Geschichte kann offen bleiben und das Kind wählt aus drei möglichen Enden anhand von Bildkarten ein Ende aus. Das Ende der Geschichte kann offen bleiben und das Kind bestimmt dann aus der Fantasie heraus ein eigenes Ende. Am Ende der Geschichte werden dem Kind bis zu 8 Fragen zu der Geschichte gestellt. Das Kind erzählt, was von der Geschichte in Erinnerung geblieben ist. Das Kind erzählt, was ihm an der Geschichte am meisten/am wenigsten gefallen hat. Dem Kind werden Fragen zur Geschichte gestellt. Z.B. womit spielte das Kind am Liebsten? Die Fragen selbst an die erzählte Geschichte anpassen. Das Kind stellt Fragen zur Geschichte. Bei einer Kleingruppe fragt jeweils ein Kind ein anderes Kind eine Frage zu der Geschichte, die dann beantwortet werden soll.	- Das Kind gibt die wesentlichen Ereignisse der Geschichte in einer zeitlichen Reihenfolge wieder. - Das Kind nutzt bei der Erzählung vielfältiges Vokabular. - Das Kind nutzt die Bilder zur Veranschaulichung. - Das Kind drückt sich grammatikalisch gut aus. - Das Kind entscheidet sich für ein Ende der Situation. - Das Kind wählt ein eigenes Ende für die Situation. - Das Kind findet kein Ende für die Situation passend. - Das Kind beantwortet X von Y Fragen. - Das Kind formuliert selbständig Fragen zur Geschichte. - Das Kind beantwortet X von Y Fragen zu der Geschichte.	- Findet das Kind die Worte für seine Erzählungen? - Wie ist das Wortverständnis? - Wie ist der Wortschatz? - Wie ist die Kreativität und Fantasie? - Kann das Kind Fragen formulieren? - Werden Fragen verstanden? - Wie ist die Merkfähigkeit? - Wie ist das Verständnis in Bezug auf die Geschichte? - Kann das Kind Fragen zur Geschichte beantworten? - Kann das Kind den Inhalt in der zeitlichen Reihenfolge wiedergeben?

auditive Wahrnehmung

Memory
(Christina Reichenbach & Christina Lücking)

Angesprochene Entwicklungsbereiche und deren Schwerpunkte:	**Wahrnehmung**: auditiv (Differenzierung, Strukturierung) visuell (Form-Konstanz, Raum-Lage, räumliche Beziehungen), auditiv (Differenzierung, Lokalisation, Strukturierung), Raum-Zeit (Strukturierung, Raumorientierung, Raumvorstellung) **Kognition**: Merkfähigkeit, Aufmerksamkeit, Handlungsplanung, Kreativität **Bewegung**: Augen-Hand Koordination
Material:	Memory-Karten
Setting: Gruppen- und/oder Einzelsituation:	G
Ursprung der Aufgabe:	DIAS

Aufgabenstellung mit Differenzierungsmöglichkeiten	Mögliche Beobachtungen	Mögliche Fragen und Interpretationen
Die Aufgabe besteht darin aus einer Vielzahl von Karten, jeweils zwei gleiche wieder zu finden. Als erstes werden verschiedene Karten sichtbar auf den Tisch gelegt. Das Kind hat die Aufgabe, jeweils zwei gleiche Karten herauszusuchen. Dabei kann das Kind auch benennen, was es auf der Karte jeweils für Elemente sieht. Dem Kind wird das Spiel „Memory" (= Erinnern) erklärt: alle Karten liegen verdeckt auf dem Tisch. Das Kind darf in jeder Runde als erstes zwei Karten aufdecken. Sind die beiden Karten gleich, dann darf es nochmals zwei Karten aufdecken. Sind die Karten ungleich, werden sie am gleichen Ort wieder zugedeckt und ein anderer Spielpartner ist an der Reihe. Die Aufgabe besteht darin, dass sich das Kind merkt, wo welche Karten liegen und, dass es diese dann findet und gemeinsam zuordnet. Die Spielkarten können vielfältige Unterschiede aufweisen oder sehr prägnant für eine Unterscheidung sein. Den Kindern wird das Spiel „Memory" (= Erinnern) erklärt. Dann finden sich zwei Spieler, die zunächst vor der Tür warten. Für die anderen Kinder besteht die Aufgabe darin, dass sich jeweils zwei Kinder zu einem „Karten-Paar" zusammen finden und ein gemeinsames Geräusch vereinbaren. Vom Pädagogen wird überprüft, ob kein Geräusch doppelt vorkommt. Anschließend „ver-mischen" sich alle Kinder im Raum. Dann werden die zwei Spieler wieder rein geholt und decken durch leichte Berührung jeweils zwei „Geräusch-Karten" auf und versuchen so zwei gleiche zu finden. Sind die beiden Karten gleich, dann darf es nochmals zwei Karten aufdecken. Sind die Karten ungleich, ist der andere Spielpartner an der Reihe. Die Aufgabe besteht darin, dass das Kind merkt, wo welche „Karten" liegen/stehen und, dass es diese dann findet und gemeinsam zuordnet. Die Geräusche können variieren: von Tiergeräuschen bis ähnlich klingenden Körpergeräuschen.	- Dem Kind ist Memory als Spiel (nicht) bekannt. - Das Kind unterscheidet ähnlich klingende Geräusche/ Bewegungen voneinander. - Das Kind unterscheidet X von Y ähnlich klingenden Geräuschen/Bewegungen voneinander. - Wie findet das Kind die Paare (1:1-Zuordnung/ direkter Vergleich)? - Das Kind gibt an, die Geräusche/ Bewegungen noch einmal/ mehrmals hören/ sehen zu wollen. - Das Kind erinnert sich an die Geräusche/Bewegungen seines Spielpartners. - Das Kind erinnert sich an X Geräusche/Bewegungen.	- Kann das Kind die unterschiedlichen Geräusche/Bewegungen voneinander unterscheiden? - Kann das Kind die entsprechenden Geräusche/ Bewegungen einander zuordnen? - Kann sich das Kind an die Geräusche/ Bewegungen nach einmaligem Hören/ Sehen erinnern? - Nennt das Kind Eigenschaften von einzelnen Geräuschen und/oder Bewegungen? - Kann das Kind diese mit anderen Merkmalen, z.B. hinsichtlich Klangqualität vergleichen? - Setzt das Kind das Geräusch/Bewegung stets/manchmal (nicht) in Bezug zu den erzeugenden Kindern? - Entwickelt das Kind eine (Merk-)Strategie? - Zeigt das Kind eine Vorgehensstrategie?

auditive Wahrnehmung

Den Kindern wird das Spiel „Memory" (= Erinnern) erklärt. Dann finden sich zwei Spieler, die zunächst vor der Tür warten. Für die anderen Kinder besteht die Aufgabe darin, dass sich jeweils zwei Kinder zu einem „Karten-Paar" zusammen finden und eine gemeinsame Bewegung vereinbaren. Vom Pädagogen wird überprüft, ob keine Bewegung doppelt vorkommt. Anschließend „ver-mischen" sich alle Kinder im Raum. Dann werden die zwei Spieler wieder rein geholt und decken durch leichte Berührung jeweils zwei „Bewegungs-Karten" auf, um so zwei gleiche zu finden. Sind die beiden Karten gleich, dann darf es nochmals zwei Karten aufdecken. Sind die Karten ungleich, ist der andere Spielpartner an der Reihe. Die Aufgabe besteht darin, dass sich das Kind merkt, wo welche „Karten" liegen/stehen und, dass es diese dann findet und gemeinsam zuordnet. Die Bewegungen können variieren: von großräumigen Bewegungen und Gesten bis ähnlich aussehenden Mimiken und/oder Gesten.	- Das Kind beschreibt die Geräusche/Bewegungen? Wie beschreibt es die Geräusche/Bewegungen?	- Kann das Kind alle/einige/keines der Geräusche/ Bewegungen differenzieren?

197

Alltags- und Körpergeräusche
(Christina Reichenbach & Christina Lücking)

Angesprochene Entwicklungsbereiche und deren Schwerpunkte:	**Wahrnehmung:** auditiv (Differenzierung, Strukturierung, Einzelgeräusche), taktil-kinästhetisch (Körperorientierung, Bewegungsplanung), Raum-Zeit (Ordnung, Dauer, Raumvorstellung, Raumkoordination) **Kognition:** Merkfähigkeit, Wissen, Konzentration, Kreativität, Handlungsplanung, Vorstellungsvermögen, logisches Schlussfolgern **Bewegung:** Feinmotorik, Grobmotorik
Material:	evtl. Geräusch-CD (DIAS)
Setting: Gruppen- und/oder Einzelsituation:	G + E
Ursprung der Aufgabe:	DIAS

Aufgabenstellung mit Differenzierungsmöglichkeiten	Mögliche Beobachtungen	Mögliche Fragen und Interpretationen
Die Kinder sitzen, mit dem Rücken zur Kreismitte, im Kreis, während ein Kind im Kreisinnern ein Körpergeräusch vormacht. Die anderen Kinder versuchen es zu beschreiben (d.h. Lautstärke, mögliche beteiligte Körperteile, usw.). Die Kinder versuchen das vorgemachte Körpergeräusch nachzuahmen.	- Das Kind benennt X von Y Geräuschen. - Das Kind erinnert sich an X von Y Geräuschen. - Das Kind vergleicht die Geräusche wie folgt:... (z.B. untereinander, mit bekannten Geräuschen) - Das Kind ordnet den gehörten Geräuschen die sie erzeugenden Körperteilen und/oder Gegenständen zu. - Das Kind benennt folgende Ideen für die Erzeugung des Geräusches X:... . - Das Kind bezieht die Bildkarten mit ein. - Das Kind erinnert sich an eine Aneinanderreihung verschiedener Geräusche. - Das Kind benennt das Geräusch, welches nicht aus dem Zimmer stammt. - Das Kind setzt das Geräusch X mit der Tätigkeit/einem Beruf/etc. Y in Beziehung. - Das Kind ordnet dem Geräusch X eine/die Bildkarte Y zu. - Das Kind zeigt von X Geräuschen auf Y passende Bildkarten.	- Kann das Kind Geräusche voneinander unterscheiden? - Kann das Kind Geräusche den sie erzeugenden Körperteilen/Gegenständen zuordnen? - Welche Vorerfahrungen hat das Kind? - Kann das Kind Körpergeräusche beschreiben? - Kann das Kind Körpergeräusche imitieren? - Bevorzugt das Kind bestimmte Körpergeräusche? Welcher Art sind diese? - Erinnert sich das Kind an Geräusche/Bewegungen, die es einmal gehört/gesehen hat? - Welche Geräusche kennt das Kind? - An wie viele aufeinander folgende Geräusche kann sich das Kind erinnern? - Kann das Kind Klangqualitäten voneinander unterscheiden? - Kann das Kind Klangmerkmale benennen?
Ein Kind des Sitzkreises beginnt, ein Körpergeräusch vorzumachen. So schnell es geht imitieren seine Sitznachbarn dies reihum nacheinander. (Geräuschkette)		
Das Kind in der Kreismitte macht mehrere Körpergeräusche hintereinander vor. Die anderen Kinder haben die Aufgabe, sich diese einzuprägen und anschließend nachzuahmen.		
Es werden von einem Kind verschiedene Körpergeräusche und dazwischen ein Zimmergeräusch gemacht. Die anderen Kinder versuchen herauszufinden, welches der Geräusche kein Körpergeräusch ist.		
Das Kind schaut sich Bildkarten zu einzelnen Situationen bzw. von einzelnen Gegenständen an und hört anschließend von der CD verschiedene Zimmergeräusche. Anschließend benennt das Kind anhand der Bildkarten, welche Geräusche es gehört hat.		

auditive Wahrnehmung

Es werden nacheinander einzelne Geräusche gehört. Das Kind versucht anschließend wiederzugeben, in welcher Reihenfolge die Geräusche abgespielt wurden. Das Kind überlegt, welche Geräusche es in seinem Alltag gibt und benennt fünf Geräusche. Das Kind hört ein Geräusch, das eine Alltagshandlung, einen Beruf, etc. beschreibt. Es versucht sich an das gehörte Geräusch zu erinnern und ordnet diesem eine passende Bildkarte, welches die Tätigkeit, den Beruf, etc. darstellt, zu. Alle Kinder sitzen im Kreis. Jedes Kind erhält eine Bildkarte, die es sich gut merken und keinem anderen Kind zeigen soll. Die Geräusche der CD werden nacheinander vorgespielt. Jedes Kind versucht gut auf das Geräusch acht zu geben und einmal kurz mit den Augen zu zwinkern, sobald es sein Geräusch gehört hat. Finden die anderen Kinder heraus, zu wem das Geräusch gehört? Jeweils zwei Kinder haben die gleiche Bildkarte und zwinkern, wenn sie ihr Geräusch hören. Findet sich das Geräuschpärchen im Kreis?	- Das Kind gibt die Reihenfolge der Geräusche wieder. - Das Kind gibt X von Y Geräuschen in ihrer entsprechenden Reihenfolge wieder. - Das Kind erinnert sich an seine Bildkarte (nicht) und differenziert das passende Geräusch (nicht). - Das Kind richtet seine auditive Aufmerksamkeit auf die Geräusche und schaut parallel auf die anderen Kinder. - Das Kind äußert, dass das Geräusch wiederholt werden soll. - Das Kind beschreibt das Körpergeräusch vom Kind wie folgt:… . - Das Kind imitiert das Körpergeräusch wie folgt: … (z.B. verändert/gleich/ gar nicht/etc.). - Das Kind erfindet folgende neue Körpergeräusche:… .	- Kann das Kind diese miteinander vergleichen? Welche Unterschiede benennt das Kind? - Kann das Kind alle/einige/keines der Geräusche differenzieren? - Kann das Kind sich an ein vorher vereinbartes Geräusch erinnern? - Kann das Kind ein vorher vereinbartes Geräusch unter ähnlichen Geräuschen erkennen? - Kann das Kind nicht passende Geräusche von ähnlichen differenzieren. - Kann das Kind einem Geräusch ein passendes Symbol zuordnen? - Kann das Kind Geräusche in ihrer vorgegebenen Reihenfolge wiedergeben? - Kann das Kind seine auditive Aufmerksamkeit fokussieren und parallel die anderen Kinder dabei aufmerksam beobachten?

auditive Wahrnehmung

Gefriertanz
(Christina Reichenbach & Christina Lücking)

Angesprochene Entwicklungsbereiche und deren Schwerpunkte:	**Wahrnehmung**: auditiv (Differenzierung, Strukturierung, Einzelgeräusche), taktil-kinästhetisch (Differenzierung, Lokalisation, Strukturierung, Körperorientierung, Bewegungsplanung), Raum-Zeit (Ordnung, Dauer) **Bewegung**: Gesamtkörperkoordination, Gleichgewicht, Feinmotorik, Reaktionsschnelligkeit
Material:	evtl. Musik
Setting: Gruppen- und/oder Einzelsituation:	G + E
Ursprung der Aufgabe:	DIAS, DITKA

Aufgabenstellung mit Differenzierungsmöglichkeiten	Mögliche Beobachtungen	Mögliche Fragen und Interpretationen
Die Kinder verteilen sich im Raum und tanzen oder bewegen sich auf beliebige Weise zur Musik. Zwischendurch stoppt die Spielleiterin plötzlich das laufende Musikstück. Sobald die Musik unterbrochen wird, verharren die Kinder in der Stellung, in der sie sich gerade befinden. Sie bewegen sich erst dann wieder, wenn die Musik wieder beginnt. Es wird ein Musikstück ausgewählt, in dem eine Frau und ein Mann zu hören sind. Nun werden die Kinder in zwei Gruppen aufgeteilt (z.B. Kinder mit hellen und dunklen Haaren, mit blauen und roten T-Shirts,...), die jeweils unterschiedliche Aufträge bekommen. Zunächst bewegen sich/tanzen alle Kinder zu der Musik. Ist dann im Musikstück die Frauenstimme nicht zu hören, bleibt die eine Gruppe Kinder stehen, bis die Frauenstimme wieder zu hören ist. Bricht zwischendurch der Gesang des Mannes ab, verharrt die andere Gruppe Kinder solange in der gleichen Stellung, bis die Männerstimme wieder einsetzt. Brechen zwischenzeitig beide Gesangsstimmen ab, verharren beide Gruppen solange in der Position, in der sie sich gerade befinden, bis der Gesang wieder beginnt.	- Das Kind bewegt sich im Raum während die Musik spielt. - Das Kind bewegt sich im Rhythmus des laufenden Musikstückes. - Das Kind stoppt seine Bewegungen sofort, wenn die Musik nicht mehr zu hören ist. - Das Kind stoppt seine Bewegungen nach X sec.. - Das Kind schaut in die Richtung der Lautsprecherboxen, während die Musik läuft. - Das Kind schaut während die Musik läuft auf die anderen Kinder. - Das Kind bleibt unbeweglich stehen, bis die Musik wieder beginnt. - Das Kind fängt sofort an sich zu bewegen, wenn die Musik von neuem erklingt. - Das Kind gibt verschiedene Laute/ Geräusche von sich, während die Musik läuft oder unterbrochen ist. - Das Kind singt mit.	- Kann das Kind sein Handeln auf das jeweilige Musikstück und die abgesprochenen Reaktionen ausrichten? - Kann das Kind zeitlich lokalisieren, wann die Musik einsetzt und wieder endet? - Kann das Kind in der Bewegung verharren, bis die Musik wieder erklingt? Wie lange kann es in der Bewegung verharren? - Kann sich das Kind auf die Musik konzentrieren? - Kann das Kind die beiden im Musikstück zu hörenden Stimmen differenzieren?

auditive Wahrnehmung

Es wird ein Musikstück ausgewählt, in dem zwei oder mehr verschiedene Musikinstrumente zu hören sind (z.B. ein rockiges Stück mit Trommel und Gitarre,...). Die Kinder werden nach gemeinsam überlegten Kriterien in zwei oder mehr Gruppen aufgeteilt. Sie tanzen oder bewegen sich beliebig zur Musik. Ist die Trommel zwischendurch nicht zu hören, verharrt eine Gruppe in der Position, in der sie sich gerade befindet und bewegt sich erst dann wieder, wenn die Trommel wieder einsetzt. Die andere Gruppe bleibt im Vergleich dazu stehen, wenn die Gitarre aussetzt und bewegt sich erst dann weiter, wenn die Gitarre wieder zu hören ist. Die Lautstärken können variiert werden.	- Das Kind bewegt sich ausschließlich, wenn die Stimme zu hören ist, zu der es sich wie zu Beginn abgesprochen bewegen soll. - Das Kind stoppt seine Bewegungen ausschließlich, wenn beide Stimmen abbrechen. - Das Kind bleibt stets in der gleichen Position still stehen oder verändert seine Position währenddessen. - Das Kind schaut zu anderen Kindern, wenn die andere Stimme nicht mehr zu hören ist? - Das Kind kommentiert seine Bewegungen.	- Kann das Kind in unterschiedlicher Entfernung zu den Lautsprechern gleich schnell reagieren? - Orientiert sich das Kind bei der Durchführung an den Reaktionen der anderen Kinder? - Ändert sich die Reaktion des Kindes bei unterschiedlicher Lautstärke?

Richtungshören
(Christina Reichenbach & Christina Lücking)

Angesprochene Entwicklungsbereiche und deren Schwerpunkte:	**Wahrnehmung:** auditiv (Differenzierung, Lokalisation, Strukturierung), Raum-Zeit (Raumorientierung, Raumvorstellung) **Kognition:** Handlungsplanung, Aufmerksamkeit, Vorstellungsvermögen
Material:	evtl. kleine Instrumente
Setting: Gruppen- und/oder Einzelsituation:	G + E
Ursprung der Aufgabe:	DIAS, DMB

Aufgabenstellung mit Differenzierungsmöglichkeiten	Mögliche Beobachtungen	Mögliche Fragen und Interpretationen
Ein Kind sitzt mit verbundenen Augen in der Mitte eines Kreises. An verschiedenen Orten im Raum stehen Kinder, die jeweils auf ein Signal hin durch Zeigen dazu aufgefordert werden, ein Geräusch mit dem Körper oder einem Instrument zu machen. Das nicht sehende Kind soll in die Richtung zeigen, aus der es ein Geräusch gehört hat. Die Geräusche werden dabei in verschiedenen Raumebenen erzeugt (oben, mittig, unten). Die Entfernungen zum Kind sind unterschiedlich.	- Das Kind zeigt bei X von Y Geräuschen die Richtung korrekt an. - Das Kind dreht seinen Kopf (linkes/rechtes Ohr) beim Erklingen eines Geräusches in die Richtung des Geräusches. - Das Kind zeigt Geräuschquellen auf folgenden Raumebenen an:… (z.B. oben, mittig und/oder unten).	- Kann das Kind Geräusche im Raum lokalisieren? - Kann das Kind die Raumebene von Geräuschen im Raum lokalisieren? - Kann das Kind Geräusche differenzieren? - Bevorzugt das Kind eine Seite (links/rechts) zum Hören? - Kann das Kind Geräusche auf beiden Seiten (rechts/links) gleich gut im Raum lokalisieren? Sind Unterschiede erkennbar?
An verschiedenen Orten im Raum stehen Kinder, die jeweils auf ein Signal hin durch Zeigen dazu aufgefordert werden, ein Geräusch mit dem Körper oder einem Instrument fortlaufend zu machen. Das nicht sehende Kind soll in die Richtung gehen, aus der es ein Geräusch hört und den Geräuscherzeuger finden.	- Das Kind zeigt X von Y Geräuschen in der erzeugten Raumebene korrekt an. - Das Kind zeigt bei X von Y Geräuschen in die passende Richtung, die in der Nähe erzeugt sind. - Das Kind geht in die Richtung des Geräuschs. - Das Kind weicht ca. 1 m von der geräuscherzeugenden Quelle ab. - Das Kind bewegt sich in folgendem Tempo:…(z.B. eher langsam/zügig) auf das Geräusch zu.	- Kann das Kind Geräusche entsprechenden Richtungen zuordnen? - Kann das Kind Geräusche entsprechenden Raumebenen zuordnen? - Nimmt das Kind Geräusche unterschiedlicher Entfernung gleich gut wahr? - Kann sich das Kind aufgrund der Geräusche im Raum orientieren?
Mehrere Kinder bilden in der Halle einen „Tunnel". Es stehen sich jeweils zwei Kinder gegenüber, die ein Geräusch machen. Von außen kommt ein Kind mit verschlossenen Augen, welches aufgrund der Geräusche den Weg durch den Tunnel versucht zu finden. Der Abstand der Paare zueinander sollte ca. 1 Meter betragen. Die gegenüberstehenden Kinder können alle die gleichen Geräusche machen oder ausschließlich die gegenüberstehenden Paare machen das gleiche Geräusch. Der „Tunnel" kann gerade oder geformt sein (z.B.: Schlange, Dreieck, Kreis).	- Das Kind folgt den Geräuschen des Tunnels. - Das Kind stößt den Geräuschetunnel X-mal an. - Das Kind kommentiert seinen Weg wie folgt:… .	- Kann das Kind einen Weg durch einen Tunnel aufgrund der Geräusche finden? - Kann das Kind verschiedene oder gleiche Geräusche ordnen?

auditive Wahrnehmung

Grummel
(Christina Reichenbach & Christina Lücking)

Angesprochene Entwicklungsbereiche und deren Schwerpunkte:	**Wahrnehmung**: auditiv (Differenzierung, Lokalisation, Figur-Grund), visuell, taktil-kinästhetisch (Differenzierung, Lokalisation, Bewegungsplanung, Körperorientierung), Raum-Zeit (Lateralität) **Kognition**: Aufmerksamkeit, Handlungsplanung **Bewegung**: Feinmotorik, Reaktion
Material:	1-4 Münze(n)
Setting: Gruppen- und/oder Einzelsituation:	G
Ursprung der Aufgabe:	TVW-HD

Aufgabenstellung mit Differenzierungsmöglichkeiten	Mögliche Beobachtungen	Mögliche Fragen und Interpretationen
Alle Kinder bis auf eines sitzen in einem Kreis um einen Tisch herum. Ein Kind steht mit am Tisch. Beliebige Kinder (1-4) haben ein Münzstück in der Hand. Das Spiel geht los: alle sitzenden Kinder haben die Hände unter dem Tisch. Alle sagen „grummel, grummel, grummel..." und während dessen wird die Münze individuell weitergereicht (links oder rechts). Das stehende Kind kann zwischendurch drei Kommandos geben: 1. Kommando „flach" – alle Kinder müssen gleichzeitig und schnellstmöglich ihre Hände flach auf den Tisch legen. Die Kinder, die eine Münze haben, müssen versuchen, dies so geschickt anzustellen, dass nichts hörbar wird. 2. Kommando: „Wasserpistole" – alle Kinder müssen gleichzeitig und schnellstmöglich ihre Hände „pistolenähnlich" formen (Mittel-, Ring- und kleiner Finger geballt, Zeigefinger nach vorne gestreckt und Daumen nach oben gerichtet), so dass die Münze versteckt ist. 3. Kommando: „lange Nase" – alle Kinder müssen gleichzeitig und schnellstmöglich ihre Hände nacheinander zu einer „langen Nase" machen, wobei die Ring-, Mittel- und Zeigefinger geballt sind. Die Münze darf nicht entfleuchen. Das stehende Kind soll erkennen, wo sich die Münze(n) befinden. Das erst genannte Kind mit Münze wird dann als nächstes der Münzsucher. Die Kommandos können nacheinander folgen. Die Kommandos können in gemeinsamer Absprache individuell variiert werden.	- Das sitzende Kind reagiert nach dem Ausruf des Kommandos in folgendem Tempo:... (z.B. sofort, nach ca. X sec.) - Das sitzende Kind schaut nach dem Kommando selbst, wo die Münze ist. - Das sitzende Kind richtet sein linkes/rechtes Ohr in Richtung des Geräuschs. - Das sitzende Kind spricht „grummel" leise/laut, deutlich/undeutlich mit. - Das stehende Kind verfolgt mit seinem Kopf und/oder Augenbewegungen das Geschehen der sitzenden Kinder. - Das stehende Kind zeigt auf ein Kind, bei dem es ein Münz-Geräusch gehört hat. - Das Kind zeigt auf eine Münze, die sichtbar ist.	- Kann das stehende Kind das Klingen einer Münze vor dem Hintergrund anderer Geräusche wahrnehmen? - Kann das stehende Kind das Erklingen der Münze im Raum lokalisieren? - Kann das stehende Kind den Zeitpunkt des Erklingens der Münze mit entsprechenden Bewegungen eines Kindes in Verbindung bringen? - Kann das sitzende Kind seine Bewegungen möglichst schnell entsprechend des Kommandos koordinieren?

auditive Wahrnehmung

Geräuschekim
(Christina Reichenbach & Christina Lücking)

Angesprochene Entwicklungsbereiche und deren Schwerpunkte:	**Wahrnehmung**: auditiv (Differenzierung, Strukturierung), Raum-Zeit (Lateralität, Ordnung, Dauer, Raumvorstellung) **Kognition**: Gedächtnis/Merkfähigkeit, Wissen, Handlungsplanung, Vorstellungsvermögen, abstraktes Denken, logisches Schlussfolgern, Reflexionsfähigkeit
Material:	Kleinmaterialien
Setting: Gruppen- und/oder Einzelsituation:	G + E
Ursprung der Aufgabe:	DIAS

Aufgabenstellung mit Differenzierungsmöglichkeiten	Mögliche Beobachtungen	Mögliche Fragen und Interpretationen
Das Kind wählt eine beliebige Anzahl der vorhandenen Materialien aus und dreht ihnen den Rücken zu. Ein anderes Kind produziert mit einem der Materialien ein Geräusch. Das Kind sucht anschließend den Gegenstand heraus, mit dem das Geräusch produziert wurde.	- Das Kind benennt X von Y Gegenständen, mit denen die Geräusche produziert wurden. - Das Kind erkennt folgende Geräusche: …	- Kann das Kind Geräusche ihren erzeugenden Gegenständen zuordnen? - Welche Vorerfahrungen hat das Kind?
Das Kind hört verschiedene Geräusche, die mit den vorhandenen Materialien hinter seinem Rücken produziert werden. Das Kind sagt anschließend, wie viele einzelne Geräusche es nacheinander gehört hat.	- Das Kind wählt folgende Materialien aus:… - Das Kind sagt, dass ihm die Geräusche welche die Materialien erzeugen, bekannt sind.	- Kann das Kind eine Abfolge von Geräuschen differenzieren? - Kann sich das Kind an eine vorgegebene Reihenfolge von Geräuschen erinnern? An wie viele kann es sich erinnern?
Ein anderes Kind produziert mehrere Geräusche. Das Kind hört die verwendeten Materialien heraus.	- Das Kind unterscheidet mehrere Geräusche voneinander.	- Kann das Kind eine Abfolge von Geräuschen in der dargebotenen Reihenfolge wiedergeben?
Das Kind ordnet die Materialien in der vorgegebenen Reihenfolge, in der mit ihnen ein Geräusch produziert wurde.	- Das Kind erinnert sich an die Geräusche in der vorgegebenen Reihenfolge.	
Ein anderes Kind erzeugt (rechts/links/frontal) hinter dem Rücken des Kindes mit einem der Gegenstände ein Geräusch. Das Kind lokalisiert das Geräusch und gibt seine Position an, z.B. durch Handzeichen.	- Das Kind ordnet die Materialien in einer/der vorgegebenen Reihenfolge. - Das Kind lokalisiert das Geräusch hinter seinem Rücken (nicht).	- Kann das Kind Geräusche hinter seinem Rücken lokalisieren? - Kann das Kind ein Geräusch in seinen Merkmalen beschreiben?
Das Kind beschreibt Geräusche entsprechend seinen klanglichen Eigenschaften (Tonhöhe, Lautstärke, Klangbild, z.B. rasselnd, etc.).	- Das Kind beschreibt das Geräusch wie folgt: … . - Das Kind verwendet Vergleiche mit anderen Geräuschen/Assoziationen mit ihm bekannten Geräuschen/etc.	- Kann das Kind Geräusche in ihren Merkmalen (z.B. Lautstärke, Tonhöhe, Klangbild) vergleichen?
Ein anderes Kind wählt zwei der Gegenstände aus und erzeugt jeweils ein Geräusch. Das Kind mit den verbundenen Augen vergleicht anschließend beide Geräusche miteinander (Tonhöhe, Lautstärke, Klangdauer, etc.).	- Das Kind vergleicht Geräusch X mit Geräusch X wie folgt:… .	- Kann das Kind die erzeugenden Gegenstände benennen? - Kann das Kind den Gegenstand, mit dem das Geräusch erzeugt wurde, benennen?
Das Kind erinnert die Geräusche und ordnet sie vom leisesten zum lautesten Geräusch/vom höchsten zum tiefsten/etc..	- Das Kind differenziert die klanglichen Eigenschaften wie folgt: … .	

Stellung von Körpern im Raum
(Christina Reichenbach & Christina Lücking)

Angesprochene Entwicklungsbereiche und deren Schwerpunkte:	**Wahrnehmung**: Raum-Lage (Differenzierung, Lokalisation, Strukturierung, Raumkoordination, Raumvorstellung), visuell (Raum-Lage, räumliche Beziehungen), Raum-Zeit (Lateralität, Ordnung), taktil-kinästhetisch (Körperorientierung, Bewegungsplanung) **Kognition**: Wissen, Merkfähigkeit, Vorstellungsvermögen, abstraktes Denken, räumliche Fähigkeiten, Handlungsplanung **Sprache**: Begriffbildung, Wortschatz, Sprachgedächtnis
Material:	Bilder/Karten (siehe Seite 160) (hier können auch Bilder aus Bilderbüchern oder Zeitschriften genutzt werden), Raumausstattung (Tisch, Stuhl, Schrank),
Setting: Gruppen- und/oder Einzelsituation:	E
Ursprung der Aufgabe:	Fitifax, LVS, RZI

Aufgabenstellung mit Differenzierungsmöglichkeiten	Mögliche Beobachtungen	Mögliche Fragen und Interpretationen
Dem Kind werden Fragen zu seinem eigenen Körper gestellt, wobei Präpositionen enthalten sind, z.B.: Wo ist an deinem Körper vorne/hinten? Wo ist an deinem Körper oben/unten? Welche Seiten gibt es an deinem Körper? Welche Finger befinden sich zwischen zwei anderen Fingern? Welcher Finger ist neben dem Daumen? Ergänzend kann jeweils eine Frage gestellt werden, welcher Körperteil sich wo befindet? Z.B.: Was befindet sich vorne? Dem Kind werden verschiedene Bilder oder Karten vorgelegt, auf denen sich Dinge in verschiedenen Raumebenen befinden. Es kann auch ein großes Bild (z.B. Spielplatz) verwendet werden. Das Kind wird dann gefragt, wo sich bestimmte Dinge befinden, z.B. Wo ist der Ball? *Unter* dem Tisch. Wo sitzt das Kind? *Auf* dem Stuhl. Usw. Folgende Präpositionen sollten berücksichtigt werden: *auf, unten, oben, drunter, drüber, zwischen, durch, neben, daneben, hinter, vor, in*	- Das Kind ordnet folgende Präpositionen korrekt zu: ... - Das Kind sagt, dass sich Körperteil X an folgender Stelle Y befindet. - Das Kind benennt, welche Körperteile sich wo befinden. - Das Kind zeigt, wo sich bestimmte Gegenstände befinden. - Das Kind benennt, wo sich bestimmte Gegenstände befinden und nutzt dabei folgende Präpositionen: ... - Das Kind folgt der Aufforderung, sich in Bezug zu anderen Materialien im Raum zu positionieren.	- Kennt das Kind die Präpositionsbegriffe? - Welche Präpositionen kennt das Kind? - Welche Präpositionen sind dem Kind nicht vertraut? - Kann das Kind genannte Präpositionen zuordnen? - Kann das Kind anhand eines Bildes Raumlagen zuordnen? - Kann sich das Kind in verschiedenen Raumlagen bewegen? - Kann das Kind seinen Körper in vorgegebene Raumebenen bringen?

Das Kind stellt sich (und seinen Körper) oder Materialien in Bezug zu anderen Materialien im Raum. Zum Beispiel im Raum: geh *neben* den Tisch, schieb den Stuhl *unter* den Tisch, leg das Kissen *auf* den Stuhl, leg das Buch *oben* ins Regal, lege *zwischen* zwei Stifte ein Lineal, gehe *durch* die Tür, stell dich *neben* den Schrank, geh *hinter* den Stuhl, stell dich *vor* den Tisch	- Das Kind äußert, dass es folgende Begriffe nicht zuzuordnen weiß: …. - Das Kind setzt die genannte Körperposition um. - Das Kind bittet um eine Wiederholung der genannten Körperpositionen.	- Kann das Kind nacheinander genannte Körperpositionen einnehmen?
Das Kind stellt sich (und seinen Körper) in Bezug zu anderen Materialien im Raum. Zum Beispiel in der Turnhalle: Klettere *auf* die Sprossenwand, kriech *zwischen* den Matten durch, stell dich *auf* die Bank, leg dich *in* die Kiste, geh *über* den Kasten, setz dich *neben* die Matte, spring *vor* der Markierung, stell dich *rechts vor* das Fenster…		
Die Pädagogin nennt eine Position, die das Kind anschließend versucht einzunehmen, z.B.: *Auf* den Po setzen, die Beine *nach vorne* ausstrecken und die Hände *hinter* dem Kopf halten; *Auf* einem Bein stehen, den Oberkörper *nach vorne* beugen und beide Arme *seitlich* ausstrecken; *Auf* dem Bauch liegen, die Arme nach *vorne* strecken, die Hände zu Fäusten geballt und der linke Daumen zeigt nach *rechts* und der rechte Daumen zeigt nach *links*, die Beine sind in den Knien angewinkelt und zeigen nach *oben*; *Auf* den Knien sitzend, die Hände *zwischen* den Oberschenkeln, der Kopf zeigt nach *unten* und die Zunge wird *heraus* gestreckt;		

Ausflug
(Christina Reichenbach & Christina Lücking)

Angesprochene Entwicklungsbereiche und deren Schwerpunkte:	**Wahrnehmung**: Raum-Zeit (Differenzierung, Lokalisation, Strukturierung, Raumvorstellung, Raumkoordination), taktil-kinästhetisch (Differenzierung, Lokalisation, Strukturierung, Körperraum, Körperorientierung, Bewegungsplanung) **Kognition**: Wissen, Merkfähigkeit, Vorstellungsvermögen, Handlungsplanung **Bewegung**: Gesamtkörperkoordination, Tempo
Material:	Evtl. Stühle
Setting: Gruppen- und/oder Einzelsituation:	G + E
Ursprung der Aufgabe:	RZI

Aufgabenstellung mit Differenzierungsmöglichkeiten	Mögliche Beobachtungen	Mögliche Fragen und Interpretationen
Den Kindern wird erzählt, dass sie im Spiel einen Ausflug machen. Die Pädagogin sagt wo es hingeht. Die Kinder können sagen, mit welchem Verkehrsmittel sie sich fortbewegen möchte (z.B. Bus, Flugzeug, Straßenbahn). Die Kinder nehmen nacheinander in Doppelsitzen nebeneinander platz (auf Stühlen oder dem Fußboden). Als erstes wird überlegt, was alles in dem Gefährt passieren kann und, wie sich dann der eigene Körper mit bewegt. Zum Beispiel: Abfahrt = Oberkörper geht nach hinten; Kurven = rechts oder links beugen; Unebenheiten = hoch und runter; Ankunft = Oberkörper geht nach vorne. Hier können die Kinder selbstverständlich individuell Ergänzungen einbringen und vereinbaren. Sind die Richtungen geklärt, kann die Fahrt beginnen. Die Pädagogin erzählt eine Geschichte, in der die genannten Begriffe (z.B. Kurven, Unebenheiten etc.) vorkommen und die Kinder bewegen sich entsprechend in diese Richtung mit ihrem Körper. Es können auch andere Geschichten erzählt werden, z. B. von Tieren im Wald, die bestimmte Hindernisse überwinden oder ihnen ausweichen müssen.	- Das Kind äußert folgende Ideen, was auf einer Reise mit einem Gefährt passieren kann: ... - Das Kind ahmt folgende vorgegebene Bewegungen nach: .... - Das Kind ahmt X von Y vorgemachten Bewegungen nach. - Das Kind reagiert auf folgende Begriffe während der Geschichte sofort entsprechend: ... - Das Kind schaut zum Nachbarn und ahmt dessen Bewegungen nach. - Das Kind schaut zur Pädagogin und ahmt die vorgemachten Bewegungen spiegelverkehrt nach.	- Kennt das Kind verschiedene Raumrichtungen? - Kann das Kind die Raumrichtungen vorne, hinten, oben, unten ... unterscheiden? - Kann das Kind die genannten Begriffe entsprechenden Bewegungen zuordnen? - Kann das Kind Bewegungen nachahmen? - Merkt sich das Kind die Raumrichtungen? - Kann das Kind rechts und links unterscheiden? - Benötigt das Kind individuelle Unterstützung, z.B. durch Merkhilfen. - Orientiert sich das Kind an einem anderen Kind oder der Pädagogin?

Obstsalat
(Christina Reichenbach & Christina Lücking)

Angesprochene Entwicklungsbereiche und deren Schwerpunkte:	**Wahrnehmung**: Raum-Zeit (Differenzierung, Lokalisation, Strukturierung, Raumvorstellung, Raumkoordination), visuell (Raum-Lage, Form-Konstanz) **Kognition**: Wissen, Merkfähigkeit, Handlungsplanung, räumliche Fähigkeiten **Bewegung**: Tempo
Material:	Karten mit Obstsymbolen, evtl. Stuhlkreis
Setting: Gruppen- und/oder Einzelsituation:	G
Ursprung der Aufgabe:	RZI

Aufgabenstellung mit Differenzierungsmöglichkeiten	Mögliche Beobachtungen	Mögliche Fragen und Interpretationen
Die Kinder stellen oder setzen sich im Kreis. Bis auf ein Kind erhält jedes Kind eine Karte mit einem Abbild von einem Obststück (z.B. Banane, Apfel, Birne, Kirsche). Jedes Obst sollte mindestens zweimal vorhanden sein. Das Kind ohne Obstkarte (= Obstverkäufer) stellt sich in die Mitte des Kreises. Es schaut sich um und nach einer kurzen Zeit ruft es eine Obstsorte. Der Obstverkäufer und die Kinder, die die genannte Obstsorte haben, versuchen schnellst möglich die Plätze zu tauschen und/oder sich schnellst möglich einen freien Platz zu suchen. Das Kind, welches übrig bleibt, ist der neue Obstverkäufer. Wenn der Obstverkäufer „Obstsalat" ruft, tauschen alle Kinder die Plätze. Das Spiel kann auch mit anderen Symbolen gespielt werden, z.B.: Gemüse, Möbelstücke, Blumen…	- Das Kind, welches der Obstverkäufer ist, benennt folgende Obstsorten: …. - Das Kind, welches der Obstverkäufer ist, schaut sich vor dem Ausrufen der Obstsorte genau um. - Das Kind positioniert sich vor dem Ausruf der Obstsorte in X m/cm Entfernung von einem Kind mit der gewählten Obstsorte. - Das Kind, welches der Obstverkäufer ist, rennt nach dem Ausruf direkt in die Richtung des entsprechenden Obstes. - Das Kind, welches der Obstverkäufer ist, bleibt nach dem Ausruf stehen. - Das Kind mit der gerufenen Obstsorte rennt direkt zu dem Platz des Kindes mit der gleichen Obstsorte. - Das Kind mit der gerufenen Obstsorte schaut sich um und sucht seinen Platz. - Das Kind mit der gerufenen Obstsorte bleibt sitzen. - Das Kind schaut nach dem Ausruf auf sein Obstsymbol.	- Kennt das Kind die genannten Obstsorten? - Rennt das Kind direkt zu einem passenden Platz? - Merkt sich das Kind, welche Obstsorte es selbst ist? - Muss das Kind jedes Mal auf sein Obstschild schauen, um zu wissen, ob es dran ist? - Weiß das Kind, zu welchem Platz es rennen kann? - Verliert das Kind die Orientierung nach dem Ausruf der Obstsorte? - Orientiert sich das Kind an einem anderen Kind? - Muss das Kind sich jedes Mal erneut orientieren?

Raum-Zeit Wahrnehmung

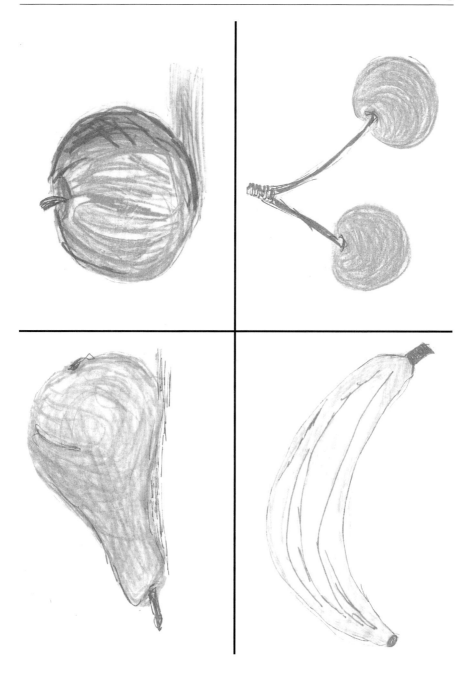

Anziehen und/oder Ausziehen
(Christina Reichenbach & Christina Lücking)

Angesprochene Entwicklungsbereiche und deren Schwerpunkte:	**Wahrnehmung:** Raum-Zeit (Differenzierung, Lokalisation, Strukturierung, Raumvorstellung, Raumkoordination, Lateralität), taktil-kinästhetisch (Differenzierung, Lokalisation, Strukturierung, Körperraum, Körperorientierung, Bewegungsplanung) **Kognition:** Wissen, Gedächtnis/Merkfähigkeit, Vorstellungsvermögen, Handlungsplanung **Bewegung:** Gesamtkörperkoordination, Feinmotorik, Tempo, Gelenkigkeit, Gleichgewicht
Material:	evtl. Handschuhe, Mütze, Schal, Messer, Gabel, Schoki; evtl. Verkleidungsstücke
Setting: Gruppen- und/oder Einzelsituation:	E + G
Ursprung der Aufgabe:	RZI

Aufgabenstellung mit Differenzierungsmöglichkeiten	Mögliche Beobachtungen	Mögliche Fragen und Interpretationen
Die Situation des An- und/oder Ausziehens von Kleidungsstücken kann in jedem Alltag eines Kindes beobachtet werden. Zusätzliche Situationen können unter anderem zur Karnevalszeit geschaffen werden, wenn sich Kinder verkleiden. Gute Möglichkeiten zur Beobachtung bieten sich in folgenden Situationen: - Jacke aus- und anziehen - Mütze ablegen und aufsetzen - Schuhe aus- und anziehen - Hose aus- und anziehen - Oberteil aus- und anziehen Besonderes Augenmerk kann dabei auf die Verschlusstechniken (z.B. knöpfen, Reißverschluss hochziehen, Schuhe binden) gelegt werden. Den Kindern kann ein so genanntes „Schokoladenwettessen" angeboten werden. Hierbei sitzen die Kinder am Tisch. Auf dem Tisch liegt eine Tafel Schokolade, Messer, Gabel, Handschuhe, Mütze und ein Schal. Die Kinder würfeln. Wer eine „6" würfelt ist schnellster möglich die Sachen an und darf dann mit Messer und Gabel die Schokolade essen. Würfelt der nächste eine „6", zieht es die Sachen wieder aus und das nächste Kind ist dran.	- Das Kind zieht sich selbständig an und/oder aus. - Das Kind benötigt beim An- und/oder Ausziehen Hilfestellung in Form von... - Das Kind knöpft das Kleidungsstück selbständig auf und/oder zu. - Das Kind zieht/setzt die Mütze selbständig ab/auf. - Das Kind zieht seine Schuhe selbständig aus, in dem es die Schleife löst. - Das Kind zieht seine Schuhe selbständig aus, in dem es seine Füße jeweils aus dem Schuh zieht, ohne die Schleife zu öffnen. - Das Kind bindet selbständig eine Schleife. - Das Kind nutzt beim Schuhe binden eine vereinfachte Form der Schleifenbindung (= zwei Schlaufen machen und diese dann miteinander verknoten). - Das Kind vertauscht seinen rechten und linken Schuh. - Das Kind schließt einen Reißverschluss selbständig. - Das Kind schließt einen Reißverschluss selbständig nachdem der Anfang vorgegeben wurde. - Das Kind zieht seine Hose selbständig an und/oder aus. - Das Kind zieht sein Shirt selbständig an und/oder aus. - Das Kind macht einen Knoten in den Schal oder wickelt ihn um den Hals. - Das Kind beeilt sich beim An- und/oder Ausziehen. - Das Kind benutzt das Besteck entsprechend.	- Welche Kleidungsstücke kann das Kind selbständig anziehen? - Welche Kleidungsstücke kann das Kind selbständig ausziehen? - Welche Hilfestellungen benötigt das Kind? - Kann das Kind Knöpfe öffnen und/oder schließen? - Kann das Kind einen Reißverschluss öffnen und/oder schließen? - Kann das Kind eine Schleife binden? - Verwechselt das Kind die Schuhe beim Anziehen? - Merkt sich das Kind eine Reihenfolge des An- und/oder Ausziehens der Kleidungsstücke? - Orientiert sich das Kind an einem anderen Kind? - Muss das Kind sich jedes Mal erneut orientieren? - Kann das Kind mit Besteck essen?

Versteckt
(Christina Reichenbach & Christina Lücking)

Angesprochene Entwicklungsbereiche und deren Schwerpunkte:	**Wahrnehmung**: Raum-Zeit (Differenzierung, Lokalisation, Strukturierung, Raumvorstellung, Raumkoordination), auditiv (Lokalisation, Strukturierung), taktil-kinästhetisch (Differenzierung, Strukturierung, Bewegungsplanung), visuell (Raum-Lage, räumliche Beziehungen) **Kognition**: Wissen, Problemlöseverhalten, Handlungsplanung, Abstraktes Denken, räumliche Fähigkeit **Bewegung**: Rhythmus, Tempo
Material:	Räumlichkeiten, die für ein Verstecken geeignet sind
Setting: Gruppen- und/oder Einzelsituation:	G
Ursprung der Aufgabe:	RZI

Aufgabenstellung mit Differenzierungs-möglichkeiten	Mögliche Beobachtungen	Mögliche Fragen und Interpretationen
Die Kinder sprechen als erstes Regeln für das Versteckspiel ab. Wie lange wird gezählt? In welchem Tempo wird gezählt? Wie kann ein Kind sich frei schlagen? Anschließend wird ein Sucher bestimmt, der dann z.B. bis 20 zählt. Alle anderen Kinder verstecken sich innerhalb dieser Zeit. Nach dem Zählen sucht der Sucher die anderen Kinder und muss diese finden. Wird ein Kind entdeckt, so läuft der Sucher zum Freimal und nennt den Namen des gefundenen Kindes. Ist das gefundene Kind schneller am Freimal als der Sucher, so ist es frei.	- Das „Such-Kind" zählt bis 20. - Das „Such-Kind" zählt bis: .... - Das „Such-Kind" zählt bis 20 (in entsprechender Reihenfolge) und lässt folgende Zahlen dabei aus: .... - Das Tempo des Zählens entspricht der Absprache. - Das „Such-Kind" zählt langsamer/schneller als abgesprochen. - Das „Such-Kind" zählt in wechselndem Tempo. - Das „Such-Kind" verzählt sich. - Das „Such-Kind" schaut sich im Raum um. - Das „Such-Kind" schaut unter Tische, Bänke, hinter Vorhänge etc.. - Das „Such-Kind" findet X von Y Kindern. - Das „Such-Kind" ist X von Y mal zuerst am Freimal. - Das Kind sucht sich folgendes Versteck im Raum: .... - Das Kind sucht sich ein Versteck in einer bestimmten Raumebene: ... - Das Kind steht bis zur Zahl von X im Raum und sucht sich dann ein Versteck. - Das Kind äußert, dass es nicht weiß, wo es sich verstecken soll. - Das Kind schafft es, sich in der vorgegebenen Zeit zu verstecken. - Das Kind geht direkt zu einem Versteck. - Das Kind läuft vor dem Finden aus dem Versteck, um sich frei zu schlagen.	- Kann das Kind bis 20 zählen? - Kann das Kind einen Rhythmus einhalten? - Zählt das Kind im abgesprochenen Tempo? - Schaut sich das Kind in verschiedenen Raumebenen um, um Kinder zu finden? - Geht das Kind strukturiert bei der Suche vor? - Behält das Kind das Freimal im Auge? - Erkennt das Kind sofort, wen es gefunden hat? - Findet das Kind ein Versteck? - Nutzt das Kind ein Versteck in einer besonderen Raumebene? - Schafft es das Kind im Zeitraum des Zählens ein Versteck zu finden? - Wirkt das Kind orientiert bei der Suche nach einem Versteck? - Wirkt das Kind unstrukturiert bei der Suche nach einem Versteck? - Behält das Kind das Freimal im Blick, um sich abzuschlagen? - Kann sich das Kind im Raum orientieren? - Kann das Kind die Zeit zum Verstecken abschätzen?

Erfassung von Uhr-Zeiten
(Christina Reichenbach & Christina Lücking)

Angesprochene Entwicklungsbereiche und deren Schwerpunkte:	**Wahrnehmung**: Raum-Zeit (Differenzierung, Lokalisation, Strukturierung, Raumvorstellung), visuell (Raum-Lage, räumliche Beziehungen, Form-Konstanz) **Kognition**: Wissen, Merkfähigkeit/Gedächtnis, Abstraktes Denken, Vorstellungsvermögen, räumliche Fähigkeit,
Material:	digitale Uhr, analoge Uhr; evtl. Puzzle-Uhr
Setting: Gruppen- und/oder Einzelsituation:	E
Ursprung der Aufgabe:	RZI, Bandolo Set 7

Aufgabenstellung mit Differenzierungsmöglichkeiten	Mögliche Beobachtungen	Mögliche Fragen und Interpretationen
Dem Kind wird eine Uhr vorgelegt und es benennt und zeigt gleichzeitig die Zahlen von 1 bis 12. Mit jüngeren Kindern (Vorschule) kann hier auch ein Uhr-Puzzle gespielt werden: alle Zahlen sind einzeln und werden in einem Kreis der Reihenfolge nach angeordnet.	- Das Kind zeigt die Zahlen von 1 bis 12. - Das Kind benennt die Zahlen von 1 bis 12. - Das Kind benennt und zeigt die Zahlen von 1 bis 12 gleichzeitig. - Die Zahlen werden in der korrekten Reihenfolge genannt. - Das Kind benennt die Zahlen in folgender Reihenfolge: …. - Das Kind benennt die gezeigte Uhrzeit. - Das Kind ordnet der analogen Uhrzeit die digitale Uhrzeit zu. - Das Kind ordnet der digitalen Uhrzeit die analoge Uhrzeit zu. - Das Kind ordnet folgenden Minuten entsprechende Sekunden zu: …. - Das Kind sagt, wie viel Minuten seit 9 Uhr vergangen sind. - Das Kind beantwortet folgende Aussagen zur Uhrzeit korrekt: …	- Kennt das Kind die Zahlen von 1 bis 12? - Beherrscht das Kind die Reihenfolge der Zahlen von 1 bis 12? - Kann das Kind angeben, welche Zahl vor und nach einer genannten Zahl kommt? - Hat das Kind eine räumliche Vorstellung von der analogen Uhr? - Kennt das Kind eine digitale Uhr? - Kennt das Kind eine analoge Uhr? - Kann das Kind eine digitale Uhrzeit einer analogen Uhrzeit zuordnen? - Kann das Kind eine analoge Uhrzeit einer digitalen Uhrzeit zuordnen? - Hat das Kind Wissen über die Dauer von einer Minute? - Hat das Kind Wissen über die Dauer von einer Stunde? - Kann das Kind Minuten in Sekunden umrechnen?
Dem Kind wird eine analoge Uhr gezeigt. Das Kind sagt, wie spät es auf der Uhr ist.		
Dem Kind wird eine digitale Uhrzeit gezeigt (auf einer Uhr oder gezeichnet auf Papier). Das Kind nimmt die analoge Uhr und stellt diese auf die gleiche Uhrzeit ein.		
Dem Kind wird eine analoge Uhrzeit gezeigt (auf einer Uhr oder gezeichnet auf Papier). Das Kind nimmt die digitale Uhr und stellt diese auf die gleiche Uhrzeit ein oder zeichnet schreibt die Zahlen auf, die der Uhrzeit entsprechen.		
Das Kind erhält die Aufgabe, Minuten in Sekunden anzugeben. Wie viele Sekunden sind das? - $^{1}/_{2}$ Minute = 30 Sekunden - 1, 5 Minuten = 90 Sekunden - 1 Minuten = 60 Sekunden - $^{1}/_{4}$ Minute = 15 Sekunden		
Dem Kind wird eine Uhrzeit gezeigt, z.B. Viertel vor 10 bzw. 9.45. Dann wird die Frage gestellt, wie viel Minuten seit 9.00 Uhr vergangen sind.		
Dem Kind werden Aussagen vorgegeben und es sagt, ob diese stimmen, z.B.: - 2 Minuten sind 100 Sekunden (nein) - $^{1}/_{2}$ Minute sind 30 Sekunden (ja) - 1 Stunde hat 60 Minuten (ja) - 60 Minuten sind 1,5 Stunden (nein)		

Raum-Zeit Wahrnehmung

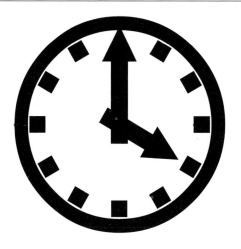

16 : 00

Erfassung von Tagen und Monaten
(Christina Reichenbach & Christina Lücking)

Angesprochene Entwicklungsbereiche und deren Schwerpunkte:	**Wahrnehmung**: Raum-Zeit (Differenzierung, Lokalisation, Strukturierung, Raumvorstellung), visuell (Raum-Lage, räumliche Beziehungen, Form-Konstanz) **Kognition**: Wissen, Merkfähigkeit/Gedächtnis, Abstraktes Denken, Vorstellungsvermögen, logisch-mathematische Fähigkeit
Material:	Begriffskarten von Tagen und/oder Monaten
Setting: Gruppen- und/oder Einzelsituation:	E
Ursprung der Aufgabe:	Bandolo Set 7

Aufgabenstellung mit Differenzierungsmöglichkeiten	Mögliche Beobachtungen	Mögliche Fragen und Interpretationen
Das Kind wird nach den einzelnen Tagen der Woche gefragt. Anschließend können einzelne Tage mit der Frage „Welcher Tag folgt nach…?" herausgegriffen werden.	- Das Kind nennt folgende einzelne Wochentage:… - Das Kind nennt folgende Wochentage in der korrekten Reihenfolge:… - Das Kind nennt alle Wochentage in der entsprechenden Reihenfolge. - Das Kind ordnet bei X genannten Tagen Y mal den vorherigen und den nachfolgenden Tag korrekt zu. - Das Kind sagt, wie viel Tage die Woche hat. - Das Kind ordnet bei X genannten Tagen Y mal die Anzahl der Wochen zu. - Das Kind nennt folgende Monatsnamen: …. - Das Kind nennt folgende Monatsnamen in einer korrekten Reihenfolge: …. - Das Kind nennt alle Monatsnamen in der entsprechenden Reihenfolge. - Das Kind ordnet bei X genannten Monatsnamen Y mal den vorherigen und den nachfolgenden Monatsname zu. - Das Kind bringt genannte Daten in eine korrekte Reihenfolge. - Das Kind ordnet die genannten Daten nach den Tagen.	- Kennt das Kind die einzelnen Wochentage? - Kann das Kind die Wochentage in der entsprechenden Reihenfolge wiedergeben? - Kann das Kind einem genannten Wochentag der vorherigen und den nachfolgenden Tag zuordnen? - Weiß das Kind, wie viele Tage eine Woche hat? - Wie weit kann das Kind zählen? - Welchen Zahlenraum beherrscht das Kind (z.B. bis 10, 20, 30…)? - Kann das Kind erfassen bzw. errechnen, wie viele Tage wie viele Wochen sind? - Kennt das Kind die einzelnen Monatsnamen? - Kann das Kind die einzelnen Monatsnamen in einer entsprechenden Reihenfolge wiedergeben? - Kann das Kind einem genannten Monatsnamen den vorherigen und den nachfolgenden Monatsnamen zuordnen? - Hat das Kind eine Vorstellung von den zeitlichen Dimensionen Tag und/oder Monat? - Kann das Kind bestimmte Daten in eine korrekte Reihenfolge bringen? - Orientiert sich das Kind bei den Daten an den Tagen und/oder an den Monaten?
Das Kind wird gefragt, ob es weiß, wie viele Tage eine Woche hat (7). Anschließend werden dem Kind eine Anzahl von Tagen genannt (z.B. 14, 21, 35, 7) und es sagt, wie viele Wochen dies jeweils sind.		
Das Kind wird nach den einzelnen Monatsnamen gefragt. Das Kind versucht, die Monate nacheinander zu nennen.		
Dem Kind werden verschiedene Monatsnamen gezeigt oder jeweils genannt. Das Kind nennt dann direkt anschließend den vor- und/oder nachfolgenden Monat. Zum Beispiel: Mai = April und Juni.		
Dem Kind werden einzelne Daten genannt oder gezeigt, die es in eine korrekte Reihenfolge bringen soll. Zum Beispiel: 22. September, 20. Mai, 05. Dezember, 21. Juli, 05. März, 18. Juli, 01. August.		

Körperteile spüren und benennen
(Christina Reichenbach & Christina Lücking)

Angesprochene Entwicklungsbereiche und deren Schwerpunkte:	**Wahrnehmung**: taktil-kinästhetisch (Differenzierung, Lokalisation, Strukturierung, Körperorientierung, Bewegungsplanung), Raum-Zeit (Raumkoordination, Lateralität) **Kognition**: Gedächtnis/Merkfähigkeit, Wissen, Vorstellungsvermögen
Material:	Kleinmaterialien
Setting: Gruppen- und/oder Einzelsituation:	G + E
Ursprung der Aufgabe:	DITKA, LVS, SKI

Aufgabenstellung mit Differenzierungsmöglichkeiten	Mögliche Beobachtungen	Mögliche Fragen und Interpretationen
Als erstes kann das Kind befragt werden, welche Körperteile es benennen kann. Dabei kann es auf die entsprechenden Körperteile zeigen.	- Das Kind benennt X Körperteile - Das Kind zeigt auf X Körperteile - Das Kind wählt folgende Körperposition: … - Das Kind begründet die Wahl der Körperposition wie folgt:… .	- Spürt das Kind, dass es berührt wurde? (Differenzierung) - Kann das Kind Körperteile zeigen, an denen es berührt wurde? (Lokalisation)
Die weitere Aufgabe besteht darin, dass das Kind sich in eine selbst gewählte Körperposition begibt (z.B. Sitzen, Stehen, Liegen) und es dann von der Pädagogin an verschiedenen Körperteilen mit einem Material (z.B. Igelball, Ball, Sandsäckchen, Feder) berührt wird. Das Material kann selbst auswählen werden. Das Kind zeigt nach der Berührung auf das entsprechende Körperteil und/oder benennt es.	- Das Kind wählt folgende Materialien für die Berührung aus: … . - Das Kind begründet die Auswahl seiner Materialien wie folgt… . - Das Kind äußert sich während der Berührung wie folgt… . - Das Kind lächelt, während es berührt wird. - Das Kind zuckt zusammen wenn es berührt wird - Das Kind zeigt folgende Reaktionen bei Berührungen von bestimmten Körperteilen.	- Kann das Kind Körperteile benennen? (Strukturierung) - Hat das Kind Erfahrungen mit Berührungen? - Mag das Kind Berührungen (nicht)? - Reagiert das Kind freudig oder entspannt auf Berührungen? - Reagiert das Kind ängstlich, unsicher oder verunsichert auf Berührungen?
Das Kind wird mit verschiedenen Materialien an verschiednen Körperteilen berührt. Die Art der Berührung kann unterschiedlich sein (hart/fest, weich/sanft). Das Kind benennt wo es berührt wurde. Weiterhin kann das Kind gefragt werden, ob der Druck angenehm/ unangenehm war oder mit welchem Material es berührt wurde.	- Es sind keine Reaktionen des Kindes bei Berührung sichtbar. - Das Kind zeigt nach der Berührung X auf Körperteil Y. - Das Kind benennt nach der Berührung X von Y Körperteilen. - Das Kind zeigt und nennt nach der Berührung X von Y Körperteilen.	- Welche Körperteile kennt das Kind (nicht) (Körperwissen)? - Erkennt das Kind, mit welchem Material es berührt wird? - Erkennt das Kind, wie es berührt wird (fest, sanft)?
Wenn das Kind gern berührt wird, kann eine Berührung durch den Pädagogen mit den Händen, d.h. ohne Material, erfolgen. Es kann sich zum Beispiel eine Massage in Form einer Geschichte (z.B. Pizzabacken) anschließen.	- Das Kind verbalisiert, welche Art von Berührung es mag oder weniger mag. - Das Kind verbalisiert, mit Material X gern oder weniger gern berührt zu werden.	- Bei welchen Berührungsintensitäten gibt das Kind an den Reiz zu spüren? - Kann sich das Kind nachfolgende Berührungen merken?

Das Kind wird mit oder ohne Material an verschiedenen bis zu sechs Körperteilen nacheinander berührt. Die Aufgabe besteht darin, die berührten Körperteile nacheinander zu zeigen oder zu benennen.	- Das Kind benennt X von Y Körperteilen, an denen es nacheinander berührt wurde in der korrekten Reihenfolge. - Das Kind benennt X von Y Körperteilen, an denen es nacheinander berührt wurde, jedoch in einer anderen Reihenfolge.	- Merkt sich das Kind die Reihenfolge der Berührungen? - Mag das Kind ausschließlich mit Materialien oder auch mit Händen berührt werden?

Gezeichnete Formen erkennen - Stille Post
(Christina Reichenbach & Christina Lücking)

Angesprochene Entwicklungsbereiche und deren Schwerpunkte:	**Wahrnehmung**: taktil-kinästhetisch (Differenzierung, Lokalisation, Strukturierung, Körperraum), Raum-Zeit (Raumvorstellung, Raumkoordination, Ordnung) **Kognition**: Wissen, Merkfähigkeit, Handlungsplanung, Vorstellungsvermögen, räumliche Fähigkeit
Material:	Papier, Stifte
Setting: Gruppen- und/oder Einzelsituation:	G + E
Ursprung der Aufgabe:	Fitifax

Aufgabenstellung mit Differenzierungsmöglichkeiten	Mögliche Beobachtungen	Mögliche Fragen und Interpretationen
Dem Kind werden mit dem Finger oder einem Stab Formen auf den Rücken gezeichnet (z.B. Dreieck, Kreis). Das Kind hat die Aufgabe, die gezeichneten Formen zu erkennen und zu benennen.	- Das Kind benennt X von Y gezeichneten Formen. - Das Kind benennt geometrische Formen. - Das Kind benennt spezielle gemalte Formen/Abbildungen (z.B. Sonne, Baum). - Das Kind malt demjenigen, der vor ihm sitzt, die gleiche Form auf den Rücken, wie es selbst auf dem Rücken erfahren hat. - Das Kind malt demjenigen, der vor ihm sitzt, eine andere Form auf den Rücken, wie es selbst auf dem Rücken erfahren hat. - Das Kind malt auf ein Blatt Papier die gleiche Form, wie es selbst auf dem Rücken erfahren hat. - Das Kind malt auf ein Blatt Papier eine andere Form X, wie es selbst auf dem Rücken erfahren hat. - Das Kind benennt X von Y bei ihm auf dem Rücken gemalten Formen. - Das Kind benennt X von Y bei ihm auf dem Rücken gemalten Formen in der gleichen Reihenfolge. - Das Kind äußert sich hinsichtlich des Druckes auf dem Rücken.	- Kennt das Kind die gezeichneten Formen? - Kennt das Kind die Begriffe der gezeichneten Formen? - Spürt das Kind, dass ihm etwas auf den Rücken gemalt wurde? - Benötigt das Kind stärkere Reize, um etwas zu spüren? - Mag das Kind eher leichte Berührungen? - Kann das Kind eine erfühlte Form wiedergeben, d.h. benennen oder zeichnen? - Bei welchen Formen zeigen sich Schwierigkeiten hinsichtlich des Erkennens? - Kann sich das Kind mehrere Formen hintereinander merken und wiedergeben?
Dem Kind werden mit dem Finger oder einem Stab Formen auf den Rücken gezeichnet (z.B. Dreieck, Kreis). Das Kind hat die Aufgabe, die gezeichneten Formen zu erkennen und demjenigen, der vor ihm sitzt wiederum auf den Rücken zu zeichnen.		
Dem Kind werden mit dem Finger oder einem Stab Formen auf den Rücken gezeichnet (z.B. Dreieck, Kreis oder Sonne, Haus, Baum). Das Kind hat die Aufgabe, die gezeichneten Formen zu erkennen und auf ein Blatt Papier wieder zu geben, das heißt aufzuzeichnen.		
Dem Kind werden mit dem Finger oder einem Stab mehrere Formen nacheinander auf den Rücken gezeichnet. Das Kind hat die Aufgabe, die gezeichneten Formen zu erkennen und anschließend zu benennen oder aufzuzeichnen.		
Dem Kind werden mit dem Finger oder einem Stab mehrere Formen nacheinander auf den Rücken gezeichnet. Das Kind hat die Aufgabe, die gezeichneten Formen zu erkennen und anschließend in der ursprünglichen Reihenfolge zu benennen oder aufzuzeichnen.		

Anmerkung: Die Zeichnungen können mit unterschiedlich starkem Druck ausgeführt werden.

Formen fühlen
(Christina Reichenbach & Christina Lücking)

Angesprochene Entwicklungsbereiche und deren Schwerpunkte:	**Wahrnehmung**: taktil-kinästhetisch (Differenzierung, Lokalisation, Strukturierung); visuell (Form-Konstanz, Raum-Lage, räumliche Beziehungen), Raum-Zeit (Raumvorstellung) **Kognition**: Wissen, Merkfähigkeit, Vorstellungsvermögen, räumliche Fähigkeit **Sprache**: Wortschatz, Sprachgedächtnis
Material:	Verschiedene Formen (Dreieck, Kreis, Rechteck, Quadrat...) aus Holz, Pappe oder anderem Material; Schablone oder Steckbox
Setting: Gruppen- und/oder Einzelsituation:	E
Ursprung der Aufgabe:	DITKA, DMB, Ledl

Aufgabenstellung mit Differenzierungsmöglichkeiten	Mögliche Beobachtungen	Mögliche Fragen und Interpretationen
Dem Kind werden verschiedene Formen gezeigt. Das Kind befühlt die Formen mit geöffneten Augen und versucht, die einzelnen Eigenschaften zu beschreiben (z.B. Anzahl der Ecken, Rundheit...).	- Das Kind benennt folgende Materialien: .... - Das Kind beschreibt, bestimmte Eigenschaften von folgenden Formen X wie folgt:	- Welche Formen kennt das Kind? - Welche Formen kann das Kind benennen? - Kann das Kind Eigenschaften von Formen benennen?
Dem Kind werden verschiedene Formen gegeben. Das Kind befühlt die Formen mit geschlossenen Augen und versucht, die einzelnen Eigenschaften zu beschreiben (z.B. Anzahl der Ecken, Rundheit...).	- Das Kind beschreibt mit geschlossenen Augen die Eigenschaften von folgenden Formen X wie folgt:	- Erkennt das Kind, welche Form es fühlt? - Kennt das Kind Eigenschaftsworte, die zu den Formen passen?
Dem Kind werden verschiedene Formen gegeben. Das Kind befühlt die Formen mit geschlossenen Augen und benennt die entsprechende Form (z.B. Dreieck, Quadrat, Kreis...).	- Das Kind findet Worte, um Formen zu beschreiben. - Das Kind äußert sich während des Fühlens der Formen wie folgt...	- Kann das Kind gleiche Formen finden? - Welche Formen kann das Kind in eine Schablone einpassen?
Das Kind wird gebeten, alle gleichen Formen zusammen zu legen, unabhängig von ihrer Größe.	- Das Kind sagt, wenn es eine Form wiederholt fühlt. - Das Kind findet X von Y Formen von gleicher Gestalt, auch wenn sie unterschiedlich groß sind.	- Ist die Vorzugshand des Kindes rechts oder links? - Hat das Kind eine Bevorzugung einer Hand zum Fühlen?
Dem Kind werden verschiedene Formen gegeben. Das Kind befühlt die Formen mit geschlossenen Augen und benennt die entsprechende Form (z.B. Dreieck, Quadrat, Kreis...). Anschließend legt es die Formen in eine dazugehörige Schablone, deren Form es dazu ebenso erfühlen muss. Eine Schablone kann in Form einer Steckbox vorgegeben sein oder auch als Brett mit ausgestanzten Formen.	- Das Kind legt oder steckt X von Y Formen passend in die vorgegebene Schablone. - Das Kind berührt die Formen bevorzugt mit der rechten und/oder linken Hand.	

Anmerkung: Das Kind kann selbst entscheiden, ob es mit einer oder zwei Händen fühlen möchte. Interessant ist dabei zu beobachten, mit welcher Hand es die Form vorwiegend fühlt.

Materialien erfühlen + Tastmemory
(Christina Reichenbach & Christina Lücking)

Angesprochene Entwicklungsbereiche und deren Schwerpunkte:	**Wahrnehmung:** taktil-kinästhetisch (Differenzierung, Lokalisation, Strukturierung, Bewegungsplanung) **Kognition:** Gedächtnis/Merkfähigkeit, Aufmerksamkeit, Kreativität, Vorstellungsvermögen, Wissen, abstraktes Denken, räumliche Fähigkeit **Sprache:** Wortschatz, Sprachgedächtnis
Material:	Kleinmaterialien (z.B. Sand, Murmeln, Schaum, Lehm, Bürsten, Igelbälle, Blätter, Wasser, Schwämme…)
Setting: Gruppen- und/oder Einzelsituation:	G + E
Ursprung der Aufgabe:	DITKA, Fitifax, Ledl

Aufgabenstellung mit Differenzierungsmöglichkeiten	Mögliche Beobachtungen	Mögliche Fragen und Interpretationen
Das Kind wird mit verschiedenen Materialien vertraut gemacht. Die Pädagogin stellt verschiedene Materialien zur Verfügung, die mit geöffneten Augen gefühlt werden, z.B. Sand, Kies, Schaum, Lehm, Fingerfarben, Igelbälle, Murmeln, Bürsten u. v. m.	- Das Kind äußert sich beim Fühlen der Materialien wie folgt:…. - Das Kind sagt, dass es folgende Materialien kennt: …. - Das Kind sagt, dass sich folgende Materialien gut anfühlen: …. - Das Kind sagt, dass sich folgende Materialien nicht gut anfühlen: …. - Das Kind beschreibt mit geöffneten Augen die Qualität von X Materialien. - Das Kind beschreibt mit geschlossenen Augen die Qualität von X Materialien. - Das Kind findet Worte, um Materialien zu beschreiben. - Das Kind beschreibt die Qualität des Materials X wie folgt: …. - Das Kind benennt X von Y Materialien, welche es erkannt hat. - Das Kind sagt, wozu es das Material nutzt, ohne dabei zu sagen, wie das Material heißt. - Das Kind äußert sich während des Fühlens der Materialien wie folgt… - Das Kind findet zwei gleiche Materialien. - Das Kind ordnet Materialien X einander zu und begründet dies wie folgt: ….	- Spürt das Kind die Unterschiedlichkeit von Materialien? (Differenzierung) - Kann das Kind unterschiedliche Materialien benennen? (Strukturierung) - Kennt das Kind die angebotenen Materialien? - Kann das Kind die angebotenen Materialien benennen? - Welche Materialien mag das Kind (nicht) gern berühren? - Erkennt das Kind, welches Material es berührt? - Kennt das Kind Eigenschaftsworte, die zu den Materialien passen? - Kann das Kind Eigenschaften von Materialien beschreiben? - Mag das Kind Materialien mit den Händen berühren? - Mag das Kind Materialien mit den Füßen berühren?
Das Kind betastet verschiedene Materialien und beschreibt, wie sich diese anfühlen, z.b. hart, weich, stachelig, matschig, glatt, rau…		
Dem Kind werden verschiedene Materialien unter einem Tuch oder mit geschlossenen Augen hingelegt. Das Kind befühlt die Materialien und beschreibt deren Eigenschaften, z.B. rund, eckig, rau, matschig, stachelig, hart, weich….		
Dem Kind werden verschiedene Materialien unter einem Tuch oder mit geschlossenen Augen hingelegt. Das Kind befühlt die Materialien und beschreibt deren Eigenschaften, z.B. rund, eckig, rau, matschig, stachelig, hart, weich…. Anschließend benennt es jeweils ein Material, welches es erkennt und sieht es sich danach an.		
Unter einem Tuch oder in einem Kasten befinden sich jeweils zwei gleiche Materialien. Das Kind versucht jeweils die Paare zu finden. Alternativ kann mit dem Kind ein Tast-Memory selbst erstellt werden: z.B. können Bierdeckel mit Materialien beklebt werden.		

Taktil-kinästhetische Wahrnehmung

Unter einem Tuch oder in einem Kasten befinden sich jeweils zwei Materialien, die sich gleich anfühlen, jedoch unterschiedlich groß oder unterschiedlich geformt sind. Das Kind versucht jeweils die Materialien zu finden, die sich gleich anfühlen.	- Das Kind zeigt folgende Reaktionen bei Berührungen von bestimmten Materialien:... - Das Kind gibt an, welche Art von Material es mag oder weniger mag. - Das Kind gibt an, folgende Materialien (weniger) zu mögen: .... - Das Kind findet zwei Materialien, die sich gleich anfühlen, auch wenn sie unterschiedlich geformt oder unterschiedlich groß sind. - Das Kind sagt, woher es das Material kennt. - Das Kind beschreibt das Material, welches es mit seinen Füßen berührt. - Das Kind äußert Behagen oder Unbehagen beim Betreten des Fußparcours/der Taststraße. - Das Kind geht wie folgt mit den Materialien um: .... - Das Kind experimentiert wie folgt:... mit den Materialien X.	- Kann das Kind zwei gleiche Material-paare finden? - Kann das Kind zwei Materialien erkennen, die die gleichen Eigenschaften haben?
Unter einem Tuch oder in einem Kasten befinden sich verschiedene Materialien. Das Kind versucht, diese zu erkennen und beschreibt als erstes deren Eigenschaften. Anschließend sagt es, wozu das Material benutzt werden könnte oder woher es das Material kennt, z.B. Schaum zum rasieren, Sand vom Meer...		
Es wird von der Pädagogin eine Taststraße aufgebaut. Dabei befinden sich optimalerweise in kleinen Kisten jeweils unterschiedliche Materialien. Das Kind wird anschließend mit geschlossenen Augen durch die Taststraße geführt. Beim Betreten der Kiste fühlt das Kind die Materialien mit den Füßen. Anschließend benennt das Kind das entsprechende Material, auf welchem es steht (z.B. Blätter, Moos, Sand, Wasser). Stehen die Kisten nahe an der Wand, kann das Kind auch allein durch den Parcours gehen.		

<u>Anmerkung:</u> Wenn das Kind Materialien mit geschlossenen Augen erfühlt, sollte sicher gestellt sein, dass dem Kind die Materialien bekannt sind.
Eine Ausnahme ist dann gegeben, wenn der Pädagoge bewusst unbekannte Materialien auswählt, um zu überprüfen, ob ein Kind die Eigenschaften eines Materials ohne deren Kenntnis beschreiben kann.

Denkmal darstellen oder Statue bauen
(Christina Reichenbach & Christina Lücking)

Angesprochene Entwicklungsbereiche und deren Schwerpunkte:	**Wahrnehmung**: taktil-kinästhetisch (Differenzierung, Lokalisation, Strukturierung, Körperraum, Körperorientierung, Bewegungsplanung), Raum-Zeit (Raumvorstellung, Raumkoordination) **Kognition**: Wissen, Vorstellungsvermögen, Handlungsplanung, Kreativität, räumliche Fähigkeit **Bewegung**: Feinmotorik, Gesamtkörperkoordination **sozial-emotionaler Bereich**: Selbstkonzept, emotionales Befinden, Verantwortungsbewusstsein
Material:	Fotoapparat, Bilder mit Körperhaltungen, Evtl. Schwungtuch
Setting: Gruppen- und/oder Einzelsituation:	G
Ursprung der Aufgabe:	Fitifax

Aufgabenstellung mit Differenzierungsmöglichkeiten	Mögliche Beobachtungen	Mögliche Fragen und Interpretationen
Jeweils ein Kind der Gruppe überlegt sich eine Körperhaltung bzw. begibt sich in eine Denkmal-Position und zeigt sie den anderen Kindern. Dabei kann das vormachende Kind einen individuellen Schwerpunkt insofern setzen, dass es z. B. besondere Arm-, Bein-, Fingerstellungen darstellt. Die anderen Kinder versuchen die vorgemachte Körperhaltung zu imitieren.	- Das Kind wählt folgende Körperhaltung: …. - Das Kind beugt folgende Gliedmaßen und/oder Körperteile…. - Das Kind verharrt in der gewählten Position X sec./Y min. - Das Kind ahmt die vorgegebene Position im Detail nach. - Das Kind ahmt die vorgegebene Position in Auszügen nach, z.B.: … - Das Kind sagt, dass es nicht geht, bestimmte Körperteile in die vorgegebene Position zu bringen. - Das Kind äußert nach X sec./ Y min., dass es die zuerst eingenommene Körperhaltung nicht mehr aufrechterhalten kann. - Das Kind stellt die vorgegebene Körperhaltung spiegelverkehrt dar. - Das Kind möchte gern Statue sein. - Das Kind möchte gern Erbauer und damit Erfühler sein. - Das Kind lässt sich von einem oder mehreren Kindern abtasten.	- Kennt das Kind die Begriffe der Körperteile? - Spürt das Kind, dass es berührt wird? - Benötigt das Kind stärkere Reize, um etwas zu spüren? - Mag das Kind eher leichte Berührungen? - Wählt das Kind eine bequeme Körperhaltung? - Spürt das Kind seinen Körper bzw. nimmt es seine Körperhaltung wahr? - Spürt das Kind, wenn sich seine Körperhaltung verändert? - Lässt sich das Kind (un-)gern berühren? - Berührt das Kind (un-)gern andere Kinder? - Wie ist die Qualität der Berührung durch das Kind (z.B. hart, sanft, vorsichtig…)? - Ist das Kind kitzelig, wenn es berührt wird? - Äußert das Kind Schmerz und/oder Unbehagen, wenn es berührt wird?
Die Kinder erhalten die Aufgabe, sich Bilder anzuschauen, auf denen jeweils ein Mensch in einer bestimmten Körperhaltung abgebildet ist. Anschließend probieren die Kinder aus, ob sie diese Körperhaltung nachahmen können. Haben die Kinder jeweils die Position eingenommen, werden sie fotografiert, so dass das Bild mit der Fotografie verglichen werden kann.		
Alle bis auf ein Kind erhalten die Aufgabe, sich Bilder anzuschauen, auf denen jeweils ein Mensch in einer bestimmten Körperhaltung abgebildet ist. Anschließend probieren die Kinder aus, ob sie diese Körperhaltung nachahmen können. Haben die Kinder jeweils die Position eingenommen, so werden die Karten gemischt und das eine Kind geht herum und versucht die Karten den entsprechenden anderen Kindern zuzuordnen.		

Ein Kind stellt sich unter ein großes (Schwung-)Tuch in einer bestimmten Körperhaltung und stellt eine Statue bzw. ein Denkmal dar. Anschließend fühlen ein bis drei Kinder (= Erbauer) die Statue mit den Händen ab und versuchen ein viertes Kind außerhalb des Tuches in genau diese Position zu bringen. Sind die Erbauer fertig, wird das (Schwung-)Tuch von der Statue genommen und die Original-Statue kann mit der neu erbauten Statue verglichen werden.	- Das Kind kommentiert das Abtasten durch Andere wie folgt: ... - Das Kind tastet die Statue ab. - Das Kind kommentiert das Abtasten der Statue wie folgt: ... - Das Kind sagt, dass es ihm schwer fällt, zu erkennen, welchen Körperteil es beim Abtasten berührt. - Das Kind sagt, welchen Körperteil es gerade abtastet. - Das Kind berührt das Kind, welches die neue Statue wird mit den Fingerspitzen/mit der ganzen Hand.... - Das Kind, welches als neue Statue geformt wird, äußert sich bei Berührungen wie folgt: ... - Das Kind äußert sich hinsichtlich des Druckes auf bestimmten Körperteilen.	- Spürt das Kind, welche Körperteile es berührt? - Spürt das Kind, welche Körperteile bei ihm berührt werden? - Fühlt das Kind vorwiegend mit der rechten, linken oder beiden Händen?
Zwei bis drei Kinder stellen sich unter ein großes (Schwung-)Tuch und konstruieren gemeinsam eine Statue bzw. ein Denkmal. Anschließend fühlen ein bis drei Kinder (= Erbauer) die große Statue mit den Händen ab und versuchen ein bis drei weitere Kinder außerhalb des Tuches in genau diese Positionen zu bringen. Sind die Erbauer fertig, wird das (Schwung-) Tuch von der großen Statue genommen und die Original-Statue kann mit der neu erbauten Statue verglichen werden.		

Anmerkungen:

Da die Aufgaben in der Regel etwas Zeit beanspruchen, sollte den Kindern empfohlen werden, Körperhaltungen einzunehmen, die sie auch über einen bestimmten Zeitraum aufrechterhalten können.

Die Aufgabe sollte in jedem Fall von der Pädagogin behutsam vor- und nachbereitet werden. Die Gefühle der Kinder müssen beachtet und akzeptiert werden. Über Gespräche kann herausgefunden werden, wie das Kind seinen Körper spürt und wie es die Berührungen von anderen Kindern wahrnimmt (vgl. Eggert/Reichenbach/Bode 2003).

Waschstraße
(Christina Reichenbach & Christina Lücking)

Angesprochene Entwicklungsbereiche und deren Schwerpunkte:	**Wahrnehmung**: taktil-kinästhetisch (Differenzierung, Lokalisation, Strukturierung, Körperraum, Körperorientierung) **Kognition**: Wissen, Gedächtnis, Kreativität, Handlungsplanung **Sozial-emotionaler Bereich**: Gefühlsausdruck, emotionales Befinden, Selbstkonzept
Material:	Bürsten, Tücher, Schwämme …
Setting: Gruppen- und/oder Einzelsituation:	G + E
Ursprung der Aufgabe:	DITKA

Aufgabenstellung mit Differenzierungsmöglichkeiten	Mögliche Beobachtungen	Mögliche Fragen und Interpretationen
Mit dem Kind wird besprochen, welche Stufen ein Auto in einer Waschstraße durchfahren kann. Hierbei können unterschiedliche Wäschen unterschieden werden: lang/kurz, grob/fein, … Dem Kind werden verschiedene Materialien gezeigt, die zur Reinigung eines Fahrzeuges dienen können (z.B. Bürsten, Tücher). Anschließend werden diese Materialien am eigenen Körper erprobt (z.B. rubbeln mit der Bürste auf dem Arm). Das Kind beschreibt mit geschlossenen Augen wie sich die unterschiedlichen Berührungen anfühlen. Das Kind durchfährt selbst eine Waschstraße. Dabei können die Augen geöffnet oder geschlossen sein. Mögliche Stationen: a) Nass machen des Autos = leichte Berührungen mit Händen (Wasserspritzer) b) Einseifen des Autos = mit weichem Schwamm Kreisbewegungen c) manche Stellen benötigen extra Seife = mit Topfschwamm oder Bürste stärkere Kreisbewegungen d) jetzt kommen die langen Putzbänder = mit Seilen den Körper berühren e) Spülung = mit den Händen Wasser nachahmen f) Trocknen = Pusten oder Luft zu wedeln Das Kind kann je nach Belieben die Dauer und die Stärke in einer Station bestimmen. Anmerkung: Wenn das Spiel in einer Gruppe durchgeführt wird, dann können jeweils zwei Kinder eine Station bilden, so dass das „Auto" von links und rechts gewaschen wird.	- Das Kind äußert sich beim Spüren der Materialien wie folgt.… - Das Kind sagt, dass sich folgende Materialien gut anfühlen: … - Das Kind sagt, dass sich folgende Materialien nicht gut anfühlen: …. - Das Kind beschreibt mit geöffneten Augen die Qualität von X Materialien. - Das Kind beschreibt mit geschlossenen Augen die Qualität von X Materialien. - Das Kind findet Worte, um Materialien zu beschreiben. - Das Kind zeigt folgende Reaktionen bei Berührungen von bestimmten Materialien:… - Das Kind verbalisiert, welche Art von Material es mag oder weniger mag und gibt folgende Gründe: … dafür an. - Das Kind äußert Behagen oder Unbehagen hinsichtlich… - Das Kind reagiert auf feste Bewegungen wie folgt… - Das Kind reagiert auf sanfte Bewegungen wie folgt… - Das Kind bleibt am längsten in der Station X. - Das Kind bleibt am kürzesten in der Station Y.	- Spürt das Kind die Unterschiedlichkeit von Materialien? (Differenzierung) - Kann das Kind unterschiedliche Materialien benennen? (Strukturierung) - Kennt das Kind die angebotenen Materialien? - Kann das Kind die angebotenen Materialien mit geschlossenen Augen benennen? - Von welchen Materialien mag das Kind (nicht) gern berührt werden? - Erkennt das Kind von welchem Material es berührt wird? - Kennt das Kind Eigenschaftsworte, die zu den Materialien passen? - Kann das Kind Eigenschaften von Materialien beschreiben? - Mag das Kind feste Berührungen? - Mag das Kind sanfte Berührungen? - Welche Reaktionen zeigt das Kind auf welche Berührungen?

Massen erkennen
(Christina Reichenbach & Christina Lücking)

Angesprochene Entwicklungsbereiche und deren Schwerpunkte:	**Wahrnehmung**: taktil-kinästhetisch (Differenzierung, Strukturierung) **Bewegung:** Kraft, Feinmotorik **Kognition**: Wissen, Verständnis von Mengen und Massen, Vorstellungsvermögen, Abstraktes Denken, logisch-mathematische Fähigkeiten
Material:	Verschiedene Materialien mit unterschiedlicher Masse (z.B. Legostein, Lineal, Füller, Patrone; Stein, Sandsack, Igelball, Seil)
Setting: Gruppen- und/oder Einzelsituation:	E
Ursprung der Aufgabe:	LVS

Aufgabenstellung mit Differenzierungsmöglichkeiten	Mögliche Beobachtungen	Mögliche Fragen und Interpretationen
Dem Kind werden bis zu sechs verschiedene Materialien vorgelegt, die es nacheinander anhebt. Alle Materialien sind durch eine unterschiedliche Schwere gekennzeichnet. Das Kind wird gefragt, ob ihm etwas auffällt, wenn es die Materialien hoch hebt.	- Das Kind äußert sich beim Anheben der Materialien wie folgt.… - Das Kind sagt etwas zu der Schwere bzw. Masse der Materialien … - Das Kind sagt, dass sich folgende Materialien X schwer anfühlen: …. - Das Kind sagt, dass sich folgende Materialien leicht anfühlen: …. - Das Kind benennt mit geöffneten Augen das Material, welches am Schwersten ist. - Das Kind benennt mit geöffneten Augen das Material, welches am Leichtesten ist. - Das Kind benennt mit geschlossenen Augen das Material, welches am Schwersten ist. - Das Kind benennt mit geschlossenen Augen das Material, welches am Leichtesten ist. - Das Kind äußert sich während des Hebens der Materialien wie folgt… - Das Kind sagt, dass folgende Materialien gleich schwer sind: … - Das Kind geht mit den Materialien wie folgt um: …. - Das Kind experimentiert mit folgenden Materialien: …. - Das Kind sortiert die Materialien nach ihrer Masse in der (korrekten) folgenden Reihenfolge: ….	- Spürt das Kind die unterschiedliche Schwere bzw. Masse der Materialien? (Differenzierung) - Kann das Kind unterschiedliche Massen benennen und zuordnen? (Strukturierung) - Gelingt es dem Kind mit geöffneten Augen die Massen zu unterscheiden? - Gelingt es dem Kind mit geschlossenen Augen die Massen zu unterscheiden? - Kann das Kind die Materialien nach ihrer Masse ordnen?
Vor dem Kind liegen bis zu sechs verschiedene Materialien. Das Kind wird gebeten, herauszufinden, welches der Materialien am Leichtesten und welches am Schwersten ist.		
Vor dem Kind liegen bis zu sechs verschiedene Materialien. Das Kind wird gebeten, die Materialien hinsichtlich ihrer Schwere, das heißt ihrer Masse nach, zu sortieren.		
Dem Kind werden bis zu sechs verschiedene Materialien vorgelegt, die es nacheinander mit geschlossenen Augen anhebt. Alle Materialien sind durch eine unterschiedliche Schwere gekennzeichnet. Das Kind wird gefragt, ob ihm etwas auffällt, wenn es die Materialien hoch hebt.		
Vor dem Kind liegen bis zu sechs verschiedene Materialien. Das Kind wird gebeten, mit geschlossenen Augen herauszufinden, welches der Materialien am leichtesten und welches am schwersten ist.		
Vor dem Kind liegen bis zu sechs verschiedene Materialien. Das Kind wird gebeten, mit geschlossenen Augen die Materialien hinsichtlich ihrer Schwere, das heißt ihrer Masse nach, zu sortieren.		

Anmerkung: Dem Kind können auch gleiche Materialien von gleicher Größe gegeben werden, (z.B. bis zu 6 Dosen unterschiedlicher Schwere). Materialien können gemeinsam abgewogen werden.

Augenmotorik
(Christina Reichenbach & Christina Lücking)

Angesprochene Entwicklungsbereiche und deren Schwerpunkte:	**Wahrnehmung**: visuell (Differenzierung, Lokalisation, Lateralität) **Bewegung**: Feinmotorik, Augenbeweglichkeit, Fluss
Material:	Stab, Ball, Stift, Papier, Kopiervorlage
Setting: Gruppen- und/oder Einzelsituation:	E + G
Ursprung der Aufgabe:	LVS

Aufgabenstellung mit Differenzierungsmöglichkeiten	Mögliche Beobachtungen	Mögliche Fragen und Interpretationen
Das Kind wird aufgefordert, seine Augen in alle ihm möglichen Richtungen zu drehen bzw. zu bewegen.	- Das Kind bewegt zuerst seine Augen in folgende Richtungen: ….	- Kann das Kind seine Augen in verschiedene Richtungen bewegen?
Der Pädagoge setzt sich ca. in einem Meter Entfernung dem Kind gegenüber. Er hält einen Stab (oder Stift) in der Hand, den er in verschiedene Richtungen bewegt (z.B. von oben nach unten, rechts nach links…). Das Kind versucht den Stab mit seinen Augen zu verfolgen.	- Das Kind verfolgt einen Gegenstand mit seinen Augen in folgende Richtungen: … und bleibt mit dem Kopf dabei in einer starren Position (mit Kopfbewegungen in folgende Richtungen: ….)	- Kann das Kind mit dem rechten (linken) Auge Bewegungen in verschiedenen Richtungen ausführen?
Das Kind sitzt auf einem Stuhl und versucht einen ihm gezeigten Ball mit den Augen zu folgen. Der Kopf soll möglichst in einer Position bleiben. In unterschiedlicher Entfernung kann ein Ball unterschiedlicher Größe parallel zu dem Kind gerollt werden. Das Kind versucht den Ball im Rollen mit seinen Augen zu verfolgen. Dabei wird ein Auge von dem Kind dabei zugehalten. Anschließend wird das andere zugehalten.	- Das Kind folgt mit den Augen der vorgegebenen Richtung X von Y mal. - Das Kind verfolgt mit dem rechten (linken) Auge Bewegungen in folgende Richtungen…(z.B. nach rechts, nach links, nach oben, nach unten, seitlich). - Die Bewegungen der Augen sind… (z.B. gleichmäßig, abgehackt, ruckartig).	- Kann das Kind den Bewegungen eines Gegenstandes mit den Augen in die entsprechenden Richtungen durchgehend folgen? - Kann das Kind seine Augen in die vorgegebenen Richtungen bewegen?
Der Pädagoge sitzt mit dem Kind an einem Tisch und malt mit einem Stift verschiedene Linien auf ein Blatt Papier. Das Kind versucht den gezeichneten Weg mit den Augen zu verfolgen. Die Linien können in verschiedene Richtung oder als Kreisbewegungen (z.B. eine acht) gemalt werden.	- Das Kind verfolgt einen Gegenstand in folgendem Abstand… zu seinen Augen in die folgenden Richtungen... - Das Kind führt Kreisbewegungen mit den Augen in folgende Richtungen aus…(z.B. Rechtsdrehungen, Linksdrehungen, Drehungen mit Richtungswechseln)	- Kann das Kind die Bewegungen eines Gegenstandes in unterschiedlichen Entfernungen mit den Augen folgen? - Kann das Kind einem Gegenstand in verschiedenem Tempo folgen?
Dem Kind wird ein Blatt gezeigt auf dem drei bis fünf Luftballons abgebildet sind. Die Schnüre haben sich vermischt. Das Kind versucht durch Verfolgen des Weges mit den Augen herauszufinden, welche Schnur zu welchem Luftballon gehört.	- Das Kind folgt dem Weg einer Schnur vom Anfangspunkt bis zum Endpunkt mit den Augen (mit Unterstützung (z.B. Finger))	- Kann das Kind mit den Augen einem Weg mit Richtungsänderungen und kreuzenden Linien folgen?

225

visuelle Wahrnehmung

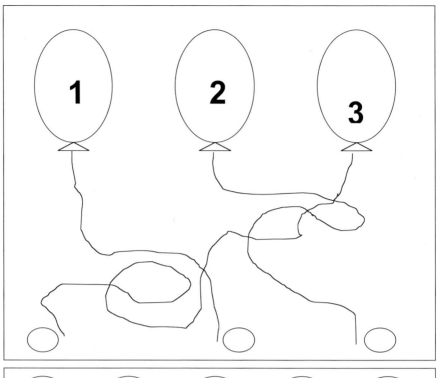

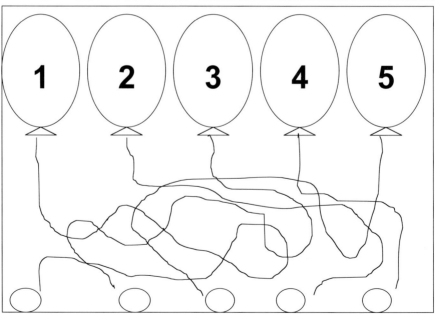

visuelle Wahrnehmung

Farben erkennen
(Christina Reichenbach & Christina Lücking)

Angesprochene Entwicklungsbereiche und deren Schwerpunkte:	**Wahrnehmung**: visuell (Differenzierung, Strukturierung) **Kognition**: Wissen, Merkfähigkeit
Material:	Buntstifte (ggf. andere, unterschiedliche, einfarbige Gegenstände (z.B. Perlen, Knöpfe)
Setting: Gruppen- und/oder Einzelsituation:	E + G
Ursprung der Aufgabe:	ET6-6, KEV, Ledl

Aufgabenstellung mit Differenzierungsmöglichkeiten	Mögliche Beobachtungen	Mögliche Fragen und Interpretationen
Das Kind nennt alle Farben, die es kennt. Der Pädagoge zeigt dem Kind eine Farbe. Das Kind benennt die Farbe. Der Pädagoge nennt einen Begriff (z.B. rot) zu der Farbe, die dem Kind gezeigt wird (z.B. blau). Das Kind entscheidet, ob der genannte Begriff der gezeigten Farbe entspricht oder nicht. Das Kind korrigiert ggf. und nennt den entsprechenden Begriff der gezeigten Farbe. Vor dem Kind liegen Buntstifte (oder andere unterschiedliche, einfarbige Gegenstände (z.B. Glaskugeln, Perlen, Knöpfe…)). Das Kind sortiert die Gegenstände entsprechend ihrer Farben. Dem Kind wird eine Farbe genannt, die es aus den Buntstiften heraussucht und neben die anderen Stifte legt. Ein Kind benennt selbständig eine Farbe, die die anderen Kinder heraussuchen. Das Kind schaut anschließend nach, ob die herausgesuchten Stifte der vorher benannten Farbe entsprechen. Spielmöglichkeiten: „Ich sehe etwas, was du nicht siehst": Ein Kind sucht sich aus dem Raum einen Gegenstand aus und nennt die Farbe des Gegenstands: „Ich sehe etwas, was du nicht siehst und das ist rot". Die anderen Kinder versuchen zu erkennen, welchen Gegenstand das Kind meinte (es kann auch ein Gegenstand gewählt werden, der mehrere Farben enthält, die alle von dem Kind benannt werden) Das Kind malt Felder eines Bildes in einer vorgegebenen Farbe aus bzw. das Kind benennt vorher, welches Feld mit welcher Farbe ausgemalt wird.	- Das Kind nennt selbständig folgende Farben: …. - Das Kind nennt den Begriff X (z.B. rot) für die gezeigte Farbe X. (z.B. rot) - Das Kind teilt (nicht) mit, ob der benannte Begriff mit der gezeigten Farbe übereinstimmt (z.B. durch Nicken, kopfschütteln, bejahen, verneinen). - Die gezeigte Geste bzw. die geäußerte Zu- oder Ablehnung des Kindes entspricht (nicht) der Farbe und dem Begriff, die der Pädagoge genannt und gezeigt hat. - Das Kind korrigiert und nennt den entsprechenden Begriff X (z.B. rot) für die gezeigte Farbe (z.B. rot). - Das Kind ordnet folgende Farben einander zu: …. - Das Kind sucht die Gegenstände mit der Farbe X heraus, die vorher benannt wurde. - Das Kind sucht folgende weitere Farben: …, als die benannte, heraus. - Das Kind bezeichnet die weiteren herausgesuchten Gegenstände mit dem Begriff X - Das Kind nennt alle Farben eines Gegenstandes. - Das Kind nennt Gegenstände, in denen die genannten Farben X enthalten sind.	- Kann das Kind Farben voneinander unterscheiden? - Kann das Kind Farben benennen? - Kann das Kind benannte Begriffe den entsprechenden Farben zuordnen? - Welche Begriffe kann das Kind entsprechenden Farben zuordnen? - Erkennt das Kind, ob der benannte Begriff mit der gezeigten Farbe übereinstimmt?

Formen (wieder-)erkennen
(Christina Reichenbach & Christina Lücking)

Angesprochene Entwicklungsbereiche und deren Schwerpunkte:	**Wahrnehmung:** visuell (Differenzierung, Strukturierung, Figur-Grund, Form-Konstanz, Raum-Lage) **Kognition:** logisch-mathematische Fähigkeiten, Merkfähigkeit, Wissen, Gedächtnis, Abstraktes Denken, Vorstellungsvermögen
Material:	Kleinmaterialien, geometrische Formen unterschiedlicher Größe, Kopiervorlagen
Setting: Gruppen- und/oder Einzelsituation:	E + G
Ursprung der Aufgabe:	DTVP2, KEV, Ledl

Aufgabenstellung mit Differenzierungsmöglichkeiten	Mögliche Beobachtungen	Mögliche Fragen und Interpretationen
Verschiedene Materialien mit verschiedenen Formen liegen auf dem Tisch (z.B. Ball, Radiergummi, Taschentücherpackung, Würfel, Sechseckwürfel, Teelicht, Ei). Der Pädagoge fragt das Kind, welches Material am Größten und welches am Kleinsten ist.	- Das Kind benennt folgenden Gegenstand X als den Kleinsten (Größten) unter den gezeigten Gegenständen XY. - Der als Größte (Kleinste) benannte Gegenstand ist der Größte (Kleinste) unter den gezeigten Gegenständen.	- Kann das Kind Größen unterscheiden? - Kann das Kind Gegenstände ihrer Größe nach sortieren? - Kann das Kind Formen voneinander unterscheiden?
Verschiedene Materialien liegen auf dem Tisch. Die Aufgabe besteht darin, dass das Kind die Materialien in eine Reihe legt, beginnend mit dem Kleinsten bis zum Größten und/oder anschließend umgekehrt.	- Das Kind legt die Gegenstände in folgende Reihenfolge, wobei die Anordnung von klein nach groß der Größe der Gegenstände (nicht) entspricht. - Das Kind geht bei der Anordnung der Größen wie folgt vor...(z.B. vergleicht Gegenstände, greift einen Gegenstand heraus und legt ihn in die Reihe, korrigiert sich).	- Kennt das Kind die Begriffe einzelner Formen? - Kann das Kind gleiche Formen, ungeachtet ihrer Größe, wieder erkennen?
Verschiedene Materialien liegen auf dem Tisch. Die Aufgabe besteht darin, dass das Kind gleiche Formen findet und diese sortiert (z.B. alle Vierecke). Dabei kann der Pädagoge die Begriffe der Formen nennen oder das Kind benennt selbst die Formen, die es kennt.	- Das Kind schaut sich nach der Anorderung der Gegenstände die Reihe erneut (nicht mehr) an. - Das Kind korrigiert sich selbständig (unter Hilfestellung folgender Art (z.B. gemeinsame Betrachtung der Reihe mit dem Pädagogen)).	- Kann das Kind Begriffe entsprechenden Formen zuordnen? - Kann das Kind eine gezeigte Form unter anderen, ähnlichen wieder erkennen?
Verschiedene Formen jeweils in verschiedenen Größen aus Pappe liegen vor dem Kind. Dem Kind wird z.B. ein Dreieck (Größe frei wählbar) in die Hand gegeben und es wird aufgefordert, die gleichen Formen herauszusuchen.	- Das Kind benennt folgende Formen...(z.B. Dreieck, Viereck, Kreis). - Das Kind ordnet folgenden Begriffen X folgenden Formen ... zu. - Das Kind unterscheidet folgende Formen... (z.B. Dreieck, Quadrat, Rechteck) voneinander.	- Kann das Kind eine benannte Form bei Überschneidungen mit anderen Formen wieder erkennen?
Dem Kind werden z.B. zwei Dreiecke unterschiedlicher Größe vorgelegt. Das Kind beschreibt, worin sie sich gleichen und worin Unterschiede bestehen.	- Das Kind ordnet die Formen X einander zu. - Das Kind ordnet die gleichen Formen unterschiedlicher Größe einander zu.	
Auf einem Blatt Papier sind neben einer Form in einer Reihe 4 weitere, verschiedene Formen abgebildet. Die Form, die mit der Ersten in der Reihe übereinstimmt, soll wieder erkannt werden.	- Das Kind beschreibt folgende Gemeinsamkeiten und Unterschiede gleicher Figuren unterschiedlicher Größe...	

visuelle Wahrnehmung

Auf einem Blatt Papier sind verschiedenen Formen abgebildet, die sich teilweise überlappen und/oder vor bzw. im Hintergrund abgebildet sind. Eine Form wird von dem Pädagogen benannt. Das Kind zeigt auf alle Formen, die benannt wurde, welche es auf dem Blatt entdeckt. Das Kind umrandet die Form, die benannt wurde.	- Das Kind geht beim Wiedererkennen einer gezeigten Form wie folgt vor…(z.B. es vergleicht die Form nacheinander mit ersten Form, es zeigt auf die gleiche Form in X sek., es verbalisiert wahrgenommene Unterschiede und Gemeinsamkeiten der gezeigten Form). - Das Kind erkennt X von X abgebildeten Formen der benannten Form X	

visuelle Wahrnehmung

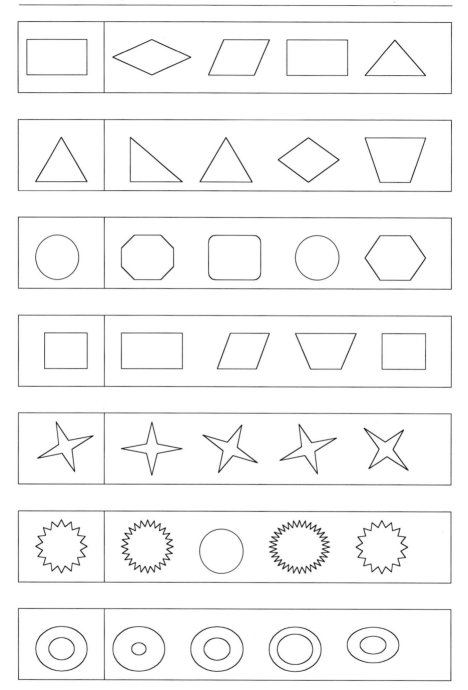

visuelle Wahrnehmung

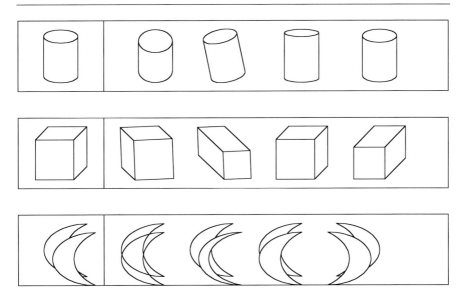

231

visuelle Wahrnehmung

Gestaltschließen
(Christina Reichenbach & Christina Lücking)

Angesprochene Entwicklungsbereiche und deren Schwerpunkte:	**Wahrnehmung**: visuell (Differenzierung, Lokalisation, Strukturierung, Raum-Lage, räumliche Beziehungen, Form-Konstanz, Figur-Grund, Gestaltschließen, Augen-Hand Koordination, Nachzeichnen), Raum-Zeit (Raumvorstellung) **Kognition**: Wissen, Gedächtnis, abstraktes Denken, Vorstellungsvermögen, Räumliche Fähigkeiten
Material:	Seil, Papiervorlage
Setting: Gruppen- und/oder Einzelsituation:	E + G
Ursprung der Aufgabe:	DTVP2

Aufgabenstellung mit Differenzierungsmöglichkeiten	Mögliche Beobachtungen	Mögliche Fragen und Interpretationen
Der Pädagoge legt aus einem Seil eine Form, die an einer Stelle eine Öffnung hat (z.B. Kreis), d.h. nicht ganz geschlossen ist. (es kann auch mit Kreide eine Form an eine Tafel gemalt werden) Das Kind zeigt auf die Stelle, an der das Seil unterbrochen ist. Das Kind legt die Form mit einem weiteren Seil mit der Öffnung nach Das Kind benennt die Form mit der Öffnung Das Kind verbindet die Vorlage durch Verschieben des Seiles und/oder eines weiteren Seils so, dass die Form geschlossen ist. Die Anzahl der Öffnungen sowie die Komplexität der Form kann langsam gesteigert werden. Das Kind bekommt eine Papiervorlage, auf der verschiedene Formen mit Öffnungen abgebildet sind. Das Kind zeichnet die abgebildete Form nach. Das Kind vervollständigt die abgebildete Form. Das Kind zeichnet die teilweise verdeckte Form nach.	- Das Kind zeigt auf die Öffnungen der gezeigten Form X von Y Formen. - Das Kind legt von X Formen Y Formen mit der Öffnung nach. - Das Kind benennt X von Y Formen. - Das Kind verbindet X von Y Formen zu seiner vollständigen Form. - Das Kind zeichnet X von Y Formen entsprechend ihrer Abbildung nach. - Das Kind vervollständigt X von Y Formen mit dem Stift. - Das Kind vervollständigt X von Y Formen, welche von einer anderen Form verdeckt sind.	- Erkennt das Kind, an welcher Stelle die Form unterbrochen ist? - Kann das Kind die Stelle der Unterbrechung benennen? Welche Raumbegriffe sind dem Kind bekannt? - Kann das Kind eine abgebildete Form nachlegen? - Kann das Kind Formen mit Unterbrechungen wieder erkennen? - Kann das Kind bei einer abgebildeten Form die Öffnung durch Verschieben des Seils entsprechend der Form schließen? - Kann das Kind eine Form mit Öffnung entsprechend abzeichnen? - Kann das Kind eine unterbrochene Form mit entsprechender Strichführung ergänzen? (z.B. Linie, Kurve) - Kann das Kind die verdeckten Striche/Linien einer Form nachzeichnen?

visuelle Wahrnehmung

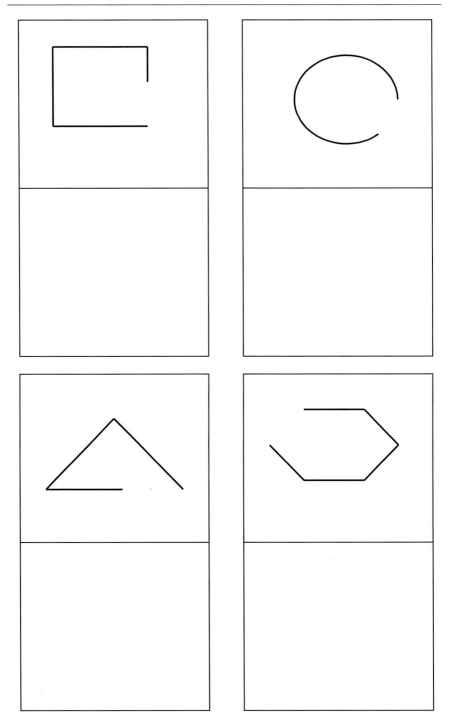

visuelle Wahrnehmung

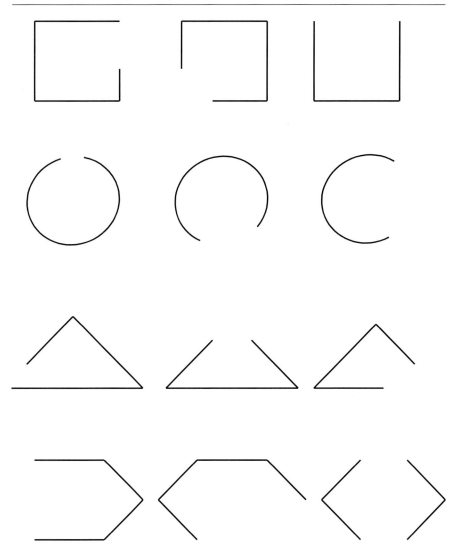

visuelle Wahrnehmung

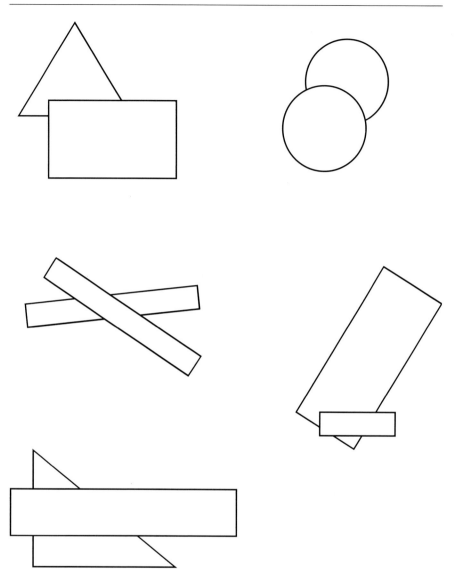

Figuren und Formen nachlegen
(Christina Reichenbach & Christina Lücking)

Angesprochene Entwicklungsbereiche und deren Schwerpunkte:	**Wahrnehmung**: visuell (Differenzierung, Lokalisation, Strukturierung, Form-Konstanz, räumliche Beziehungen, Raum-Lage) Raum-Zeit (Raumvorstellung, Ordnung) **Kognition**: logisch-mathematische Fähigkeiten, Abstraktes Denken, Merkfähigkeit, Wissen, Gedächtnis, Vorstellungsvermögen **Bewegung**: Augen-Hand Koordination, Tempo, Finger-, Hand- und Schultergelenkbeweglichkeit, Feinmotorik
Material:	Holzstäbchen (farbig)/Streichhölzer, Seile, Papiervorlage
Setting: Gruppen- und/oder Einzelsituation:	E + G
Ursprung der Aufgabe:	DTVP2

Aufgabenstellung mit Differenzierungsmöglichkeiten	Mögliche Beobachtungen	Mögliche Fragen und Interpretationen
Die Pädagogin legt mit den Stäbchen verschiedene Formen (z.B. Dreieck, Viereck, Haus). Anschließend sagt das Kind, welche Form es sieht. Nach dem Legen benennt das Kind die von ihm gesehenen Formen und legt die gesehenen Formen nach. Das Kind legt selbst ihm bekannte Formen. Die Pädagogin legt Formen mit Stäbchen in unterschiedlichen Farben. Das Kind legt die Form entsprechend der Farben der Stäbchen nach. Die Anzahl der verschiedenen Farben sowie die Komplexität der gelegten Form kann langsam gesteigert werden. Die Pädagogin legt ein Seil als Linie in eine frei wählbare Richtung. Das Kind legt ein anderes Seil genauso hin. Anschließend wird das Seil in verschiedene Formen und Figuren gelegt (z.B. Kreis, Schlange, Zick-Zack, Herz). Das Kind legt die gesehene Form bzw. Figur nach. Auch hier hat das Kind wieder selbst die Möglichkeiten die Formen und Figuren mit dem Seil zu legen. Das Kind bekommt eine Papiervorlage. Das Papier ist in zwei Hälften geteilt. Auf jeder Hälfte befinden sich drei mal drei Punkte. Auf der oberen Hälfte sind einige dieser Punkte mit Strichen verbunden. Das Kind hat nun die Aufgabe auf der unteren Hälfte genau die Punkte zu verbinden, die auch auf der Vorlage verbunden sind.	- Das Kind benennt X von Y Formen. - Das Kind legt selbst folgende Formen:... - Das Kind legt X von Y Formen korrekt nach. - Das Kind legt X von Y Formen entsprechend ihrer Farben nach. - Das Kind legt X von Y Formen mit dem Seil nach. - Das Kind legt X von Y Figuren mit dem Seil nach. - Das Kind greift die Stäbchen und/oder das Seil mit rechts oder links. - Das Kind greift die Stäbchen und/oder das Seil abwechselnd mit rechts oder links. - Das Kind zeichnet mit links oder rechts. - Das Kind zeichnet die Vorlage im Detail ab. - Das Kind zeichnet X von Y Strichen genau ab. - Das Kind zeichnet die Vorlage spiegelverkehrt ab. - Das Kind zeichnet X mm neben den Punkten.	- Kann das Kind Formen erkennen? - Kann das Kind Farben erkennen? - Kann das Kind Formen benennen? - Kann das Kind Farben benennen? - Kann das Kind Formen nachlegen? - Kann das Kind Figuren nachlegen? - Kann das Kind Formen und Farben nach Vorgabe nachlegen? - Bevorzugt das Kind seine rechte oder linke Hand? - Wechselt das Kind die Hand beim Legen und/oder Zeichnen? - Kann das Kind Figuren auf dem Papier erkennen? - Kann das Kind Figuren detailgetreu abzeichnen? - Kann das Kind die Vorgaben für die Zeichnung der Linien einhalten? - Wie sind die graphomotorischen Kompetenzen des Kindes? - Wie ist die Feinkoordination des Kindes?

Anmerkung: Während des Legens der Formen, kann das Kind gefragt werden, was es mit den Figuren verbindet und woher es diese kennt.

visuelle Wahrnehmung

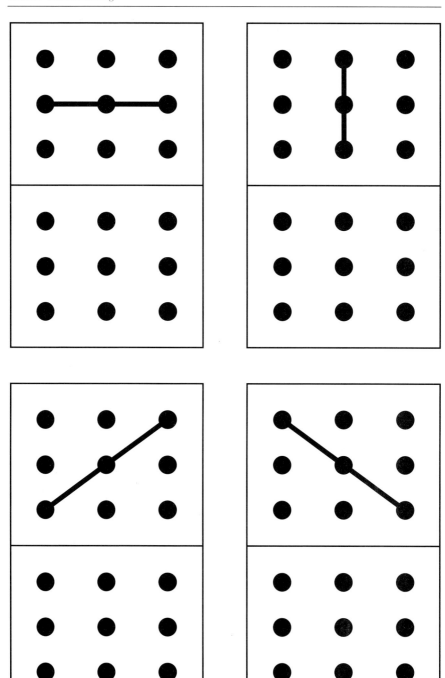

visuelle Wahrnehmung

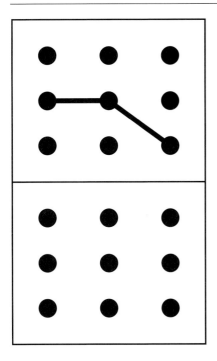
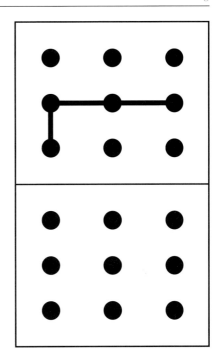
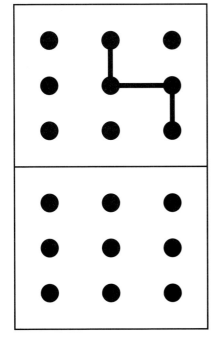
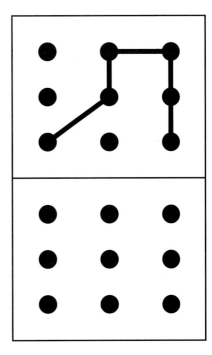

Details wieder erkennen und Bilder ergänzen
(Christina Reichenbach & Christina Lücking)

Angesprochene Entwicklungsbereiche und deren Schwerpunkte:	**Wahrnehmung**: visuell (Differenzierung, Lokalisation, Strukturierung, räumliche Beziehungen, Raum-Lage, Gestaltschließen, Nachzeichnen, Augen-Hand Koordination), Raum-Zeit (Raumvorstellung, Lateralität, Ordnung) **Kognition**: Gedächtnis, Wissen, logisch-mathematische Fähigkeiten, Vorstellungsvermögen, Abstraktes Denken, Handlungsplanung, räumliche Fähigkeit
Material:	Bildvorlage, evtl. Bilderbuch
Setting: Gruppen- und/oder Einzelsituation:	G + E
Ursprung der Aufgabe:	DES

Aufgabenstellung mit Differenzierungsmöglichkeiten	Mögliche Beobachtungen	Mögliche Fragen und Interpretationen
Dem Kind wird ein Bild gezeigt, auf dem verschiedene Gegenstände und/oder Personen abgebildet sind. Das Kind erhält 3 bis 6 Karten auf denen Gegenstände und/oder Personen abgebildet sind. Das Kind zeigt auf die Karten, dessen abgebildete Gegenstände auch auf dem Bild zu sehen sind bzw. legt die Karten zur Seite, dessen abgebildete Gegenstände nicht auf dem Bild zu sehen sind. Die Anzahl der Karten sowie die Komplexität des gezeigten Bildes kann langsam gesteigert werden.	- Das Kind zeigt auf X von Y Gegenstände, die auf den Karten und auf dem Bild abgebildet sind. - Das Kind zeigt auf X von Y Personen, die auf den Karten und dem Bild abgebildet sind. - Das Kind sortiert X von Y Karten aus, die nicht auf dem Bild zu sehen sind. - Das Kind benennt X von Y Gegenständen, die auf den Karten und dem Bild abgebildet sind. - Das Kind benennt X von Y Personen, die auf den Karten und dem Bild abgebildet sind.	- Kann das Kind fehlende oder unvollständige Gegenstände erkennen? - Kann das Kind fehlende oder unvollständige Personen erkennen? - Kann das Kind unvollständige Bilder vervollständigen? - Gelingt dem Kind das Vervollständigen des Bildes? - Kann das Kind seine Handlungsschritte deutlich machen?
Anstelle der Vorlage kann dem Kind ein Bilderbuch vorgelegt werden. Die Pädagogin fragt: „wo ist…". Das Kind zeigt dann auf den entsprechenden Gegenstand und/oder die Person	- Das Kind zeigt auf X von Y Unterschiede vom 1. zum 2. Bild.	
Dem Kind werden zwei Bilder gezeigt, die sich in ihrem Grundaufbau gleichen (z.B. ein Kinderzimmer). Auf dem einen Bild fehlen Details (z.B. Puzzelteile) Das Kind versucht die fehlenden Details herauszufinden. Es kann auf das fehlende Detail zeigen und/oder das fehlende Detail benennen. Anschließend zeichnet das Kind selbst die fehlenden Details in das Bild. Die Anzahl der fehlenden Details kann gesteigert werden	- Das Kind benennt X von Y Unterschiede vom 1. zum 2. Bild. - Das Kind zeichnet X von Y fehlende Details in das unvollständige Bild ein. - Das Kind verbalisiert sein Vorgehen. - Es ist beobachtbar, dass das Kind von rechts nach links, von oben nach unten oder kreuz und quer das Bild ansieht. - Das Kind erzählt zu den einzelnen Bildelementen folgendes:…	

visuelle Wahrnehmung

Diagnostische Menüs

Naturbezogene Lernwege – Naturlerntyp
Menü zur Schuleingangsdiagnostik

Von: Daniela Krause (Fröndenberg)

Zielgruppe:	Jungen und Mädchen im Alter von 5 $^1/_2$ bis 7 Jahren; Gruppen und/ oder Einzelsituation
Zur Überprüfung:	der Schulfähigkeit bzw. verschiedener Entwicklungsbereiche: • Kognition • Sozial-emotionaler Bereich • Wahrnehmung (taktil-kinästhetisch, visuell, auditiv, Raum-Zeit) • Sprache und Kommunikation • Bewegung
Schwerpunkte:	Graphomotorik, Kraft, Aufgabenverständnis, Handlungsplanung, Gleichgewicht, Gesamtkörperkoordination, Raum-Lage, auditive Differenzierung, Raum-Zeit (Ordnung, Dauer), Feinmotorik, Wissen, Merkfähigkeit, visuell (Differenzierung, Strukturierung)
Ursprünge:	ET 6-6, KEV, Ledl, RZI, DITKA, DIAS, DESK, FIFIFAX, LVS, Schäfer
Rahmen:	Geschichte, in der die Aufgaben integriert sind; evtl. kann diese Geschichte in der Natur bzw. im Wald durchgeführt werden

Ein Besuch bei den Tieren im Wald

Geschichte	Aufgabe	Angesprochener Entwicklungsbereich
Heute möchte ich mit euch/ dir die Tiere im Wald besuchen. Dafür müssen wir erst einmal in den Wald gelangen.	Unterschiedliche **Bewegungsformen** (robben, krabbeln, hüpfen, rennen,...) und Tempi (langsam, schnell, ...)	Bewegung
Im Wald angekommen, treffen wir als erstes auf Ida Igel. Sie möchte wissen, was wir heute schon den ganzen Tag gemacht haben.	**Situationsbericht** → das Kind kann von seinem bisherigen Tag berichten oder von dem Spaziergang in den Wald	Kognition/ Sprache
Ida Igel fragt uns, ob wir nicht Florian Fuchs helfen können. Er möchte gerne seinen Bau renovieren, aber er hat keine Idee, wie es am gemütlichsten sein könnte.	**Ein Raum für mich und/oder uns** → Material: evtl. Papier und Stifte	Sozial-emotionaler Bereich/ Kognition
Plötzlich hören wir einen lauten Hilfeschrei. Das war Manni Maulwurf. Kommt/ Komm, wir laufen schnell hin.	Schnell durch den Raum oder Wald/ Wiese laufen	Bewegung
Manni Maulwurf steht weinend vor seinem eingestürzten Maulwurfshaufen. „Oh nein!" schluchzt er. „Meine ganzen Schätze sind noch darin. Alles gibt es zweimal. Aber in meinem Tunnel ist es ganz dunkel, daher müsst ihr sie erfühlen."	**Materialien erfühlen + Tastmemory** → mit Wald- und Naturmaterialien	Wahrnehmung (taktil-kinästhetisch)/ Kognition/ Sprache

Da wir jetzt alles gefunden haben, gehen wir weiter durch den Wald und treffen auf Rita Reh. Sie erzählt uns, dass sie ihre Brille verlegt hat, und jetzt die Farben nicht mehr wieder erkennen kann.	**Farben erkennen** → Material: Farbkarten	Wahrnehmung (visuell) Kognition
Während wir Rita Reh helfen, die Farben wieder zu erkennen, fliegen viele Marienkäfer an uns vorbei. Als sie uns sehen, fliegen sie Schleifen, Bögen und Zacken. Was könnte das nur bedeuten?	**Krabbelkäfer** → Material: evtl. Stifte und Papier	Bewegung/ Wahrnehmung/ Kognition
Als die Käfer weiterfliegen, setzen auch wir unseren Weg fort. Wir gelangen an einen See, indem die Fische lustig tanzen und plötzlich still und starr stehen bleiben. Der größte Fisch erklärt uns, dass sie wieder für den Winter üben, wenn sie lange Zeit ganz still im Eis liegen. Das probieren wir auch gleich mal aus.	**Gefriertanz** →Material: evtl. Kassettenrekorder	Wahrnehmung (auditiv, taktil-kinästhetisch, Raum-Zeit)/ Bewegung
Plötzlich erscheint ein dunkler Schatten am Himmel. Es ist ein Storch. Die Fische und wir verstecken uns schnell. Ob der Storch alle finden kann?	**Verstecken**	Wahrnehmung (Raum-Zeit, auditiv, visuell, taktil-kinästhetisch)/ Kognition/Bewegung
Nun müssen wir aber langsam wieder zurück. Unser Weg führt uns über verschiedene Untergründe. Schaut mal, wie ihr euch am Besten fortbewegen könnt.	**Balancieren** → evtl. Parcours mit verschiedenen Untergründen aufbauen oder in der Natur z.B. über Baumstämme balancieren	Bewegung (Gleichgewicht), Wahrnehmung (visuell, Raum-Lage, taktil-kinästhetisch)

Screening zur Schulfähigkeit

Von: Monika Saalfeld

Klientel: 6jähriger Junge
Erfassung von: Kognition, Bewegung
Rahmen: Parcours; die Stationen können individuell auch in eine andere Reihenfolge gebracht werden

Aufg.nr.	Material	Aufgabe
1.	Bildergeschichte	Du siehst hier einige Bilder. Wie viele sind es? Lege sie in eine Reihenfolge und überlege dir eine Geschichte dazu.
2.	Bildergeschichte	Schau dir das zweite Bild an! Wie viele Schnecken, Blumen, Vögel, Wolken, Bäume siehst du (ohne Zählen)? Wie viele Striche sind auf der Straße (mit Zählen)?
3.		Schau dir das vierte/letzte Bild an. Was machen die Igel am Straßenrand? Wie schaut die Sonne? Warum?
4.		Kennst du ein Lied oder ein Gedicht vom Igel?
5.	Tau, Bank, Linie	Geh bitte im Scherenschritt über das Tau. Balanciere auf der Bank wieder zurück. Geh auf der Linie entlang, setze genau einen Fuß vor den anderen. Krabbele zurück, langsam.
6.	Blatt, Buntstifte	Zeichne bitte ein Bild, auf dem du, euer Haus und ein großer Baum zu sehen sind.
7.		Kennst du schon die Zahlen? Versuche mal bis 10 zu zählen. Welche Zahl kommt nach der 5, vor der 4, nach der 6, vor der 8, nach der 9....?
8.	Teppichfliesen, Zahlenkarte	Teppichfliesen liegen im Spalier, auf ihnen jeweils eine Zahlenkarte. Das Kind soll mit geschlossenen Beinen von der Zahl 1 zur Zahl 2 springen etc., dann auf einem Bein durch das Spalier hüpfen.
9.	Zahlenkarten, Tisch	Nimm die Zahlenkarten und lege sie in der richtigen Reihenfolge in einer Reihe auf den Tisch. Nenne sie dabei. Zähle die Kleeblätter, wenn du nicht weißt, wie die Zahl heißt. Liegen alle Kleeblätter einer Karte in der gleichen Richtung? Das wievielte Kleeblatt liegt nicht in der Richtung wie die anderen?
10.	Übungsblatt 1. Teil	Zeichne eine Linie zwischen den zwei Begrenzungen. Zeichne langsam und versuche genau, zwischen diesen beiden Linien zu bleiben.
	2. Teil	Schau dir die Formen auf dem Blatt an und benenne sie. Umzeichne all Dreiecke rot, alle Kreise grün, alle Vierecke blau.
11.	Übungsblatt, Schaumgummiröhre	Sehen alle Dreiecke gleich aus? Warum nicht? Lege aus Schaumgummirohren ein Dreieck, ein Viereck oder einen Kreis.
12.	Reifen	Dort liegt ein Reifen. Stell dich bitte hinein. Stell dich neben, hinter, vor, auf, unter...den Reifen.
13.		Hör gut zu und klatsche nach!
14.	Vorlage mit Symbolen, Stift, Blatt	Zeichne diese Formen nach. Schau genau hin und versuch dabei die Zeilen einzuhalten.
15.	Farbige Kugeln, Plastikrohr	Nenne mir bitte die Farben der Kugeln. Schau genau zu, welche Kugeln ich nacheinander in das Rohr kullern lasse. In welcher Reihenfolge kommen sie jetzt wieder heraus? Evtl. Steigerung auf sechs Kugeln, dann vier Kugeln zeigen, drei rollen nur hindurch. Welche fehlt?

16.	Tuch, Schüssel	Mit geschlossenen Augen hören, woher das Geräusch des Schlüsselbundes kommt und in die Richtung gehen.
17.		Suche ein Wort, das ähnlich klingt (z.B. Haus, Wanne, Sonne, Dach, Puppe, Tisch, Rose).
18.		Nenne das Gegenteil (Beispiel geben). Groß-klein, dünn-dick, lang-kurz, hoch-niedrig, weit-nah, warm-kalt, Tag-Nacht, Sommer-Winter, trocken-nass.
19.	Ball	Ball zuwerfen, fangen, prellen, fangen, hochwerfen und wieder auffangen.
20.		Armkreisen vorwärts und rückwärts, mit Zeigefinger von der Seite aus auf die Nase tippen, dann mit rechter Hand auf das linke hochgezogene Knie schlagen und umgedreht.

Beobachtung kognitiver Fähigkeiten

(von: Elisabeth Eisenbart, Angelika Rudolph, Elisabeth Tasch, Volker Weitzel)

Zielgruppe: Kinder im Grundschulalter
Ursprung: Anlehnung an Intelligenzmodell von Gardner

Kognitive Fähigkeit	Aufgabe
sprachlich; personal	Das Kind schaut sich Bilder an, auf denen Gesichter von Menschen dargestellt sind, die unterschiedliche **Stimmungen** zeigen (z.B. Trauer, Wut, Lachen). Es versucht, diese Stimmung nachzuspielen und mit Lauten zu untermalen.
sprachlich	**Pantomime:** Der Beobachter spielt eine Szene (z.B. Zähneputzen, Zeitung lesen) vor und das Kind versucht, diese Szene zu erklären und zu beschreiben.
logisch-mathematisch	Es wird eine Geschichte vorgelesen, in der Zahlen enthalten sind. Das Kind versucht, die Zahlen zu erkennen und sie in der richtigen **Reihenfolge wiederzugeben**. Begonnen wird mit einzelnen Sätzen, in denen nur eine Zahl enthalten ist und wird gesteigert zu mehreren zusammenhängenden Sätzen mit mehreren Zahlen.
logisch-mathematisch	**Zahlenfolge springen:** auf dem Boden wird ein Hüpfkästchen aufgemalt mit den Ziffern von eins bis neun. Eine genannte Zahlenfolge wird nachgesprungen. Steigerung der Zahlenfolge von zwei bis fünf oder mehr Zahlen. Weitere Steigerungen durch Matheaufgaben, deren Ergebnis gesprungen werden soll oder durch Nennen einer Zahl bei der das Kind die Zahlen springt, deren Summe die genannte Zahl ergibt. Zum Beispiel: „14" – das Kind springt 2 – 4 – 3 – 5.
logisch-mathematisch	**Zahlendreher:** Es werden Zahlen gesucht; gut sind auch Zahlen zu denen das Kind einen Bezug hat (z.B. Hausnummer, Postleitzahl, Telefonnummer). Diese Zahlen sollen in umgekehrter Reihenfolge wieder gegeben werden. Die Menge der Zahlen kann gesteigert werden.
logisch-mathematisch	**Bildergeschichten:** Einzelne Bilder werden in eine Handlungsreihenfolge gebracht (z.B. Geschichte von Vater und Sohn).
räumlich	Bildersteinchen nach einem **Muster legen** (z.B. Tangram). Steigerung wären dreidimensionale Vorlagen.
räumlich	**Was fehlt?** – Ein Raum, eine nachgestellte Landschaft, eine Obstschale oder Ähnliches wird betrachtet. Anschließend wird es dem Blick entzogen und etwas verändert. Das Kind soll herausfinden, was fehlt.
räumlich	**Was gehört nicht dazu?** – Ein Arrangement zusammengehöriger Dinge wird durch etwas, was nicht dazu gehört, ergänzt. Das Kind soll herausfinden, was nicht dazu gehört (z.B. Obstschale mit Obst und einem Hammer). Durch die Auswahl der Dinge kann der Schwierigkeitsgrad erhöht werden.
musikalisch	**Rhythmen sprechen und klatschen:** Es werden Namen rhythmisch gesprochen und/oder der Takt mit den Händen geklatscht. Als Spiel: der Beobachter gibt einen Namen und einen Rhythmus vor, nach dem sich das Kind anpasst. Nach kurzer Zeit wählt das Kind einen eigenen Namen und klatscht ihn gegen den Rhythmus des vorhergehenden, bis sich der Beobachter angepasst hat.
musikalisch	Namen oder **Sprüche durch Bewegung untermalen**, z. B. durch rhythmisches Gehen oder Stampfen ausdrücken.
musikalisch	**Tonhöhen unterscheiden:** Am PC oder mit einem Instrument werden Töne gespielt und das Kind versucht herauszufinden, welcher Ton höher oder tiefer ist.
musikalisch	**Tonfolgen hören und wiedergeben:** Auf einem Xylophon mit drei Tönen wird das Minilied der Uhren nachgespielt: „Große Uhren machen tick-tack, kleine Uhren machen ticke-tacke und die kleinsten Uhren machen ticke-tacke-ticke-tacke.
motorisch	**Gegenstände** auf einem Beachball-Schläger **balancieren** (z. B. Tennisball, Luftballon, Glas). Durch Kombination der Geräte kann die Anforderung gesteigert werden.
motorisch	Spiele mit Yoghurtbecher und **Tischtennisball**: Ball aus dem Becher herausschleudern, gegen die Wand **schleudern und** wieder **fangen**, von einem Becher in der rechten Hand in einen Becher in der linken Hand schleudern.

motorisch	Eine dicke **lange Linie** auf Papier **zeichnen**. Durch den Boden eines Yoghurtbechers eine Schnur ziehen, so dass die Öffnung des Bechers nach oben zeigt und man den Becher über den Boden schwebend tragen kann. Nun einen kleinen Ball auf die gezeichnete Linie legen, den Becher drüber stülpen und die Linie entlang fahren, ohne dass der Ball weg rollt.
personal	Spiele zu zweit oder in der Gruppe, z.B. **Spiele mit dem Deuserband**: Kinder probieren in der Bewegung das Nachgeben oder Folgen aus.

Thema:
„Was machen die sieben Zwerge den ganzen Tag?"

(von: Sabine Nies 10/2004)

Zielgruppe: Jungen und Mädchen im Alter von 5-6 Jahren, Kleingruppe: 3-5 Kinder, (kann auch mit größerer Gruppe bis max. 10 Kindern durchgeführt werden)

Situation: Psychomotorische Gruppenförderung im Kindergarten

Rahmen: Bewegungsparcours (8 Stationen) eingebettet in eine Spielhandlung (Rahmenhandlung)

Ort: Turnraum im Kindergarten

Dauer: ca. 60 Minuten bzw. eine Fördereinheit

Begründung für das Thema: Wir haben uns im Kindergarten mit dem Märchen „Schneewittchen" (Gebrüder Grimm) näher beschäftigt und auseinandergesetzt. Das geschah im Rahmen des Themas „Herbst / Erntedank" unter dem Motto: „Apfeltage im Kindergarten". Da der Apfel ein besonderes Naturgeschenk ist und jedes Kind ihn kennt, ist der Apfelbaum und seine Frucht ein gutes Beispiel, um den Kindern Keimen, Wachsen und Ernten in der Natur nah zu bringen. Das Märchen „Schneewittchen" beschäftigte uns u. a. in diesem Rahmen, da hier ein Apfel eine Schlüsselfunktion hat. Da sich die Kinder sehr interessiert und intensiv mit dem Märchen auseinandergesetzt haben, wähle ich dieses Thema (s. o.) für das diagnostische Menü.

Erfassung von: Fähigkeitskonzept, Selbsteinschätzung und motorische Basiskompetenzen (hier besonders: Gleichgewichtsfähigkeit und Körperkoordination)

Zusätzliche Beobachtungsmöglichkeiten: sozial – emotionales Verhalten (z.B. Kooperationsfähigkeit, Hilfsbereitschaft), Konzentrationsfähigkeit,...

Beobachtungsmöglichkeiten zum Fähigkeitskonzept / zur Selbsteinschätzung:
- Ist das Kind risikobereit / mutig oder eher vorsichtig / ängstlich?
- Wie schätzt es seine eigenen Fähigkeiten ein? (Überschätzung, Unterschätzung)
- Wählt es die Anforderungen seinen Fähigkeiten entsprechend?
- Wie bewältigt es die Anforderungen?
- Welchen Schwierigkeitsgrad wählt das Kind?
- Welche Lösungsstrategie entwickelt das Kind?
- Orientiert es sich an anderen Kindern?
- Wie reagiert es auf Erfolg / Misserfolg?

Diagnostische Menüs

Material: Sprossenwand, Weichbodenmatte und diverse andere Matten, Kasten, 2 Leitern, Bank, Balancierseile, rutschfeste Teppichfliesen, Tennisbälle, Schellenband oder Weckuhr, Tücher und Decken, Pylonen, Videokamera (und möglichst eine zusätzliche Person, die diese bedient)

Spielhandlung und Stationsbeschreibung	Aufgabenausführung und Differenzierung	(Förder-) Ziele
1. Station: Wir befinden uns hier im Haus (Matten und Decken in der Mitte des Raumes) der Zwerge, die alle noch im Bett liegen und schlafen. Ihr seid heute die Zwerge und werdet gleich erleben, wie sie den Tag verbringen, bevor sie abends müde heimkehren. Wenn früh am Morgen der Wecker schellt, stehen die Zwerge auf... Bevor sie losziehen bestimmen sie einen Anführer, der jeden morgen wechselt. Alle Zwerge bleiben immer hinter ihrem Anführer und passen aufeinander auf, dass niemand zurückbleibt.	**Pantomimische Darstellung:** Waschen, Zähne putzen, Kämmen, Ankleiden, Frühstücken, Frühsport: auf der Stelle laufen, Kniebeugen, Hampelmannsprung (evtl. vereinfachen, z.B. nur die Arme oder Beine bewegen; zeitversetzt erst die Beine, dann die Arme bewegen)	Einstimmung in die Thematik Identifikation mit der Rahmenhandlung Bewegungsdrang kompensieren Körperkoordination Sozial-emotionales Verhalten
2. Station: Bald nachdem sie das Haus verlassen haben, müssen sie durch einen matschigen Sumpf (Weichbodenmatte) waten, der vor einer steilen Felswand (Sprossenwand) endet. Hier klettern die Zwerge nacheinander hinauf, hangeln sich oben ein Stück entlang und springen am anderen Ende der Felswand hinunter in den weichen Sumpf. Jeder Zwerg wählt die Kletter- und Sprunghöhe, die er möchte.	**Springen** Variationen: - verschiedene Höhen, Steigerung möglich - vorwärts / rückwärts herunter springen -gemeinsames Springen, verbunden durch Handfassung - der Anführer wählt eine Möglichkeit, die anderen versuchen es nachzumachen,	Einschätzung der eigenen Fähigkeiten Risikobereitschaft Sozial-emotionales Verhalten (Gruppe / Anführer)
3. Station: Dann kommen die Zwerge durch einen dichten Wald. Hier liegen dicke Äste und umgefallene Bäume (Balancierseile), auf denen sie entlang gehen. Dabei helfen sie sich manchmal gegenseitig, um besser hinüber zu kommen.	**Balancieren** Variationen: - seitwärts / vorwärts / rückwärts über zwei nebeneinander liegende Seile oder ein einzelnes Seil balancieren - jeweils mit oder ohne Handfassung balancieren - zwei Kinder stehen sich jeweils auf einem Seil gegenüber und balancieren seitwärts bei Doppelhand- oder vorwärts bei Einzelhandfassung	Gleichgewichtsfähigkeit Einschätzung der eigenen Fähigkeiten Sozial-emotionales Verhalten Kooperationsfähigkeit
4. Station: Auf dem Weg befinden sich oft viele Pfützen (rutschfeste Teppichfliesen). Den Zwergen macht es viel Spaß in die Pfützen hinein zu treten oder zu springen, dabei lassen sie keine Pfütze aus.	**Sprünge** Variationen: - gehen, Schluss- oder Einbeinsprung vorwärts oder rückwärts von Teppichfliese zu Teppichfliese - der Anführer wählt eine Möglichkeit, die Anderen versuchen es nachzumachen	Einschätzung der eigenen Fähigkeiten (Körperkoordination, Bewegungskontrolle, Schnelligkeit, Ausdauer) sozial-emotionales Verhalten

Diagnostische Menüs

5. Station: Dann haben sie wieder einen Berg (Kasten mit Leiter an jeder Breitseite) vor sich, den sie an der einen Seite hinauf und an der anderen wieder hinunterklettern müssen. Was glaubt ihr, welche Möglichkeiten finden die Zwerge um den Berg hinauf und herab zu klettern???	**Klettern** Variationen: - Leiter mit Handfassung erklettern - Leiter stehend ohne Handfassung über Seitenholme erklettern - Leiter stehend ohne Handfassung über Sprossen erklettern - rückwärts hinauf klettern - vorwärts in Bauchlage hinunter rutschen oder klettern - Kasten ohne Leiter erklettern, mit oder ohne Hilfestellung (Räuberleiter)	Entwicklung von eigenen Lösungsstrategien Einschätzung der eigenen Fähigkeiten Sozial-emotionales Verhalten
6. Station: Nun sind die Zwerge endlich am Eingang zum Bergwerk (Mattentunnel mit Tennisbällen, die innen auf Tüchern am Rand liegen) angekommen. Ihr wisst ja aus dem Märchen, dass sie Erz und Gold tief unten im Berg sammeln. Jeder Zwerg bringt <u>einen</u> Goldklumpen (Tennisball) aus dem Berg mit, den er ganz vorsichtig vor sich herrollt. Die Goldklumpen sind sehr empfindlich und dürfen auf keinen Fall hinfallen, deshalb krabbeln die Zwerge auf Händen und Knien durch den Berg.	**Krabbeln** Variationen: - vorwärts oder rückwärts krabbeln	Spannung aufbauen, um Konzentrationsfähigkeit zu fördern
7. Station: Jetzt wird es gefährlich. Die Zwerge krabbeln mit ihren Goldklumpen über einen umgestürzten Baumstamm (Bank), der als Brücke über einer tiefen Schlucht liegt. Sie sind dabei ganz vorsichtig und bleiben immer in der Nähe ihres Goldklumpens. Wenn sie ihn verlieren war ihre ganze Arbeit umsonst, und sie kehren für diesen Tag ohne Gold nach Hause zurück. Am Ende der Brücke macht der Weg noch einige Kurven. Die Zwerge rollen ihr Gold vorsichtig um alle Hindernisse (Pylonen) herum. Aber aufgepasst! Die Hindernisse sind verzauberte Steine, die verschlingen die Goldklumpen der Zwerge, wenn sie berührt werden.	Variationen: - vorwärts oder rückwärts im Knie-Händestütz - Tennisball in einer Hand festhalten - Tennisball mit einer Hand, dem Kopf, der Nase rollen - Tennisball unter das Kinn klemmen	Gesamtkörperkoordination Auge-Handkoordination Bilaterale Koordination Gleichgewicht Bewegungskontrolle Rechts-Linksorientierung Konzentrationsfähigkeit
8. Station = 1. Station: Endlich sind die Zwerge zu Hause angekommen und legen dort ihre Goldklumpen vorsichtig auf eine weiche Decke. Nun können sie sich ausruhen, bis am nächsten Morgen wieder der Wecker schellt und ein neuer Arbeitstag beginnt...	Kurze Ruhephase, je nach Bedürfnis der Gruppe Variation: Tennisball-Partnermassage	Zur Ruhe kommen Neuorientierung bei Wiederholung

Diagnostisches Menü zum Natur-Lerntyp

(von Madeleine Fischer, Barbara Lechte, Martina Zeblin, Bianca Zimmermann)

Motorik:
- mit Steinen einen Weg legen und darüber balancieren (vorwärts und rückwärts)
- über umgefallene Bäume balancieren (vorwärts und rückwärts)
- in und über Pfützen springen (Schlusssprung und auf einem Bein)
- Naturmaterialkette erstellen (Feinmotorik)

Wahrnehmung:
- matschen
- erkunden der Pfützentiefe
- in Blätterhaufen legen, rollen, springen...
- Naturmaterialien nach Größe sortieren
- von Naturmaterialien Oberfläche und Form ertasten
- Natur Memorie: z.B. Kastanienblatt und Kastanienblatt
- Geräusche des Waldes wahrnehmen, z.B. Vogelstimmen, Bäume rauschen...
- Ahornsamen fliegen lassen (Flugbahn beobachten – Augenmuskelkontrolle)
- Ahornsamen auf die Nase kleben

Kognition:
- Naturmaterialien benennen können
- Bau eines Waldsofas
- Farben zuordnen

Sprache:
- Wolkengnome
- Waldlieder singen
- Geschichten spinnen
- Tiere imitieren
- Blätter ansaugen

Sozial-emotional Verhalten:
- Rollenspiele
- Kooperationsspiele: z.B. Tierspurensuche in Kleingruppen
- Materialschlange legen (von jedem nur eins, z.B. Stock, Stein,....)

Die Geschichte eignet sich am Besten für die Herbsttage. Am besten man hat einen kompletten Vormittag dafür Zeit! Essen und Trinken nicht vergessen!!

Das Zwergendorf

Wisst Ihr was ich vorhin erfahren habe? In unserem Wald soll es ein Zwergendorf geben. Und da dachte ich mir, dass wir uns auf die Suche nach dem Dorf machen. Kommt, los geht's.

Nach ein paar Schritten.

Am Besten sammeln wir ein paar Steine ein, damit wir wieder zurückfinden. Damit nicht alle die Steine auf dem Weg verteilen, darf jeder ein Stück unseres Weges zur Markierung Steine auf den Weg legen. Ich werde Euch Bescheid geben, wenn ihr wechseln dürft. Ach, bevor ich es vergesse, auf unserem Weg lauern viele Gefahren, deshalb haltet die Augen offen und passt auf, wo Ihr hergeht.

Auf dem Weg mit den Kindern Pfützen und umgefallene Bäume überqueren (Motorik) und Materialien benennen lassen (Kognition).

Seht nur, dahinten ist ein schöner Platz zum Ausruhen, lasst uns dort ein Waldsofa *(Kognition)* für uns alle bauen, dann können wir uns alle dort ausruhen und etwas essen und trinken, damit wir gestärkt und ausgeruht weitersuchen können.

(nach einer Weile)

Seht nur die Wolkengnome am Himmel. Ich sehe.... und was seht Ihr? *(Sprache)*

Wenn langsam das Interesse nachlässt

Habt Ihr das auch gehört?

Auf Geräusche im Wald hinweisen und darauf eingehen, welche Geräusche es sind. Kinder die Geräusche nachmachen lassen. Kinder selber erzählen lassen, was es noch für Waldbewohner gibt und welche Geräusche sie machen, z.B. Eule, Specht usw. (Sprache und Wahrnehmung)

Unsere Suche geht weiter, packt eure Sachen zusammen.

Nach einer Weile

Kennt ihr das Lied „Ein Männlein steht im Walde?"

Das Lied mit den Kindern singen, nach Angenommenheit zwei- bis dreimal (Sprache) – Nach einer beliebigen Strecke

Seht mal, hier ist eine Botschaft.

Schon vorher vorbereiten und unauffällig ablegen. In der Botschaft steht, dass die Kinder eine Prüfung ablegen müssen, bevor sie in das Zwergendorf dürfen. Sie lautet: Sammelt von allen Naturmaterialien eine Sache ein und legt sie in eine lange Schlange (Sozial-emotionales Verhalten) Die Kinder währenddessen auf die Formen und Oberflächen hinweisen/erfühlen lassen (Wahrnehmung) Je nach Alter kann man die Materialschlange auch nach der Größe sortiert legen lassen (Wahrnehmung).

Super, wir haben die Prüfung bestanden, jetzt dürfen wir ins Zwergendorf, aber vorher sammeln wir die Schlange in diesen Beutel ein.

Ein paar Schritte gehen.

Zur Begrüßung wollen die Zwerge mit uns ein Spiel spielen, das „Blätter ansaugen" heißt. Dafür müssen wir uns in einem Kreis aufstellen. Hier habe ich ein Blatt, wenn ich das Blatt ansauge, dann bleibt es an meinem Mund kleben, seht ihr?

(ggf. vormachen)

Und nun müssen wir es im Kreis herumgehen lassen.

(Schulung der Mundmotorik – Sprache) Nach dem Spiel können sich die Kinder im Dorf umschauen – Kinder in Rollenspiele gehen lassen, falls nötig anleiten und dann herausziehen. (Sozial-emotionales Verhalten) Falls Pfützen in der Nähe sein sollten, mit den Kindern darin herummatschen und die Pfützentiefe erkunden (Wahrnehmung). Hat man einen Ahornbaum zur Verfügung, kann man sich die Samen auf die Nase kleben und die Samen fliegen lassen – dabei die Kinder auffordern, die Flugbahn zu verfolgen. (Augenmuskelkontrolle und Wahrnehmung) Nach geraumer Zeit:

Nach so vielem Spielen bin ich richtig müde geworden. Ich werde mir jetzt ein Bett machen und ausruhen, das könnt ihr auch machen. Und wisst ihr auch wie? Ich mache mir einen großen Blätterhaufen und lege mich hinein.

Haben die Kinder die Betten fertig und sind zur Ruhe gekommen, dazu anregen, sich durch den Blätterhaufen zu rollen, hineinzuspringen oder eine Blätterschlacht zu beginnen. (Wahrnehmung) Nach einer Weile:

Bevor wir unsere Rückreise antreten, dachte ich mir, dass wir den Zwergen ein Abschiedsgeschenk machen. Und zwar habe ich hier Wolle mitgebracht und damit können wir eine Kette machen aus Blättern, Stöcken usw. Ihr müsste es einfach nur anknoten.

(ggf. vormachen – Feinmotorik) Sind die Ketten fertig, könnte man sich diese gegenseitig schenken.

Als Dankeschön möchten die Zwerge noch eine Geschichte über diesen Stock *(oder anderes Material)* mit uns zusammen erzählen.

(Geschichte spinnen, Kinder sitzen im Kreis – Sprache) Den gleichen Weg zurückverfolgen mit Bäume überqueren und Pfützenspringen. Während der Rückreise bis zum Waldsofa Kinder (je nach Anzahl) in Kleingruppen nach Tierspuren suchen lassen und besprechen, welchem Tier sie gehören. Am Waldsofa angelangt, die Naturmaterialien aus dem Beutel herausholen und die Kinder nach der Farbe sortieren lassen. Wenn es das Material hergibt, ein Memory daraus machen. Nach diesem Spiel den weiteren Rückweg antreten. Ist man mit den Kindern wieder bei den Steinen angelangt, sie auffordern, auf den Steinen zu balancieren. Mutige Kinder können es auch mal rückwärts versuchen!

Unsere Suche nach dem Zwergendorf ist beendet, ich hoffe, es hat euch gefallen?

Diagnostisches Menü für den musikalisch- rhythmischen Lerntyp
(von: Ute Nahrgang, Monika Grimme, Anne Berens und Doro Hanswillemenke)

1. **Für wen erstelle ich das Menü?**
   - Rhythmisch- musikalischer Lerntyp
   - Vorschulalter bzw. Schuleingangsphase
   - Kleingruppe (3-4 Kinder)
2. **Wodurch spreche ich das Interesse der Kinder an?**
   - Rhythmus/ Musik
   - Themenkomplex: Tiere
3. **Was möchte ich mit dem Menü beobachten beziehungsweise erfassen?**
   - Motorische Entwicklung
   - Kognitive Entwicklung
   - Wahrnehmungsentwicklung
   - Sprache/ Kommunikation
   - Sozial- emotionale Entwicklung
4. **Möchte ich einen Aspekt des Inventars schwerpunktmäßig erfassen?**
   - Allgemeine Schulfähigkeit
5. **Wie umfangreich soll das Menü sein? (Zeit)**
   - Der Zeitrahmen umfasst ein 1/2 bis 3/4 Stunde
6. **Was stellt den Rahmen des Menüs dar? (Unterricht/Förderung; Parcours, Geschichte, Erzählung,...)**
   - Es soll eine Förderung gestaltet durch den Themeninhalt „Tiere" stattfinden
7. **Welche Aufgaben wähle ich für die diagnostische Erfassung aus?**

Aufgabe 1: Förderung der motorischen Entwicklung

- wir tanzen den „Babbalou-Tanz" (Melodie: „Mary had a little lamp")
- in Kreisform fassen sich die Kinder an verschiedenste Körperstellen des Nachbarn an und müssen sich dabei in eine Richtung weiter bewegen
- die Körperstellen dürfen von den Kindern selbst ausgesucht werden (Hände, Knie, Schultern,..)

Geschichtlicher Inhalt:
Verschiedenste Tiere wohnen gemeinsam in einem tiefen dunklen Wald. Wenn sie morgens aufstehen, treffen sie sich alle auf einer Lichtung und tanzen zur Begrüßung den „Babbalou-Tanz".

Aufgabe 2: Kognitive Entwicklung

- verschiedenste Rätselspiele durch klingende Reime und Verse
- als Beispiel:
  „Ich find´ grün ja so schön,
  mach QUACK den ganzen Tag,
  sitz´ im Teich auf dem Blatt
  und mach schnapp!"

Geschichtlicher Inhalt:
Manche Tiere aus dem Wald haben Spaß am Rätsel raten und führen ihren Tag mit Rätselspielen fort.

Aufgabe 3: Wahrnehmungsentwicklung (in Anteilen)

- es wird eine Rückenmassage durchgeführt in Form von Körperpercussion
- ein Kind stellt die Trommel dar und rollt sich auf dem Bauch liegend, wie ein Igel zusammen
- dahinter kniet der Partner des Kindes und darf verschiedene Rhythmen auf den Rücken klopfen
- im Anschluss wird getauscht

Geschichtlicher Inhalt:
Einige Tiere haben die Idee ein kleines Trommelorchester zu bilden. Deshalb bilden sie einen kleinen Kreis. Einige Tiere sind stellen sich als Trommel zu Verfügung die Anderen sind die Musiker. Die Tiere haben die Idee verschiedene Tierschritte nachzuspielen. (Elefant – Faust; Vögel – Fingerspitzen; ...)

Aufgabe 4: sprachliche Entwicklung

- Lied: „Atte katte nuva"
- Rhythmisches aus Lauten bestehendes Lied, welches durch Klatschen oder Körperpercussion begleitet werden kann

Geschichtlicher Inhalt:
Weil den Tieren das Orchester so viel Freude bereitet hat, wollen sie nun ein kleines Spiel spielen. Alle Tiere stehen im Kreis. Ein Tier darf in die Mitte, um den Dirigenten zu spielen. Der Dirigent in der Mitte steuert die Lautstärke, indem er mit seinem Dirigentenstab in bestimmte Richtungen zeigt.

Aufgabe 5: sozial- emotionale Entwicklung

- Lied: „Das Lied von den Gefühlen"
- Liedinhalt ist die Umschreibung verschiedenster Stimmungen wie zum Beispiel Trauer, Wut oder Freude, die im Lied durch Tiere dargestellt werden

Geschichtlicher Inhalt:
Da es langsam Abend wird verabschieden sich die Tiere durch ein Lied voneinander und gehen danach zurück in ihre Bauten, Höhlen und Schlupflöcher.

Diagnostische Menüs

Schneckengeschichten

(von: Beate Adam)

Zielgruppe:	Vorschulkinder
Überprüfung von:	Motorischen Basiskompetenzen (Gleichgewicht, Graphomotorik) und taktil-kinästhetischer Wahrnehmung,
weiterhin:	Körperkonzept, Raum-Zeit-Wahrnehmung, Aufgabenverständnis
Ursprünge:	DMB, DITKA, SKI, RZI

Das diagnostische Menü „Schneckengeschichten" ist für eine Gruppe von 4-5 Vorschulkindern (Jungen und Mädchen) einer Kindertagesstätte erstellt worden.

Vorab habe ich den Kindern ein Schaubild von einem Ohr gezeigt, auf dem sie das menschliche Ohr auch in unserem Körper sehen konnten, d.h. ich habe ihnen die Schnecke im Ohr gezeigt, um so ihr Interesse zu wecken. Die Idee, dass es in der Geschichte immer Tag und Nacht wird, stammt von den Kindern.

Um die Kinder im Bereich der Graphomotorik zu fördern, habe ich zu der Geschichte Arbeitsblätter entworfen, auf denen die Kinder eine bzw. mehrere Schnecken nachzeichnen sollen. Diese Schnecken befinden sich in einer Kiste, die auch nachgezeichnet werden soll. Die Kiste steht symbolisch für unsere wöchentliche Motopädiestunde im Rahmen einer Vorschulerziehung, welche unter der Bezeichnung „Entdeckungskiste" veranstaltet wird.

Das Menü beinhaltet drei Einheiten, wobei eine Einheit 45 Minuten dauert. Die Kinder sind am Anfang immer Schnecken und verwandeln sich dann in das Tier, welches ihnen in der Geschichte begegnet.

Die Differenzierungen der Aufgaben sind jeweils von einfach bis kompliziert gestaffelt. Wenn die Kinder eine Aufgabe nicht verstehen, werde ich sie ihnen vorführen, ansonsten sollen die Kinder allein die Aufgaben erfüllen.
Es ist auch möglich, dass die Kinder von sich aus weitere Differenzierungsmöglichkeiten finden, auf die ich dann auch eingehen werde.

Den Rahmen des Menüs stellt eine fortlaufende Geschichte dar.

Geschichte	Aufgabenausführung	Differenzierung	Beobachtung
Viele Jahre lang lebten die Schnecken im Wasser und fühlten sich dort auch sehr wohl.	Die Kinder suchen sich einen Platz auf der Weichbodenmatte und schließen die Augen. Sie verwandeln sich in Schnecken und machen sich ganz klein und rund.	Wer nicht mit den anderen zusammen liegen will nimmt sich ein einzelnes Polster und legt sich darauf.	Hier Befragung: Nach Vorstellungsbild des einzelnen Kindes
Eines schönen Tages, die Schnecken waren gerade aufgestanden und hatten sich gereckt und gestreckt, da sahen sie hinter dem blauen Wasser etwas Braunes auftauchen und wurden sehr neugierig, was es wohl sei.	Wie fühlt sich Wasser an? Dann strecken die Schnecken sich heraus aus ihrem Haus und machen sich ganz lang und dünn. Sie überlegen was da „Braunes" sein könnte und beschließen es zu erforschen.	Ich frage die Kinder gezielt nach ihren Vorstellungen und spreche sie persönlich an oder ich warte, ob einzelne Kinder von sich aus etwas erzählen. Robben auf den Knien oder im Liegen	Taktile Wahrnehmung Propriozeptive Wahrnehmung Bewegungs-koordination und Kraft
So beschlossen sie sich auf den Weg zu machen, um heraus zu finden, was es wohl sei.	Die Kinder gleiten von der Matte herunter und bewegen sich so langsam wie möglich durch den Raum.	Rollen über die Längsachse Rolle vorwärts – rückwärts	Gelenkigkeit, Körperspannung Gleichgewicht

Diagnostische Menüs

Geschichte	Aufgabenausführung	Differenzierung	Beobachtung
Das Land fühlt sich ganz anders an als das Wasser, die Schnecken spüren den festen Boden unter ihrem Körper und machen sich einmal auf dem festen Boden ganz lang und strecken sich aus.	Die Kinder verweilen auf dem Bauch liegend an einem Ort und zeigen wie lang sie sich als Schnecke machen können. Dann auch noch die Arme und die Beine gleichzeitig in die Luft strecken.	Ohne oder mit zeitlicher Begrenzung. Es werden einzelne Gliedmaßen in die Luft gestreckt. Übung auf dem Rollbrett	Spannkraft und Ausdauer
Als es Abend wird, suchen die Schnecken sich einen gemütlichen Platz, rollen sich zusammen und schlafen ein.	Die Kinder schauen sich als Schnecke im ganzen Raum um und bleiben dann an einem Platz ihrer Wahl liegen.	Beschreibung des ausgewählten Platzes und Erklärung warum dieser Ort gewählt wurde.	Visuelle Wahrnehmung und Beschreibung der Lokalisation. Können die Kinder die Augen schließen und wenn wie lange?
Am nächsten Tag sind die Schnecken ausgeruht und neugierig darauf, was es alles zu sehen gibt und so machen sie sich wieder auf den Weg. Sie sind noch nicht lange unterwegs da treffen sie auf Eichhörnchen.	Die Kinder bewegen sich im Schneckentempo also sehr langsam unten auf dem Boden und wenn sie die Eichhörnchen treffen, bewegen sie sich flink wie ein Eichhörnchen. Die Eichhörnchen bewegen sich auf dem Boden und sie klettern auch auf Bäume.	Freie Auswahl der Bewegungsebene. Es können unterschiedliche Ebenen erreicht werden: Fensterbank, Langbank, Polsterturm, Kletterwand	Tempiwechsel der Bewegungen Ausdauer und Kraft Gelenkigkeit, Schnelligkeit Welche Ebene wählt das Kind aus? Vestibuläre Wahrnehmung
Die Eichhörnchen finden einen Haufen Eicheln und freuen sich darüber sehr, so haben sie genug Futter für den Winter.	Jedes Eichhörnchen nimmt sich jetzt drei Eicheln und legt je eine auf die drei Teppichfliesen. Dann sammelt es die Eicheln wieder ein und das alles so schnell wie nur möglich.	Unterschiedliche Materialien z.B. Tannenzapfen, Sandsäckchen oder Bälle. Wege verkürzen oder verlängern. Geschwindigkeit variabel.	Schnelligkeit Feinmotorik Bei Eicheln Pinzettengriff
Bald wird es wieder Nacht und die Eichhörnchen suchen sich gemeinsam einen guten Platz zum schlafen. Aber wo ist denn XXX Eichhörnchen, ist es gar nicht mit zurückgekommen? Alle zusammen rufen einmal und lauschen dann nach einer Antwort und so findet auch das zurück gebliebene Eichhörnchen den Weg zu den Anderen und gemeinsam schlafen sie ein.	Alle Eichhörnchen bis auf eines suchen sich einen Schlafplatz und schließen die Augen. Das einzelne Eichhörnchen findet nun in der Dunkelheit (Augen geschlossen) den Weg nicht mehr, so dass die anderen es zu sich rufen müssen. Das Eichhörnchen bewegt sich mit geschlossenen Augen auf die anderen zu.	Die Kinder rufen in unterschiedlicher Lautstärke. Variable Entfernungen. Fortbewegung im Vierbeiner oder im Stand	Auditive Wahrnehmung Taktil-kinästhetische Wahrnehmung Vestibuläre Wahrnehmung

Diagnostische Menüs

Geschichte	Aufgabenausführung	Differenzierung	Beobachtung
Am nächsten Tag werden die Schnecken schon sehr früh wach, was war das für ein seltsames Geräusch, hat dieses Geräusch sie etwa aufgeweckt? Ich befinde mich in der anderen Ecke des Raumes und erzähle die Geschichte von der kleinen Spinne, dazu mache ich bestimmte Körperbewegungen.	Die Kinder liegen eingerollt in einer Ecke des Raumes und haben die Augen geschlossen. Neugierig machen sie sich im Schneckentempo auf, um diesen seltsamen Tönen näher zu kommen. Sind die Kinder bei mir angekommen, setzen sie sich rechts und links von mir im Halbkreis auf und machen mit.	Auf welcher Bewegungsebene findet die Fortbewegung statt Die Kinder kommen in unterschiedlichen Tempi	Tempi Gewandtheit
Die Spinne an der Regenrinne Hoch oben an der Regenrinne sitzt eine kleine freche Spinne Krabbelt hin und krabbelt her, das Spinnen fällt ihr gar nicht schwer. O la la, was seh ich da? Eine Hand (Bein) ist auch schon da. Und die Spinne froh und munter, lässt sich zu der Hand hinunter. Krabbelt hin und krabbelt her, das Spinnen fällt ihr gar nicht schwer. Kam ein Sturmwind mit Getöse und das Netz, es wackelt böse. Doch die kleine freche Spinne zieht sich hoch zur Regenrinne.	Die rechte Hand stellt die Spinne dar und wird über den Kopf geführt (Ausgangsposition). Dort krabbelt sie hin und her, d.h. die Hand wird über dem Kopf von rechts nach links und zurück geführt. Gleichzeitig sollen sich die einzelnen Finger bewegen, um die Krabbelspinnenbeine darzustellen. Die linke Hand (Bein) wird mit der Handinnenfläche nach oben in Hüfthöhe vorgestreckt. Die rechte Hand wird auf die linke Handinnenfläche geführt, ohne mit den Fingerbewegungen aufzuhören. Mit beiden Händen werden vor dem Körper großräumige Wellenbewegungen angedeutet. Dann wird die rechte Hand in die Ausgangsposition zurückgeführt.	Die Kinder suchen sich eine Hand aus. Die Hand wird erst einmal über den Bauch (Körpervorderseite) geführt. Ohne gleichzeitiges Bewegen der einzelnen Finger. Die rechte Hand wird zum rechten Bein geführt und andersherum (ohne die Mittellinie zu kreuzen).	Körperorientierung Taktil-kinästhetische Wahrnehmung Wird die Hand bzw. der Arm während der Übung gewechselt? Kann das Kind die Finger einzeln bewegen? Bewegt das Kind den Arm über die Körpermittellinie hinaus? Unterscheidet das Kind rechts und links? Körperschema / Lateralität
Jetzt wollen wir uns alle zusammen ein großes Spinnennetz spinnen und dazu habe ich auch einen langen Faden mitgebracht.	Wir sitzen im Kreis und ich werfe einen Wollknäuel zu dem Kind mir gegenüber. Das Kind fängt den Wollknäuel, hält sein Stück Faden fest und wirft das Knäuel weiter. So geht es weiter, bis ein grobmaschiges Netz gespannt ist.	Der Wollknäuel kann gerollt werden. Der Faden kann um die Hand gewickelt werden.	Werfen oder Rollen Kann das Knäuel gefangen werden? Wie wird der Faden festgehalten?
Nun kann sich immer eine Spinne in dem Netz bewegen.	Die Spinne kann unter dem Netz durchkriechen oder auch durch die einzelnen Maschen steigen.	Das Spinnennetz darf berührt / darf nicht berührt werden. Das Netz wird in verschiedenen Höhen gehalten. Mehrere Spinnen krabbeln zusammen unter dem Netz durch.	Taktil-kinästhetische Wahrnehmung Figur-Grund-Wahrnehmung Aufgabenverständnis

Diagnostische Menüs

Geschichte	Aufgabenausführung	Differenzierung	Beobachtung
Wenn sich alle Spinnen in dem Netz bewegt haben, suchen sie sich einen Platz und sehen sich noch einmal um.	Jede Spinne sucht sich einen Platz im Netz, schaut sich noch mal um neben wem sie liegt und kommt zur Ruhe.	Wer liegt neben - vor - hinter dir? Wer liegt rechts-links daneben? Welche Körperteile berühren sich?	Hier Befragung: Kann das Kind differenzierte Antworten geben. Körperorientierung
Am nächsten Tag sind die Schnecken ausgeruht und neugierig darauf, was es alles zu sehen gibt und so machen sie sich langsam wieder auf den Weg. Sie sind noch nicht lange unterwegs da treffen sie auf eine Katze.	Die Kinder bewegen sich als Schnecken durch den Raum. Ich habe quer durch den Raum eine lange Bank gestellt, auf der ich mich im Vierfüßler befinde und vorwärts wie auch rückwärts hin und her bewege. Ich fordere die Kinder auf sich in Katzen zu verwandeln, um auch auf der Bank zu balancieren.	Balancieren im Vierfüßler vorwärts Balancieren im Vierfüßler rückwärts Aufrecht balancieren vor-rück Auf der umgedrehten Bank balancieren vor-rück, mit und ohne Hilfestellung Die Bank auf eine Weichbodenmatte stellen und darauf balancieren	Gleichgewicht Ausdauer Ausgleichsbewegungen
Nun haben sich alle Kinder in Katzen verwandelt und zeigen sich gegenseitig wie lang sie sich machen können.	Zuerst wollen wir mal sehen wie groß sich die Katzen machen können. Wir richten uns auf, strecken die Arme in die Luft, schließen die Augen und stellen uns auf Zehenspitzen. Ich zähle bis 3 und ihr versucht so lange auf Zehenspitzen stehen zu bleiben.	Ohne die Arme in die Luft zu strecken. Mit geöffneten Augen Mit Festhalten bzw. Unterstützung Nur ein Fuß auf Zehenspitzen Variable Zeitspanne	Gleichgewicht Ausdauer Ausgleichsbewegungen
Da Katzen von Natur aus neugierig sind, machen sie sich nun auf den Weg die Gegend zu erkunden.	Auf ihren Weg kommen sie an einen ca. 40cm breiten Fluss (blaue Decke). Die Katzen wollen keine nassen Füße kriegen und müssen über den Fluss springen.	Mit einem Bein abspringen Mit Hilfestellung springen Mit geschlossenen Füssen springen	Kraft Ausdauer
Da die Katzen so langsam Hunger bekommen, beschließen sie nun einmal zu üben, wie man am besten Beute machen kann. Sie legen sich ein Wollknäuel an einen bestimmten Platz und kommen drei Schritte näher heran aber dann drehen sie sich ein Stück zur Seite und es sieht aus, als wollen sie weggehen. Doch plötzlich springt die Katze hoch und dreht sich im Sprung zurück zu der Maus.	Ich zähle die Schritte für die Kinder an und fordere sie auf sich mit dem ganzen Körper zum Fenster zu drehen $^1/_4$ Drehung. Dann springen die Katzen auf die Maus zu, d.h. im Sprung drehen sie sich zurück.	Die Kinder können nach dem Sprung in die Hocke gehen bzw. springen direkt runter (Abstützen am Boden). Nachhüpfen Stehen bleiben $^1/_2$ Drehung	Kraft Ausdauer Schnelligkeit Auditive Wahrnehmung

Geschichte	Aufgabenausführung	Differenzierung	Beobachtung
Wenn alle Katzen eine Maus gefangen haben, suchen sie sich ein gemütliches Plätzchen. Nun ist erst einmal putzen angesagt.	Jedes Kind wählt sich einen Platz im Raum aus. Pantomimisch lecken sich die Katzen erst die Vorderpfoten und dann die Hinterbeine ab. Dann putzen sie mit den Vorderpfoten die Ohren und das Gesicht und schließlich lecken sie ihren Bauch.	Die Kinder putzen sich wie sie wollen. Die Kinder putzen sich nach meinen Angaben und ich mache es ihnen vor. Die Kinder putzen ihre Körperteile und sagen, welches Körperteil gerade an der Reihe ist. Rechts und Links Differenzierung	Gelenkigkeit Ausdauer Körperschema: Körperwissen
Die Katzen sind jetzt müde geworden, rollen sich ein und schlafen.			

Mit Froschi auf Schatzsuche im Zauberwald

von: Sonja Drosdowski

1. Das folgende Diagnostische Menü habe ich für zwei Jungen im Alter von 4,10 und 5,1 Jahren ausgearbeitet.
2. Die beiden Jungen zeigen großes Interesse an Rollenspielen und Abenteuergeschichten. Sie versetzen sich im Freispiel gerne in andere Rollen und zeigen viel Fantasie in der Umsetzung des Rollenspiels und erfinden sich ihre eigenen Abenteuer/Abenteuergeschichten. Diese Abenteuergeschichten greifen sie oftmals über mehrere Tage hinweg immer wieder auf, und setzen sie in anderen Spielsituationen wie z.B. auf dem Außengelände oder im Bewegungsraum gerne wieder um.
3. Mit dem erstellten Menü möchte ich die motorischen Basiskompetenzen: Kraft, Ausdauer, Gleichgewicht, die auditive Wahrnehmung sowie die taktil-kinästhetische Wahrnehmung beobachten.
4. Ursprung der Aufgaben: Diagnostisches Inventar motorischer Basiskompetenzen (DMB) und Diagnostisches Inventar taktil-kinästhetischer Alltagshandlungen (DITKA).
5. Weitere Beobachtungen: die Körperspannung, die Körperorientierung, die Körperkoordination, der Muskeltonus sowie die Konzentration und die sozial-emotionalen Kompetenzen.
6. Das Diagnostische Menü sollte eine Übungseinheit von ca.60 Minuten umfassen.

Geschichte	Aufgabe	Material	Differenzierung	Beobachtung
Wisst ihr wen ich unterwegs getroffen habe? Froschi habe ich getroffen. Er war auf dem Weg zu euch und hat euch was Tolles zu erzählen.		Frosch-handpuppe		- wie lassen sich die Kinder auf die Geschichte ein
Froschi: „Hallo Kinder, ich brauche eure Hilfe. Ich möchte in den Zauberwald um dort nach einem verborgenen Schatz zu suchen, und ihr sollt mir helfen den Schatz zu finden. Um den Schatz zu finden müssen wir verschiedene Aufgaben lösen. Habt ihr Lust mir dabei zu helfen? Dann kommt mit!		Frosch-handpuppe		
Um in den Zauberwald zu kommen müssen wir über einen großen Graben springen. Dahinter verborgen liegt der Zauberwald.	Schlusssprung	zwei dicke Seile, ein braunes Tuch	Größe des Grabens variieren.	Kraft, Körperhaltung, Muskeltonus, Springen sie mit

Diagnostische Menüs

		um den Graben zu demonstrieren		beiden Füßen ab. Kommen sie mit beiden Füßen gleichzeitig oder versetzt auf.
Puh, geschafft wir sind im Zauberwald angekommen. In diesem Teil des Zauberwaldes wohnen die Zwerge, das sind ganz schlaue kleine Leute und die haben eine Aufgabe für uns. Wenn wir die Aufgabe lösen dürfen wir weiter durch den Zauberwald gehen. Ihr müsst euch mit geschlossenen Augen auf den Boden legen und ich werde euch mit dem Igelball am Körper berühren. Eure Aufgabe ist es nun mir zu sagen, wo ich euch berührt habe.	Körperquiz	Igelbälle	- verschiedene Materialien wählen, - die Intensität der Berührung kann variiert werden, - die Kinder lassen die Augen geöffnet, - die Kinder zeigen auf die berührten Körperstellen	- kann das Kind die berührte Körperstelle benennen, - kennt es die Begrifflichkeiten, - lässt das Kind die Berührungen zu, -Körperspannung, - Ausdauer
Das habt ihr gut gemacht. Die Zwerge lassen uns weitergehen. Sie haben mir gesagt, wir sollten zu den Elfen gehen, die würden uns die nächste Aufgabe geben.				
Schaut mal da sind die Elfen. Sie sind am tanzen. Die Elfen wollen, dass wir mitspielen. Ihr tanzt zu der Musik und immer wenn die Musik aufhört zu spielen müsst ihr sofort stehen bleiben und euch nicht mehr bewegen. Los geht's, wir machen mit.	Gefriertanz	CD oder Kassettenrecorder, Musik	- die Dauer des „erstarrt" seins kann variiert werden, -statt des auditiven Signals kann ein visuelles Signal gewählt werden, - Instrumente könnten eingesetzt werden	-Körperspannung, - Muskeltonus, - Gleichgewicht - schafft es das Kind stehen zu bleiben, und sich nicht mehr zu bewegen, - welche Stellung nimmt das Kind ein, - variiert es oder wählt es immer wieder die gleiche Position, - Ausdauer
Meine Güte das war anstrengend für mich als Frosch. Es hat aber Spaß gemacht, nicht wahr? Als nächstes, haben mir die Elfen verraten, müssen wir über den Fluss zu den Trollen. Der Fluss liegt gleich hinter den Bäumen. Meine Güte, das ist aber ein wilder Fluss. Da kommen wir so nicht rüber. Aber seht mal da liegt ja ein Baum über dem Fluss, da können wir rüber gehen. Kommt mir nach, ich gehe vor.	Balancieren	zwei Bänke	- nur vorwärts balancieren, schmale Seite und breite Seite der Bank benutzen, - seitwärts über die Bank gehen, - Hilfestellung durchs Festhalten geben - Bank an die Wand stellen, so können sich die Kinder an der Wand abstützen	- Gleichgewicht, - Körperhaltung, Körperkoordination, - Muskeltonus, - wie werden die Füße gesetzt
Klasse, wir haben es geschafft über den Fluss zu kommen. Jetzt müssen wir gut aufpassen und genau hinhören, denn die Trolle zeigen sich nicht gerne aber sie	Richtungshören	verschiedene Instrumente: - Glocken - Tamburin	- nur ein auditives Signal wählen, - nur in die Richtung zeigen, aus der das Ge-	- Auditive Wahrnehmung, - Konzentration

zeigen uns den richtigen Weg, indem sie Geräusche machen, denen wir folgen sollen. Dazu müssen wir uns die Augen verbinden und sehr leise sein.		- Klangstäbe - Triangel Tuch zum Verbinden der Augen	- das Geräusch nur auf einer Ebene, - Augen nur schließen und nicht verbinden	räusch kommt,
Oh nein, die Trolle haben uns zu den Riesen geführt. Die Riesen sind sehr gefährlich, sie wollen nicht, dass wir den Schatz finden. Zum Glück schlafen sie gerade, wenn wir ganz leise auf Zehenspitzen gehen, wecken wir sie nicht auf und wir können an ihnen vorbeigehen.	auf Zehenspitzen stehen und die Augen schließen	- Kissen die unter Decken liegen, die die schlafenden Riesen darstellen	- auf Zehenspitzen stehen oder gehen, - die Augen geschlossen oder geöffnet, - das Tempo variieren, - Hilfestellung durch Festhalten geben	- Gleichgewicht, - Kraft, - Ausdauer, - Körperhaltung/ Körperkoordination, - Muskeltonus, - Körperspannung
Hurra, die Riesen sind nicht aufgewacht. Jetzt können wir zum Schatz gehen. Er soll gleich hinter diesem Weg versteckt sein. Lasst uns vorsichtig losgehen.	Taststraße	Beklebte Teppichfliesen z.B. mit Watte, Legoplatten, Styroporstücke, Korken, Schmirgelpapier	Die Kinder können mit offenen Augen den Weg entlang gehen, Die Kinder können den Weg Barfuss oder mit Socken entlang gehen.	- Wie bewegt sich das Kind über den Weg. - Braucht es Hilfestellung? - Kann es die Gegenstände erkennen und benennen? - Überprüft es den Untergrund bevor es direkt darauf tritt?
So, jetzt müssen wir mal schauen ob wir den Schatz finden. Ich ruhe mich mal aus, ihr beiden findet den Schatz schon.		Eine Schatzkiste gefüllt mit Goldtalern versteckt unter Softbausteinen.		- Wie schnell entdecken die Kinder den Schatz. - Wo suchen die Kinder den Schatz.
Hey super, ihr habt den Schatz gefunden. Lasst uns mal sehen was in der Schatzkiste verborgen ist. Da sind ja Goldtaler in der Kiste. Mögt ihr die Goldtaler auch so gerne wie ich? Lasst uns die Goldtaler teilen und mitnehmen.		Schatzkiste gefüllt mit Goldtalern.		
Jetzt wird es aber Zeit, dass wir langsam wieder zurück in den Kindergarten kommen. Um aber zurück zum Kindergarten zu kommen, müssen wir aus dem Zauberwald rausfliegen. Es stehen schon Flugzeuge für uns bereit. Steigt ein und lasst uns zurück fliegen. Und danke, dass ihr mir bei der Schatzsuche geholfen habt. Ihr habt mir sehr geholfen.	Spannbogen	Rollbretter	- nur die Beine bzw. Arme anheben, - Zeit der Durchführung variieren	- Kraft, - Ausdauer, - Körperspannung, - Muskeltonus

Menü zur Feststellung der Schulfähigkeit

(Patricia Elsner, Claudia Rhode, Beate Moser, Erika Wickert, Monika Saalfeld, Ina, Sabine Althaus)

Zielgruppe: Vorschulkinder im Alter von 5-7 Jahren
Ursprung: Anlehnung an Intelligenzmodell von Gardner

Kognitive Fähigkeit	Aufgabe mit Differenzierungsmöglichkeiten
sprachliche	- Subjekt, Prädikat, Objekt (SPO) Sätze mit Nebensätzen; alle Laute klar artikulieren - 4 Bilder als Reihenfolge legen, erzählen lassen, dabei emotionale Komponente mit einbauen: „Wer würdest du gerne sein?", „Was würdest du tun?", „Findest du das Verhalten in Ordnung?", „Warum findest du es in Ordnung oder auch nicht?" - Auch Einbau mathematischer Aufgaben – Wie viele Bäume siehst du?, Wo sind mehr?, Welcher ist am größten?" – Kann das Kind simultan erfassen? Zählt es ab?... - Sprach- und Wortschatzverständnis durch Hinterfragen ergründen - Auftrag mit drei Aufgaben erfüllen lassen, z.B. „Geh bitte an den Schrank hole einen Bleistift heraus und aus dem Regal zwei Blätter… (auch zur Auflockerung der Situation – Übergang zum nächsten Aufgabenteil - Bilden von Reimwörtern, Lautdifferenzierung (Wo hörst du das A?) - Quatsch- oder Zauberwörter (sinnfreie Wörter) nachsprechen - Gegensätze erkennen, auch schon durch die Bildfolge (z.B. die Nacht ist dunkel, der Tag ist …, im Winter ist es kalt, im Sommer …, der Baum ist groß, die Blume ist…)
logisch – mathematische	- Im Zahlenraum bis 10 bewegen, vorwärts und rückwärts zählen - Vorgänger und Nachfolger bestimmen /nennen - Mit Ordnungszahlwörtern umgehen können (der erste Kreis ist rot) - Was ist Mehr und was ist Weniger? - Simultanes Erfassen bis sechs - Würfelkenntnis und Anwendung im Spiel (Setzen der Figuren) - Längen- und Größenvergleiche - Formen erkennen und benennen / Farbenkenntnis
räumliche	- Formenbewusstsein, d.h. erkennen, nachzeichnen, nachlegen von Formen – Formen aus dem Gedächtnis nachlegen (Stäbchen, Bleiband, Muggelsteine, Würfel, Dreiecke… . auch abstrakte Formen) - Raumlagekenntnis (vor, hinter, unter, über, zwischen, neben, rechts, links,…) - Formenkonstanz (es bleibt ein Dreieck, auch wenn ich es drehe!) - Figur-Grund-Wahrnehmung (Herausfiltern einer Figur aus mehreren, sich überlappenden Formen). - Erkennen von räumlichen Beziehungen (der Ball liegt weiter von mir weg als das Seil, das Flugzeug fliegt höher als der Vogel)
musikalische	- Unterscheidung von hohen und tiefen Tönen, evtl. Einbettung in eine Geschichte – Kind ordnet der Person entsprechendes Instrument zu. - Kind erkennt Rhythmus, klatscht ihn nach (5-6 Schläge, Anzahl und Rhythmus einhalten) - Kind kann ein vollständiges Lied singen, ist dabei relativ sicher in Text- und Melodie - Rhythmische Bewegungen in Tanzspielen etc. vollziehen, dabei auch Freude und andere Emotionen zum Ausdruck bringen, auch als Partnerübung
motorische	- Graphomotorik → Haus-, Baum- und Menschzeichnung oder weitere Symbole - Einbeinstand (mit offenen und geschlossenen Augen), Gehen auf einer Linie, Balancieren, --beidbeiniges Hüpfen, Überhüpfen von einem Tau mit geschlossenen Füßen, Scherengang, Ball fangen und werfen… - Nachahmen von Bewegungen (Spiegelbild)
Personale und emotionale	- Wie kann das Kind mit seinen Emotionen umgehen? Ist es sich seiner Emotionen bewusst? Kann es mit seiner Wut, Ärger, Angst…ausdrücken und umgehen? Wie? Lässt es sich motivieren? Von wem? Hat es innere Motivation? Zeigt es Empathie? Wie geht es mit anderen Kindern um? - Dazu Alltagssituationenbeobachten, Konfliktsituationen, Spielsituationen, Regelspiele, --Beachten der Frustrationstoleranz.

Fantasiegeschichte

(von: Renate Dürig)

1. Mein Menü habe ich für 3-4 Kinder im Alter von 4-6 Jahren zusammengestellt.
2. Überprüfung von: allgemeine Motorik sowie im Speziellen die auditive Wahrnehmung
3. Die Aufgabenauswahl gibt einen Einblick darüber, ob die Kinder sich in die Geschichte einfühlen können (emotionale Leistung). Weiterhin erhoffe ich mir Aufschluss darüber, ob sie der Geschichte folgen können (kognitive Leistung), und in wie weit sie mit den anderen Kindern interagieren können (soziale Leistungen). Gleichzeitig möchte ich mit Ihnen aufgrund der Motorik das Gleichgewicht, die Raumorientierung, die Tonusregulation, die Körperhaltung, die taktile Wahrnehmung sowie eine differenzierte Hörfähigkeit überprüfen.
4. Der zeitliche Rahmen liegt bei 45 Minuten und umfasst eine Übungseinheit.
5. Der Rahmen der Geschichte ist ein zu bewältigender Parcours, der von den Kindern überwunden werden soll.

Geschichte	Aufgabe	Material	Differenzierung	Beobachtung
Heute, bei dem tollen Wetter wollen wir mal einen Spaziergang machen. Auf dem Weg finden wir jede Menge Steine. Wir kommen auf die Idee, ein Spiel mit Ihnen zu machen und springen über die Steine.	Zuhören der Geschichte und durch die Halle wandern Schlusssprung nach DMB Übung 2	Fliesen in der Größe 40x40 cm	- den Abstand der "Steine" variieren - von "Stein zu Stein" springen - Größe der Steine variieren	- Kraft - Absprung und Landung sicher - Augen-Fuß-Koordination - Körperhaltung
Es ist jedoch sehr heiß und wir schwitzen schon sehr. Da sehen wir plötzlich einen schönen großen See. Als wir über den kleinen Sandstrand laufen wollen, merken wir, wie heiß der Sand ist	Auf Zehenspitzen stellen nach DMB Übung 6	Eventuell Matte	- auf den Zehenspitzen gehen - Variieren der Zeitdauer - Augen geöffnet - Arme als Hilfe hinzunehmen - Hilfe anbieten - unterschiedliche Böden	- Gleichgewicht - Kraft - Ausdauer - Körperhaltung - Fuß- bzw. Zehenstellung
Aber er ist von ganz viel Schilf umgeben, so dass wir ihn nur über einen Steg erreichen können.. Bevor wir ins Wasser springen, möchte ich mich davon überzeugen, dass auch alle Kinder schwimmen können	Spannbogen nach DMB Übung 1 auf der Bank (quer drauf legen)	Langbank,	- Bewegen der Arme - Bewegen der Beine - Bewegen von Armen und Beinen - Variieren der Zeitdauer	- Kraft - Ausdauer - Körperspannung - Symmetrie
Nun können wir aber langsam ins Wasser. Wir müssen nur noch über den Steg balancieren.	Gehen über eine Langbank (nach DMB Übung 9)	Langbank (evtl. 2 Bänke)	- seitwärts gehen - verschiedene Breiten des Baumstammes wählen - Hilfestellung bieten	- Gleichgewicht - Körperhaltung - Wie werden die Füße gesetzt

Diagnostische Menüs

Dann können wir endlich ins Wasser springen	hineinspringen in den Knautschsack	Knautschsack	- wie steigt / springt das Kind in den Sack (Sprungkraft) - taktile Wahrnehmung das „Wassers" - wie reagiert das Kind auf Dunkelheit
Nachdem wir eine Weile geplanscht haben, wollen wir ein wenig Tauchen üben	Unter das Schwungtuch krabbeln	Matten, die mit Schwungtuch abgedeckt sind	- auf dem Wasser schwimmen (krabbeln) - durch das nicht so tiefe Wasser waten
Wir spüren den Sand auf dem Boden des Sees	Vorstellung des nassen Sandes		Statt der Vorstellung, eine Wanne Sand hinstellen und die Kinder fühlen oder mit den Füßen tasten lassen - Einfühlungsvermögen - Konzentration auf die Geschichte
Im Sand bemerken wir komische und wunderschöne Dinge	Verschiedene Dinge ertasten und benennen	Muscheln, Steine, … Taucherbrillen	Augen verbinden oder abgedunkelte Taucherbrillen aufsetzen - taktile Wahrnehmung - Konzentration - Dinge erkennen und benennen - Figur-Grund-Wahrnehmung
Plötzlich stoßen wir auf eine Reihe kleiner Dosen. Es scheint so, als hätte jemand seinen Müll in den See geworfen. Da wir die Tiere retten wollen, nehmen wir die Dosen mit ans Ufer	Dosen des Hörmemories finden und sie alle gemeinsam mit ans Ufer nehmen	Hörmemorie-Dosen	Wir transportieren sie auf unterschiedliche Weise zurück ans Ufer, da wir unsere Hände zum Schwimmen benötigen (z.B. unter dem Kinn einklemmen, unter dem Arm, zwischen den Oberschenkeln) - Körperorganisation - Geschicklichkeit
Am Ufer angelangt, merken wir, dass die Dosen irgendwie „besonders" sind	Spielen mit den Dosen und sie sortieren	Hörmemorie	- ein Geräusch wird gemeinsam gefunden - Anzahl der Dosen reduzieren - Aufteilen der Dosen in zwei gleiche Paare und jeweils nur den „Zwilling" heraussuchen lassen - kann das Kind die Geräusche (nicht) unterscheiden - erkennt das Kind, was es für Geräusche sind - an welches Ohr hält das Kind die Dosen vorrangig - Kreativität - Memorisation
Da die Dosen aber offensichtlich ein Geheimnis verbergen, verstecken wir sie erst einmal, damit wir beim nächsten Ausflug wieder damit spielen können	Dosen verstecken	Hörmemorie-Dosen	- Dosen alle an einem Ort verstecken Raumorientierung, Ideenvielfalt entwickeln
Wir gucken auf die Uhr und sind ganz erschrocken, da es schon sehr spät geworden ist. Schnell machen wir uns auf den Rückweg.			

Literaturverzeichnis

Adams, I./Struck, V./Tillmanns-Karus, M. (2006): Kunterbunt rund um den Mund. Dortmund: verlag modernes lernen, 8. Aufl.

Amelang, M./Zielinski, W. (2002): Psychologische Diagnostik und Intervention. Heidelberg: Springer.

Arbeitsgruppe „Früherkennung" der Psychosozialen Arbeitsgemeinschaft (PSAG) Gelsenkirchen (2004): Gelsenkirchener Entwicklungsbegleiter. Tübingen: dgvt-Verlag.

Arnold, E. (2000): Jetzt versteh´ ich das! Bessere Lernerfolge durch Förderung der verschiedenen Lerntypen. Mühlheim: Verlag an der Ruhr.

Balster, K. (2004): Altersvergleichende sensomotorische Entwicklungsübersichten: 4-, 6- und 8-jähriger Kinder. Duisburg: Sportjugend NW.

Barth, K. (2005): Die Diagnostischen Einschätzungsskalen (DES) zur Beurteilung des Entwicklungsstandes und der Schulfähigkeit. München: Reinhardt. 4. Aufl.

Baur, J./Bös, K./Singer, R. (1994): Motorische Entwicklung. Ein Handbuch. Schorndorf: Hofmann.

Borchert, J. (Hrsg.) (2000): Handbuch der Sonderpädagogischen Psychologie. Göttingen: Hogrefe.

Bortz/, J./Döring, N. (1995): Forschungsmethoden und Evaluation. Berlin: Springer.

Bronfenbrenner, U. (1993): Die Ökologie der menschlichen Entwicklung. Frankfurt am Main: Fischer.

Bundschuh, K. (2003): Emotionalität, Lernen und Verhalten. Rieden: Klinkhardt.

Cardenas, B. (2002) Diagnostik mit Pfiffigunde. Dortmund: borgmann.

Conzelmann, A. (1994): Entwicklung der Ausdauer. In: Baur, J./Bös, K./ Singer, R. (Hrsg.): Motorische Entwicklung. Ein Handbuch. Schorndorf: Hofmann, 151-180.

Cronbach, L. J. (1978): Essentials of Psychological Testing, New York - London: Harper & Row.

Dacheneder, W. (2001): Der Development Test of Visual Perception 2 (DTVP 2) – ein amerikanischer Frostig-Test. Teil I: Kritik am FEW. In: Ergotherapie & Rehabilitation. 08/2001.

Dornblüth, O. (1927): Klinisches Wörterbuch. Die Kunstausdrücke der Medizin. Berlin und Leipzig: Walter de Gruyter & Co..

Duhm, E./Althaus, D. (1980): Beobachtungsbogen für Kinder im Vorschulalter. Göttingen: Hogrefe.

Eggert, D. (1997): Von den Stärken ausgehen ... Dortmund: borgmann.

Eggert, D./Bertrand, L. (2002): RZI – Raum-Zeit-Inventar der Entwicklung der räumlichen und zeitlichen Dimension bei Kindern im Vorschul- und Grundschulalter und deren Bedeutung für den Erwerb der Kulturtechniken Lesen, Schreiben und Rechnen. Dortmund: borgmann.

Eggert, D./Peter, T. (1992): DIAS – Diagnostisches Inventar auditiver Alltagshandlungen. Dortmund: borgmann.

Eggert, D./Ratschinski, G. (1993): DMB. Diagnostisches Inventar motorischer Basiskompetenzen. Dortmund: Borgmann.

Eggert, D./Reichenbach, C. (2005): DIAS – Diagnostisches Inventar auditiver Alltagshandlungen. Neubearb. Aufl. Dortmund: borgmann

Eggert, D./Reichenbach, C./Bode, S. (2003): Das Selbstkonzeptinventar (SKI) für Kinder im Vorschul- und Grundschulalter. Theorie und Möglichkeiten der Diagnostik. Dortmund: borgmann.

Eggert, D./Reichenbach, C./Lücking, C. (2007): Von den Stärken ausgehen ... Neubearbeitung. Dortmund: borgmann.

Eggert, D./Wegner-Blesin, N. (2000): DITKA. Diagnostisches Inventar taktil-kinästhetischer Alltagshandlungen von Kindern im Vorschul- und Grundschulalter. Dortmund: borgmann.

Fetz, F. (1969/1982): Sportmotorische Entwicklung. Wien: Österreichischer Bundesverlag.

Flammer, A. (2004): Entwicklungstheorien. Psychologische Theorien der menschlichen Entwicklung. Bern: Hans Huber Verlag.

Flehmig, I./Schloon, M./Uhde, J./Bernuth, H.v. (1973): Denver Entwicklungstest DET. Hamburg: Hamburg-Harburger Spastikerverein.

Frank, G./ Grziwotz, P. (1978): Dysgrammatiker-Prüfmaterial. Sprachheilzentrum Ravensburg: Selbstverlag.

Fröse, S./Mölders, R./Wallrodt, W. (1988): Das Kieler Einschulungsverfahren. Göttingen: Beltz.

Frostig, M. (dt. Bearbeitung von Lockowandt, O.) (1974): Frostigs Entwicklungstest der visuellen Wahrnehmung. Göttingen: Beltz.

Gardner, H. (1983). Frames of mind: The theory of multiple intelligences. New York: Basic Books.

Gardner, H. (1993). Multiple intelligences: The theory in practice. New York: Basic Books.

Gaschler, P. (1994): Entwicklung der Beweglichkeit. In: Baur, J./Bös, K./ Singer, R. (Hrsg.): Motorische Entwicklung. Ein Handbuch. Schorndorf: Hofmann, 181-190.

Gathercole, S. E./Baddeley, A. D. (1990): Phonological memory deficits in language-disordered children: Is there a causal connection? Journal of Memory and Language, 28, 200-213.

Gerster, H.-D.; Schultz, R. (2000): Schwierigkeiten beim Erwerb mathematischer Konzepte im Anfangsunterricht. Freiburg: Pädagogische Hochschule.

Grewendorf, G./Hamm, F./Sternefeld, W. (1989): Sprachliches Wissen. Eine Einführung in moderne Theorien der grammatischen Beschreibung. Frankfurt: Suhrkamp.

Grimm, H. (1995): Sprachentwicklung – allgemeintheoretisch und differentiell betrachtet. In: Oerter, R./Montada, L.: Entwicklungspsychologie (3. Aufl.). Göttingen: Hogrefe, 707-757.

Grimm, H. (2003): Störungen der Sprachentwicklung (2. Aufl.). Göttingen: Hogrefe.

Grimm, H./Aktas, M./Frevert, S. (2001): SETK 3-5. Sprachentwicklungstest für drei- bis fünfjährige Kinder. Diagnose von Sprachverarbeitungsfähigkeiten und auditiven Gedächtnisleistungen. Göttingen: Hogrefe.

Grimm, H./Aktas, M./Kießig, U. (2003): SSV. Sprachscreening für das Vorschulalter. Kurzform des SETK 3-5. Göttingen: Hogrefe.

Grimm, H./Weinert, S. (2002): Sprachentwicklung. In: Oerter, R./ Montada, L.: Entwicklungspsychologie (5. Aufl.). Göttingen: Hogrefe, 517-550.

Hammill, D. D./Pearson, N. A./Voress, J. K. (1993): DTVP-2. Development test of Visual Perception. Göttingen: Beltz.

Heinemann, K. (1998): Einführung in Methoden und Techniken empirischer Forschung im Sport. Schorndorf: Hofmann.

Hellbrügge, T. (1978): Münchner Funktionelle Entwicklungsskala. Fortschritte der Sozialpädiatrie, Bd. 4, München: Urban und Schwarzenberg.

Ingenkamp, K. (1991): BEDS. Beurteilungsbogen für Erzieherinnen zur Diagnose der Schulfähigkeit. Göttingen: Beltz.

Ingenkamp, K. (Hrsg.) (1971): Weilburger Testaufgaben für Schulanfänger. Weinheim: Beltz.

Jäger, R./Beetz, E./Erler, R./Walter, R. (1994): Mannheimer Schuleingangs-Diagnostikum (MSD). Göttingen: Beltz.

Jansen, H./Mannhaupt, G./Marx, H./Skowronek, H. (1999): BISC. Bielefelder Screening zur Früherkennung von Lese- und Rechtschreibschwierigkeiten. Göttingen: Hogrefe.

Jansen, H./Mannhaupt, G./Marx, H./Skowronek, H. (2002): Bielefelder Screening zur Früherkennung von Lese-Rechtschreibschwierigkeiten (BISC). Göttingen: Hogrefe.

Kastner-Koller, U./Deimann, P. (2002): Wiener Entwicklungstest. Göttingen: Beltz.

Kaufman, A./Kaufman, N. (2001): Kaufmann Assessment Battery for Children (K-ABC). Frankfurt: Swets Test Service.

Kaufmann, S./Lorenz,J. H. (2005): Diagnosebox – Zahlenwerkstatt. Braunschweig: Schroedel Diesterweg Schöningh Winklers GmbH.

Kelly, A. (2006): Beziehungsfähigkeit und Sozialkompetenz fördern. Horneburg: Persen.

Kesper, G./Hottinger, C. (1994): Förderdiagnostik zum Schulanfang. Mototherapie bei Sensorischen Integrationsstörungen. München: Ernst Reinhardt.

Kiphard, E.J./Schilling, F. (1974): Körperkoordinationstest für Kinder (KTK). Weinheim: Beltz.

Kleiner, A. (1998): Göppinger sprachfreier Schuleingangstest. Göttingen: Beltz.

Kratzmeier, H. (hrsg. von Ingenkamp, K.) (1993): Reutlinger Test für Schulfänger. Göttingen: Beltz.

Kraus, U. (1999): Mit Hand und Fuß über Tisch und Stuhl. Dortmund: borgmann.

Kretschmann, R., Dobrindt, Y. & Behring, K. (1998): Prozessdiagnose der Schriftsprachkompetenz in den Schuljahren 1 und 2, Horneburg: Persen.

Krupitschka, M. (1990): Selbstbild und Schulleistung. Salzburg: Otto Müller Verlag.

Kubinger, K. D./Jäger, Reinhold S.(Hrsg (2003)): Schlüsselbegriffe der Psychologischen Diagnostik. Weinheim: Beltz.

Laevers, F. (1997): Leuvener Engagiertheitsskala für Kinder (LES-K); Centre for Experimential Education. Leuven: Belgien.

Lamnek, S. (1995): Qualitative Sozialforschung. Band 1. Methodologie. Weinheim: Beltz.

Lamnek, S. (1995): Qualitative Sozialforschung. Band 2. Methoden und Techniken. Weinheim: Beltz.

Landesinstitut für den Öffentlichen Gesundheitsdienst NRW (Hrsg.) (2003): Screening des Entwicklungsstandes bei Einschulungsuntersuchungen. S-ENS. Göttingen: Hogrefe.

Ledl, V. (1994): Kinder beobachten und fördern. Wien: Schulbuchverlag Jugend & Volk.

Lichtenegger, B. (2003): Ge(h)fühle! Arbeitsmaterialien für Schule, Hort und Jugendgruppen. Linz: Veritas.

May, P. (1996):Hamburger Schreibprobe (HSP). Hamburg: vpm.

May, P. (2002):Hamburger Schreibprobe (HSP). Göttingen: Hogrefe.

Meis, R. (1997): DVET. Duisburger Vorschul- und Einschulungstest. Weinheim: Beltz.

Meis, R. (hrsg. von. Ingenkamp, K.) (1983): Kettwiger Schuleingangstest. Göttingen: Beltz.

Ministerium für Schule, Jugend und Kinder des Landes Nordrhein Westfalen (Hrsg.) (2004): Erfolgreich starten. Schulfähigkeitsprofil als Brücke zwischen Kindergarten und Grundschule. Frechen: Ritterbach.

Molcho, S. (1994): Körpersprache. München: Mosaik Verlag.

Niedersächsisches Kultusministerium (Hrsg.) (2006): Fit in Deutsch – Material zur Feststellung des Sprachstandes im vorschulischen Bereich. Hannover: www.fid.nibis.de

Oerter, R./Montada, L. (2002): Entwicklungspsychologie. Hogrefe: Beltz.

Oseretzky, N. I. (1925): Eine metrische Stufenleiter zur Untersuchung der motorischen Begabung bei Kindern. In: Zeitschrift für Kinderforschung, 30, 300-314.

Oseretzky, N. I. (1931): Psychomotorik. Methoden zur Untersuchung der Motorik. In: Stern, W./Lipmann, O. (Hrsg.): Beihefte zur Zeitschrift für angewandte Psychologie. Beiheft 57. Leipzig: Barth.

Ostermann, A. (2004): Lernvoraussetzungen von Schulanfängern. Beobachtungssituationen zur Diagnose und Förderung. Horneburg: Persen.

Petermann, F./Stein, I./Macha, T. (2004): Entwicklungsdiagnostik mit ET6-6. Frankfurt am Main: Harcourt Test Service.

Pochert et al. (2002): Bärenstark – Berliner Sprachstandserhebung. Senatsverwaltung für Schule, Jugend und Sport: Berlin.

Potthoff, U. / Steck-Lüschow, A. / Zitzke, E. (1995): Gespräche mit Kindern. Berlin: Cornelsen.

Probst, H. (2004): Bereit für die Schule? Ein Schnellverfahren zur Überprüfung des Lern- und Entwicklungsstandes von Kindern zum Schuleintritt. Horneburg: Persen.

Pschyrembel, W. (2002): Pschyrembel. Klinisches Wörterbuch. Berlin: Walter de Gruyter.

Ratschinski, G. (1987): Grunddimensionen motorischen Verhaltens im Grundschulalter – Multivariate statistische Analysen motorischer Basisfaktoren. Dissertation. Universität Hannover.

Reichenbach, C. (2006): Bewegungsdiagnostik in Theorie und Praxis. Bewegungsdiagnostische Verfahren und Modelle und ihre Bedeutung für Praxis und Qualifizierung Dortmund: Borgmann.

Rosenbusch, H.S./Schober, O. (Hrsg.) (1995): Körpersprache in der schulischen Erziehung. Baltmannsweiler: Schneider.

Schäfer, G. (2003): Bildung beginnt mit der Geburt – Förderung von Bildungsprozessen in den ersten sechs Lebensjahren. Weinheim: Beltz.

Schäfer, G. (2004): Die Bildungsvereinbarung NRW – Fragen und Antworten. Auf Augenhöhe mit dem Kind?. In: Die Fachzeitschrift für Erzieherinnen und sozialpädagogische Fachkräfte. (www.klein und gross.de)

Schäfer, I. (2001): Graphomotorik in der Grundschule. Dortmund: borgmann.

Schlienger, I. (1988): Vademecum für die Entwicklung des Säugling und des Kleinkindes. Zürich/Zumikon: Sommer Type.

Schmetz, D. (1999): Förderschwerpunkt Lernen. In: Verband Deutscher Sonderschulen (Hrsg.): Sonderpädagogische Förderung in der Bundesrepublik Deutschland. Würzburg:

Schnabel, G./Thieß, G. (1993): Lexikon der Sportwissenschaft. Berlin: Sportverlag.

Schönrade, S./Pütz, G. (2000): Die Abenteuer der kleinen Hexe. Dortmund: borgmann.

Seyfried, H./ Karas, E. (1987): Der Schulfähigkeitstest – Form C. Wien, Ketterl Verlag.

Seyfried, H./Helbock, M./Zeman, M. (1995): Eingangsdiagnose. Wien: Verlag Ketterl.

Singer, R./Bös, K. (1994): Motorische Entwicklung: Gegenstandsbereich und Entwicklungseinflüsse. In: Baur, J./Bös, K./Singer, R. (Hrsg.): Motorische Entwicklung. Ein Handbuch. Schorndorf: Hofmann, 15-26.

Sinnhuber, H. (2000): Sensomotorische Förderdiagnostik. Dortmund: borgmann.

Sommer-Stumpenhorst, N. (2005): Qualitative Rechtschreibanalyse.

Speck, O. (1995): Aktuelle Fragen sonderpädagogischer Förderung. In: Die Sonderschule 40, 3, 166 – 181.

Speck-Hamdan, A. (2005): Neugestaltung der Schuleingangsphase – Konsequenzen für den Elementarbereich?. In: KiTa 14, 12, 244-248.

Suhrweier, H./ Hetzner, R. (1993): Förderdiagnostik für Kinder mit Behinderungen. Neuwied, Kriftel, Berlin. Luchterhand.

Tent, L. (2001): Schulreife und Schulfähigkeit. In: Rost, D. H. (Hrsg.): Handwörterbuch Pädagogische Psychologie. Weinheim: Beltz, 607.

Tröster, H./Flender, J./Reineke, D. (2004): DESK 3-6. Dortmunder Entwicklungsscreening für den Kindergarten. Göttingen: Hogrefe.

Ulich, M./Mayr, T. (Staatsinstitut für Frühpädagogik IFP) (2003): Sprachverhalten und Interesse an Sprache bei Migrantenkindern in Kindertageseinrichtungen (sismik). Freiburg: Herder.

Van Luit J./van de Rijt, B./ Hasemann, K. (2001): Osnabrücker Test zur Zahlenbegriffsentwicklung. Göttingen: Hogrefe.

Vandenbussche, E./Kog, M./Depondt, L./Laevers, F. – deutsche Übersetzung von Klara Schlömer (1999): Beobachtung und Begleitung von Kindern. A process-oriented child monitoring system. Leuven/ Erkelenz: Centrum voor ErvaringsGericht Onderwijs vzw.

Walthes, R. (1999): Förderschwerpunkt Sehen. In: VDS (Hrsg.): Sonderpädagogische Förderung in der BRD. Materialien. Würzburg: S. 35-40.

Watzlawick, P./Beavin, J. H./Jackson, D. D. (1996): Menschliche Kommunikation. Formen, Störungen, Paradoxien, 9. Aufl. Stuttgart: Huber.

Will, R. (1913): Allerlei Humor. Eine Sammlung Humoresken und Bildergeschichten von Wilhelm Busch. Leipzig: Walther Fiedler.

Woike, J. K. (2003): Screening. In: Kubinger, Klaus. D./Jäger, Reinhold S.(Hrsg): Schlüsselbegriffe der Psychologischen Diagnostik. Weinheim: Beltz, 375-377.

Zimmer, R./Volkamer, M. (1987): MOT 4-6. Motoriktest für vier- bis sechsjährige Kinder. Manual. Weinheim: Beltz.

Zollinger, B. (2004): Kindersprachen. Kinderspiele. Erkenntnisse aus der Therapie mit kleinen Kindern. Stuttgart/Wien: Haupt.

Auswahl von Verfahren zur Diagnostik im Schuleingangsbereich

Name des Verfahrens	Kürzel	Art des Verf.	Alter	Erfasste Entwicklungsbereiche
Altersvergleichende sensomotorische Entwicklungsübersichten: 4-, 6- und 8-jähriger Kinder (2004)		Screening	4;0 - 8;11	• Wahrnehmung • Motorik
Basis-Beobachtungsbogen (A-WO) (2005)		Beobachtung	3;0 bis Schuleintritt	• Sozial-emotional • Bewegung • Wahrnehmung • Spielen • Kreativität • Sprache • Kognition • Zahlenmengen • Erschließung Lebenswelt
Beobachtungsbogen für Kinder im Vorschulalter (1980)	BBK	Beobachtung	5 – 6	• Arbeitsverhalten • Aggressives Verhalten • Soziale Aktivität • Emotionale Unselbständigkeit, Beachtungsstreben • Artikulationsfähigkeit • Spielverhalten • Sprachverhalten • Ankunft des Kindes • Selbstbehauptung
Beobachtung und Begleitung von Kindern (1999) – deutsche Fassung und Erweiterung von LES-K		Beobachtung	4,0-6;11	• Emotionales Wohlbefinden • Engagiertheit in verschiedenen Entwicklungsbereichen (Motorik, Sprache/ Kommunikation, Denken, Selbststeuerung)
Bereit für die Schule? Ein Schnellverfahren zur Überprüfung des Lern- und Entwicklungsstandes von Kindern zum Schuleintritt (2004)	BfdS	Screening	Schulanfänger	• Phonologische Bewusstheit • Vorzahlige Einsichten • Körperkoordination • Fein-/ Graphomotorik • Informationsverarbeitung
Beurteilungsbogen für Erzieherinnen zur Diagnose der Schulfähigkeit (1991)	BEDS	Beobachtung	Kiga und Grundschule	• Sprachlich-kognitive Leistungen • Sozial- und Arbeitsverhalten • Allgemeine Schulfähigkeit
Bielefelder Screening zur Früherkennung von Lese-Rechtschreibschwierigkeiten (1999)	BISC	Test		• Sprache 1. Phonologische Bewusstheit 2. Schneller Abruf aus Langzeitgedächtnis 3. Phonetisches Rekodieren im Kurzzeitgedächtnis

Verfahren	Kürzel	Art	Alter	Bereiche
Das Kieler Einschulungsverfahren (1988)	KEV	Screening	6	• Wahrnehmung • Umgang mit Mengen • Denkfähigkeit und Kenntnisse • Sprache • Gedächtnis • Motorik • Leistungsmotivation • Arbeitsverhalten • Sozialer Bereich • Emotionaler Bereich • 4. Visuelle Aufmerksamkeitssteuerung
Denver Entwicklungstest (1973)	DET	Test	0-6	• persönlich-sozialer Bereich • Feinmotorik und Anpassung • Sprache • Grobmotorik
Der Schulfähigkeitstest – Form C (1987)		Test	5;0 -6;11	• Kognition • Emotionales Verhalten • Soziales Verhalten • Motorik
Development Test of visual perception – 2 (1993)	DTVP-2	Test	4;0-10;11	• Visuelle Wahrnehmung
Diagnosebox – Zahlenwerkstatt (Schroedel-Verlag) (2005)		Screening	Klasse 1-4	• Kognition
Diagnostisches Inventar motorischer Basiskompetenzen (1993)	DMB	Inventar	Vor- und Grundschule	• Motorik • Taktile Wahrnehmung • Visuelle Wahrnehmung
Diagnostisches Inventar taktil-kinästhetischer Alltagshandlungen (2000)	DITKA	Inventar	Schuleingang	• Taktil-kinästhetische Wahrnehmung
Die Abenteuer der kleinen Hexe (2000)		Screening	4;0-8;11	• Motorik • Wahrnehmung
Diagnostik mit Pfiffigunde (1992)		Screening	5;0-8;11	• Motorik • Wahrnehmung
Die Diagnostischen Einschätzungsskalen (1998)	DES	Screening	Schuleintritt	• Lateralität (Händigkeit) • Motorik (Grob- und Feinmotorik) • Wahrnehmung (taktil-kinästhetisch, vestibulär, visuell, auditiv) • Sprechen (Lautbildung) und Sprache (Sprachverständnis) • Körperschema • Aufmerksamkeit, Konzentration, Ausdauer • Affektivität, emotionale Grundstimmung • Sozialverhalten
Dortmunder Entwicklungsscreening für den Kindergarten (2004)	DESK 3-6	Test	3;0 – 6;11	• Feinmotorik • Grobmotorik • Sprache und Kognition • Soziale Entwicklung
Duisburger Vorschul- und Einschulungstest (1997)	DVET	Test	Schulanfänger	• Visuomotorik • Sprachentwicklung
Eingangsdiagnose (1995)	ED		6;0 –	• Kognition

Verfahren	Kürzel	Art	Alter	Bereiche
			6;11	• Emotionales Verhalten • Soziales Verhalten • Motorik
Entwicklungsdiagnostik mit ET6-6 (2004)	ET 6-6	Inventar	0;6 - 6;0	• Körpermotorik • Handmotorik • Nachzeichnen • Kognitive Entwicklung • Sprachentwicklung • Sozialentwicklung • Emotionale Entwicklung
Erfolgreich starten! (2004)		Beobachtung	Schuleintritt	• Motorik • Wahrnehmung • Personale/soziale Kompetenzen • Spiel- und Lernverhalten/ Konzentrationsfähigkeit • Sprache • Mathematik • Erschließung der Lebenswelt
Fit in Deutsch (2006)	FiD	Beobachtung	Vorschule	• Sprachbiographie • Grammatik • Aktiver Wortschatz • Passiver Wortschatz • Aufgabenverständnis • Kommunikationsverhalten • Artikulation
Frostigs Entwicklungstest der visuellen Wahrnehmung – 2 (erscheint in 2006)	FEW 2	Test		• Visuelle Wahrnehmung • Graphomotorik
Gelsenkirchener Entwicklungsbegleiter (2004)		Screening	3;0 – 5;6	• Sprache • Kognitive Entwicklung • Soziale Kompetenz • Feinmotorik • Grobmotorik
Graphomotorik in der Grundschule (2001)		Screening	Grundschulalter	• Graphomotorik
Hamburger Schreibprobe (1996, 2002)	HSP	Test		• Sprache • Graphomotorik
Kettwiger Schuleingangstest (1983)	KST	Test	Schulanfänger	• Koordination von Auge und Feinmotorik • Formauffassung • Erfassen und Wiedergeben geordneter Mengen
Kinder beobachten und fördern (1994)		Screening	Schuleintritt	• Motorik • Wahrnehmung • Sprache • Kognition • Sozial-emotionaler Bereich
Lernvoraussetzungen von Schulanfängern (2004)	LVS	Screening	Schulanfänger	• Körperbezogene basale Fähigkeiten • Körperkoordination und Feinmotorik • Wahrnehmung • Akustische Wahrnehmung

Verfahren	Kürzel	Art	Alter	Bereiche
Leuvener Engagiertheitsskala für Kinder (1997)	LES-K	Beobachtung	3;0 -7;11	• Sprachfähigkeit und Mengenvorstellungen • Intermodale Kodierung und Serialität • Anweisungsverständnis und logisches Denkvermögen • Engagiertheit
Mannheimer Schuleingangs-Diagnostikum (1994)	MSD	Test	Schulanfänger	• Motorik • Konzentration • Mosaik • Gliederungsfähigkeit • Gedächtnis
Motoriktest für 4-6jährige (1987)	MOT 4-6		Test	• Gesamtkörperkoordination
Raum-Zeit-Inventar (2002)	RZI	Inventar	Schuleingang	• Raum-Zeit-Wahrnehmung
Reutlinger Test für Schulanfänger (1975)	RTS	Test	Schulanfänger	• Formunterscheidung • Verhältniserfassung • Lückenerkennen • Randverzierung • Inhaltserfassung • Zahlgliederung • Wortgliederung • Zuordnung • Formwiedergabe • Blumenzeichnung
Screening des Entwicklungsstandes bei Einschulungsuntersuchungen (2003)	S-ENS	Test		• Körperkoordination • Visuomotorik • Visuelle Wahrnehmung und Informationsverarbeitung • Sprache • Sprachkompetenz und auditive Informationsverarbeitung • Artikulation
Sprachverhalten und Interesse an Sprache bei Kindern in Tageseinrichtungen (ohne Jahr)	sismikoh	Screening	3;6 bis Schuleintritt	• Sprache • Familie
Sprachverhalten und Interesse an Sprache bei Migrantenkindern in Kindertageseinrichtungen (2003)	sismik	Screening	3;6 bis Schuleintritt	• Sprache • Familie
Weilburger Testaufgaben für Schulanfänger (1971)	WTA	Test	Schulanfänger	• Freies Zeichnen, Menschendarstellung • Randverzierung zeichnen • Begriffsbildung • Postspiel • Gegenstände einprägen und wieder erkennen • Nachzeichnen • Zuordnung • Größenvergleich • Punktezeichnen • Mengenerfassung
Wiener Entwicklungstest (2002)	WET	Test	3;0-6;11	• Entwicklungsdiagnostik

Notizen

Notizen

Notizen

Notizen

Notizen

Notizen

Notizen

Notizen

Notizen

Notizen

Dorothea Beigel
Bildung kommt ins Gleichgewicht
„Guten Morgen, liebes Knie ..." Ein Gleichgewichtsprogramm zur Lernunterstützung

Schüler des Primar- und des Sekundarbereichs sind gleichermaßen von Gleichgewichtsschwierigkeiten betroffen, und dies zeigt eine Auswirkung auf ihre Zensuren. Schulnoten haben also nicht nur mit Sehen und Hören, sondern im besonderen Maße auch etwas mit dem Gleichgewicht zu tun. Dieses Material bietet umsetzbares Handwerkzeug für den täglichen Schulalltag und ist mit einem Zeitaufwand von 1-3 Minuten pro Unterrichtsstunde ohne speziellen Raumbedarf in allen Klassenstufen und in allen Schulformen durchführbar. Es regt den Lehrer an, sich aktiv am „kleinen Bewegungsprogramm" zu beteiligen, um das eigene Gleichgewicht zu pflegen, die Konzentration und die Lernmöglichkeit der Schüler zu fördern.

März 2009, Medienpaket bestehend aus: Poster-Kalender DIN A3 quer, 12 Blatt, farbig, Ringbindung + Begleitheft 64 S., Format DIN A4, geh; beides im Pappschuber
ISBN 978-3-938187-53-1, Bestell-Nr. 9404, € 24,80

Helmut Köckenberger
Vielfalt als Methode
Methodische und praktische Hilfen für lebendige Bewegungsstunden, Psychomotorik und Therapie

Kinder benutzen lebendige Bewegungsstunden, um einzuatmen, aufzublühen und sich zu entfalten. Sie verlangen nach vielfältigen Möglichkeiten/Variationen von Stundenaufbau, Materialangebot und Erwachsenenverhalten. Sie wollen nicht ständig Pauschalangebote. Vielfalt schafft individuelle Lösungen. Vielfalt stärkt das kindliche Verhalten. Vielfalt ermöglicht dem Erwachsenen, kind- und situationsgerecht auswählen und reagieren zu können. Dieses Buch gibt mit Hilfe der Methodik-I verschiedener methodischer Möglichkeiten sowie der pädagogisch-therapeutischen Grundhaltung. Im zweiten Teil werden Fragen aus der Praxis beantwortet.

2008, 384 S., farbige Abb., Format 16x23cm, fester Einband,
ISBN 978-3-938187-33-3,
Bestell-Nr. 9385, € 21,50 bis 31.12.08, danach € 24,60

Neue Impulse für die Psychomotorik

Martin Vetter / Ulrich Kuhnen / Rudolf Lensing-Conrady
RisKids
Wie Psychomotorik hilft, Risiken zu meistern

Was kann getan werden, damit riskante Situationen für Kinder gut ausgehen? Wie können Kinder lernen, kompetent und angemessen mit alltäglichen Gefährdungen umzugehen? Erzieherinnen, Lehrerinnen, Therapeuten und Eltern erfahren hier, wie über eine psychomotorisch ausgerichtete Bewegungsförderung entsprechende Kompetenzen gefördert werden. So können Kinder in ihren Fähigkeiten gestärkt werden, Risiken besser einzuschätzen und sich effektiver im Alltag vor gefährlichen Unfällen zu schützen. Der Ansatz unterstützt darüber hinaus wesentliche Bildungsbereiche auf dem Weg zur individuellen und kompetenten Persönlichkeit. Die Spielideen, Tipps und Anleitungen dieses Buches gründen auf einer praxisorientierten Umsetzung und Weiterentwicklung dieser Erfahrungen. Ein theoretisch fundiertes Buch für die tägliche Praxis!
2008, 224 S., farbige Abb., Format 16x23cm, fester Einband
ISBN 978-3-86145-278-2, Bestell-Nr. 8340, € 22,50

Nils Neuber
Supermann kann Seilchen springen
Bewegung, Spiel und Sport mit Jungen

Im Mittelpunkt des Programms steht das sog. „Variablenmodell", das sowohl aktive, leistungsbezogene, als auch passive, reflexive Aspekte integriert. Es setzt weniger bei den Defiziten und Problemen von Jungen an, sondern greift ihre Wünsche und Bedürfnisse auf – sowohl nach wilden Balgereien und ‚richtigem' Sport, als auch nach sozialen Kontakten und Entspannung. Es werden vielfältige Spiel- und Übungsformen zur Förderung von Jungen durch Bewegung, Spiel und Sport vorgestellt. Die Praxisbeispiele orientieren sich an acht Handlungsfeldern bewegungsbezogener Jungenförderung: Leistung und Erfolg, Kooperation und Konkurrenz, Aggression und Härte, Sensibilität und Kraft, Nähe und Distanz, Spannung und Entspannung, Wagnis und Risiko, Ausdruck und Präsentation.

Juli 2009, ca. 180 S., farbige Abb., Format 16x23cm, fester Einband, ISBN 978-3-938187-51-7, Bestell-Nr. 9390, € 21,95

BORGMANN MEDIA
verlag modernes lernen *borgmann publishing*

Schleefstr. 14 • D-44287 Dortmund • Kostenlose Bestell-Hotline: Tel. 0800 77 22 345 • FAX 0800 77 22 344
Ausführliche Informationen und Bestellen im Internet: www.verlag-modernes-lernen.de

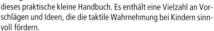

Psychomotorik
Bewegtes Lernen

Helmut Köckenberger
Rollbrett, Pedalo & Co.
Bewegungsspiele mit Materialien aus Psychomotorik, Sport und Freizeit

„Wer glaubt, er kenne schon alle attraktiven Einsatzmöglichkeiten aus seiner eigenen Praxis und Fortbildungen, wird schnell eines Besseren belehrt. Das Buch ist zugleich Zeugnis des Dialogs, den Köckenberger zusammen mit seinen SchülerInnen mit diesem Material geführt hat, und auch eine Schatzkiste für denjenigen, der einen solchen Dialog vorbereiten oder sein 'Vokabular' erweitern will. Erhältlich ist diese 'Vokabelsammlung' in einem hübschen Hardcover-Einband mit einem praktischen Bändchen als Buchzeiger. Ein Wörterbuch, das jeden zum psychomotorischen Dialog einlädt, der mit Rollbrett, Pedalo und Co. ins Land des Spiels reisen will." Motorik
2006, 240 S., farbige Abb., Format 16x23cm, fester Einband
ISBN 978-3-938187-20-3, Bestell-Nr. 9372, € 21,50

Jutta Bläsius
„Was berührt mich da?"
Taktile Wahrnehmungsspiele mit Bürsten, Schwämmen, Nudelhölzern ...

Wie Kindergarten- und Grundschulkinder mit Alltagsmaterialien spielerisch „auf Tuchfühlung" gehen können, „völlig von der Rolle" sein dürfen oder mit einer „schwammigen Angelegenheit" umzugehen lernen, verdeutlicht dieses praktische kleine Handbuch. Es enthält eine Vielzahl an Vorschlägen und Ideen, die die taktile Wahrnehmung bei Kindern sinnvoll fördern.

Hierbei spielen Alltagsgegenstände oder Materialien, die sich preisgünstig erwerben lassen, eine entscheidende Rolle. In Einzel-, Partner- oder Gruppenarbeit können mit diesen Materialien kleine Entspannungseinheiten, Massagen, Körperübungen oder taktile Sinnesspiele durchgeführt werden, die stellenweise sogar unter die Haut gehen.
2008, 128 S., farbige Abb., Format 16x23cm, Ringbindung
ISBN 978-3-8080-0623-8, Bestell-Nr. 1230, € 15,30

Krista Merteens / Franziska Tag / Martin Buntrock
Snoezelen
Eintauchen in eine andere Welt

Beim Snoezelen werden in einem besonders ansprechend gestalteten Raum über Licht-, Klang- und Tonelemente, Aromen und Musik Sinnesempfindungen ausgelöst. Diese wirken auf die verschiedensten Wahrnehmungsbereiche entspannend, aber auch aktivierend. Snoezelen erzeugt Wohlbefinden – in der ruhigen Atmosphäre werden den Menschen Ängste genommen, sie fühlen sich geborgen. Snoezelen ist Therapie und Förderung zugleich und wird in allen Entwicklungsstufen (Kleinkind bis betagte Menschen) zur Förderung des Lernens, zur Rehabilitation und psychischen Stabilisierung eingesetzt. In diesem Band sind 20 Stundenbeispiele zu den Themenschwerpunkten Jahreszeiten, Wetter, Tageszeiten, Erlebnisreisen und Verwöhnen enthalten. Man kann die Stunden bei entsprechender Umgestaltung auch in einer ruhigen, gemütlich eingerichteten Ecke eines Innenraumes, die Erzählungen auch in Außenräumen umsetzen.
August 2008, 192 S., farbige Abb., Beigabe: Audio CD (72 Min.), Format 17x24cm, fester Einband
ISBN 978-3-8080-0610-8, Bestell-Nr. 1229, € 24,50

Axel Heisel
Schaukeln, Seilbrücken, Hangeln & Co.
Einfache Seil- und Knotentechniken für Drinnen und Draußen

So wird das Arbeiten mit Seil und Knoten leicht! Egal ob Sie mit Kindern im Wald unterwegs sind, in der ergotherapeutischen Praxis nach individuell gestaltbaren Schaukel- und Klettersystemen suchen oder einfache und schnelle Seilverbindungen für die Turnhalle benötigen. Hier werden Sie fündig! Mit vielen anschaulichen Fotos und Zeichnungen stellt der Autor seine Seilanwendungen vor: individuell anpassungsfähige und justierbare Schaukelsysteme, einfach zu bauende Seilbrücken, funktionelle Unterstände und Spielhöhlen, Hangelseile für Raum und Natur sowie Spiele mit dem Seil. Alle Aufbauvorschläge sind leicht nachzubauen. Das einheitliche Beschreibungssystem bietet schnellen Überblick über Anwendung, notwendiges Material, Aufbau, sowie Nutzen und Risiken.
Juni 2008, 200 S., farbige Abb., Format 16x23cm, Ringbindung
ISBN 978-3-8080-0626-9, Bestell-Nr. 1236, € 19,80

BORGMANN MEDIA
verlag modernes lernen · borgmann publishing

Schleefstr. 14 • D-44287 Dortmund • Kostenlose Bestell-Hotline: Tel. 0800 77 22 345 • FAX 0800 77 22 344
Ausführliche Informationen und Bestellen im Internet: **www.verlag-modernes-lernen.de**